中國娼妓史

【王書奴・原著】
蔡登山・主編

自序

我做這本書有幾個動機：

第一：我在少年時代，曾經一度浪漫生活。十年舊夢，依約揚州。此中黑幕，十得八九。久已欲變更《平康記》、《北里志體裁》，做出一部書來，以誌鴻爪，兼供研究社會學及其他學術者小小參考資料。飢來驅人，萍轉四方，頻年篝燈做寫講義的生活，實在無閒暇來做這類筆墨了。

第二：十年以來，「廢娼」聲浪甚高。民十七以後，江浙等省，業已次第實行，是娼妓事業，已有日暮途窮景象。娼妓事業，大概約有三千年歷史。但從它的起源，究源竟委，用統系敘述，勒為專書的，現在別的國家都是很多很多；就拿日本說，我所見過的這一類著作，有中山太郎《賣笑三千年史》、道家齋二郎《賣春婦論考》、瀧本二郎《世界性業婦制度史》；有關於他本國的，也有關於全世界的。其他零碎篇章，以及我未曾寓目的，當更不在少數。再回顧我國出版界中，不但鳳毛麟角，尚且闃無其人，絕無其書。這也是一件很缺憾的事情。

第三：我以為「娼妓問題」乃整個的「社會問題」。現在研究「社會學」及「社會史」的朋友們，對於這個特殊社會，應當特別注意的。因為有娼妓制度成立，社會上一般人狎昵成風，因而身敗名裂，家破人亡，甚乃染了惡瘡，貽害妻子，傷及後嗣的千百為群在他一方面，社會上拐賣典押人口風氣大盛叫人家骨肉流離，破壞美滿家庭，墮落青年女子，尤指不勝屈。故娼妓制度，確為現社會病態之一。但推究它起源及興盛，與文化、政治、社會、經濟、……無不有密切關係。就我國說，殷朝「巫風」最盛，見於載籍者確有可徵，所以有「巫娼」之發生。戰國時候，為我歷史上變化最激烈時期，如土地私有制的確立，工商都會之發生，貨幣經濟之發展，在在都促娼妓事業的發達。所以這個時候，公私娼妓，都臻極盛。又如唐代冶游之風最盛，究是甚麼緣故呢？唐代最重進士，進士之所狎昵，當時傳為佳話。故唐代進士，坊曲豔史最多。又唐代官吏狎娼，亦無法律為之限制，故唐代士大夫游宴之風，為近古所未有。且唐代工商業亦呈空前狀況。即以國際通商論，廣州所聚之阿拉伯人，至成蕃坊。（見《全唐文》七六七頁）揚州大戮外商，大食波斯賈胡，死者數千人。（《新唐書田神功傳》）這都是歷史上從前未曾有過的現象。資本主義擴張確是助長娼妓事業發展的重要原因。章太炎說：「唐代荒淫，累代獨絕，播在記載，文不可誣。又其浮競慕勢，尤南朝所未有。南朝疵點，專在帝室。唐乃延及士民。」（見章著《五朝學》）這幾句話是很對的。現在我們既極端主張廢娼，但風尚不明白娼妓的現在及過去，則將來廢娼問題怎樣能圓滿解決？所以今日一般熱心社會士大夫，大家來研究娼妓問題、娼妓歷史，誠為必要之圖了。現在仍有一般人，以娼妓為他的消魂蕩魄怡情適性的工具，或以娼妓為他的倚翠偎紅憐香惜玉的詩資文料，固然是不對的。還有一種假道學的朋友們，以足不履娼妓之門，口不談娼妓之言，為人格高尚，否則為佻達，為墮落，倘再有悉心探討，筆之於書的更目為離經叛道的名教罪人。這種傳統的見解，也是不合事理的，我以為在今日情勢之下，娼妓問題、娼妓歷史，都值得我們注意研究的。

夏秋之交，臥病海上，索居無俚，累六閱月，寫成是書，校閱一過，覺到不滿意的地方，是很多很多。一來呢：行篋中參考書籍很少，內容總覺到不十分充實；錯誤漏略，當然不免。二來呢：生活流浪，加以病魔，屬稿時累作累輟，歷史家所謂「才」、「學」、「識」三長，自問都未能做到。

所以這本書「藏之名山，傳之其人」，固萬萬不敢作此幻想，即廁於「作者之林」亦覺到還有愧色，只好在吾國寂寞出版界中濫竽充充數罷！

但是此書一經災了梨棗以後，引起海內通人研究興味，預料不要多少時候，必定有比較我的書好到十
次第發現，以饜讀者的希望。到了那個時候，我這本書相形見絀，比「斷爛朝報」當然不如就拿

來「覆醬瓿」，還要嫌它腐臭。

不過我的「拋磚引玉」的目的業已達到，則此「濫竽充數」之小冊子，亦不無微勞足錄呢！

民國二十一年十一月王書奴敘於海上寓廬　二十二年修訂

目次

第一章　引論

第一節　名稱及定義

《說文》有「倡」字而沒有「娼」字，梁顧野王《玉篇》上始有「娼」字，並說：「娼，婸也。」婸字作何解？《說文》說：「婸放也，一曰淫戲。」宋丁度《集韻》說：「倡，樂也，或從女。」明人《正字通》說：「倡，倡優女樂，別作娼。」根據以上所引，得有數種意義。

第一：知道古代娼女起原於音樂。所以後世娼女雖以賣淫為生，而音樂歌舞，仍為她的主要技術。

第二：知道古代「優」、「倡」不分。《說文》：「倡，樂也。」又說：「優，饒也。一曰倡也。」又說：「俳，戲也。」清段玉裁《說文解字注》說：「以其戲言之謂之俳；以其音樂言之謂之優；亦謂之倡，實一物也。」這幾句話是對的，《三國志・蜀志・許慈傳》說：「慈與胡潛忿爭，矜己妬彼。先主使群僚大會，使倡家假為二子之容，傚其訟鬩之狀，酒酣樂作，以為嬉戲。初以辭義相難，終以刀杖相屈，用感切之。」據是則三國時代尚保存古初倡優不分的風氣。

第三：知道古代倡為男女不分。《史記・趙世家》說：「趙王遷，其母倡也。」《漢書・外戚傳》：「李夫人本以倡進。」又《李延年傳》說：「中山人，身及父母兄弟皆故倡也。」足見古代男女均可稱倡，無畫然之界限。所以自漢以後，文人著書皆寫作「倡」，沒有寫作「娼」者。到了唐朝著述上始見「娼」字，如范攄《雲溪友議》說：「崔涯每題詩於『娼』肆，無不誦之於衢路。」趙璘《因話錄》說：「陳嬌如京師名娼。」足見近代式的娼妓實始於唐。而且自唐以後娼妓俱以女性為大宗了。《說文解字》

說：「妓，婦人小物也。」與妓女義意毫不相干。後代用為女妓之稱，實始魏晉六朝，為後起之義。《華嚴經音義》上引《埤蒼》說：「妓，美女也。」又引《切韻》說：「妓，女樂也。」（《切韻》隋陸法言著，《埤蒼》魏張揖著。）所以六朝人著書均以妓為美女專稱。如梁劉孝標《世說新語》注引干寶《晉紀》：「石崇有妓人綠珠。」梁沈約《宋書・杜驥傳》：「家累千金，女妓數十人。」於此知道《說文》「婦人小物」之義，至六朝已晦，「家妓」制度，六朝時最為風行。

至「娼」、「妓」名稱，漢以來曰「倡」、曰「伎」、曰「女倡」、「女妓」、「御妓」寥寥數名。唐以後則名目日多，現為便利起見，把它寫在下面：

官妓——《宋史太宗本紀》
花娘、舉娘——《輟耕錄》
營妓——《摭言》
人妓——《北里志》
內人前頭人——《教坊記》
十家——《金華子侯鯖錄》
賣客——《市肆記》
御妓——《晉書相伊傳》
角妓——《青樓集》
錄事、酒糾——《老學庵筆記》
風聲賤人——《金華子雜編》
校書——《鑑戒錄》

歌妓——《孟浩然詩》
郡君——《北里志》
教坊女妓——《唐書順宗本紀》
聲妓——《唐書太宗公主列傳》
小姐——《夷堅志》
家妓——《西湖志餘》
牙娘——《北里志》
笥客——《東京夢華錄》
婊、表子——《名義考》

不過用大名範小名方法，以「娼妓」二字可包括無遺了。又吾國文字上慣例，往往以幾個單字合成一個名詞。在文字學上似乎不能算一個字，但在文法上講起來，實在是等於一個字的作用。此等字既經一度結合後，往往凝固而不可復解。《舊唐書‧天竺國傳》說：「百姓殷樂，家有奇樂娼妓。」以「娼妓」二字併合為一，尤其在言語中效力最大。要圖說話時意義明白，界限清楚。用一個字不如用兩個字罷。此即區區以娼妓名書的微意了。

至娼妓定義，言人人殊。擇要寫在下面：

《社會問題辭典》引路易定義說：「以淫行為目的的婦人，獲得代價，將自己身體提供於男子意思。」

《韋白斯特大學字典》說：「賣淫是婦女公然淫蕩。尤其公然出賣的。」

伊凡布羅和博士說：「娼妓是一個男的或女的，把他或她自己賣給許多人，以滿足他們的性慾。並且不加選擇。」

日本性學專家青柳有美氏說：「賣淫婦者，因為性的亂交，而得到自己或他人生活費之全部或一部分之女子。」

Bebel氏在其所著《婦人與社會主義》中說：「婚姻是市民世界性生活的一面。其他一面就是賣淫。婚姻是質的表面。……賣淫是質的裡面。……賣淫是市民社會的一種必要的社會制度。和警察、常備軍、教會、僱傭、制度同樣。」

愚乃綜括諸家立論，假設一全書定義曰：「因要得到他人相當報酬，乃實行性的亂交，以滿足對方性慾的，是為娼妓。」男子賣淫，事同一例。記述吾國歷代娼妓賡續活動之體相，為有組織有統系之研究，以闡明其承變演化之跡，及互相因果之關係，叫做《中國娼妓史》。

第二節　時代之區分

史事變遷，具有因果前後一貫，有如長河之迴環曲折，首尾銜接；又如四時運行，漸而無跡。夫人類生活習慣，無驟變之跡，亦無驟變之理，此殆歷史家主要之原理。故以連續史實，勉強畫而為幾個時代。其無當於理也似甚明。梁任公有言：「孟子嘗標舉知人論世之議，論世者何？以今語釋之，觀察時代之背景是也。人類於橫的方面為社會生活，於縱的方面為時代生活。苟離卻社會與時代，而憑空以觀某一個人，或某一群人之思想動作，則必多有不可解者。未了解而輕下批評，未有不錯誤也。」依任公的話，人類與歷史固有關係，人類與時代社會關係則尤為密切。蓋歷史本以紀錄人類繼續活動之體相，人類活動往往能轉移時代，而歷史生變化了。社會變遷，生活改觀，亦能影響於人類之活動，而歷史又生變化了。吾國娼妓團體，在歷史上變遷當然受環境上文化政治經濟種族諸種改革之影響，換句話說，就是不能不受「時代生活」、「社會生活」之支配。茲綜合其最重要趨勢，區分為五個時期，並非有天然之鴻溝，亦無礙於歷史繼續之性質。為便於編者及閱者研究順利而已。

第一期由殷代成湯至紂亡國（西曆紀元前一七八三—一一二三年）凡六百四十四年。為巫娼時代。（一稱為宗教賣淫時代。）歐洲古代巴比侖埃及諸國，及東方日本印度。社會蒙昧時期，俱經過巫娼一階級。現在拿吾國古初記載考據起來，殷代巫風最盛，確有「宗教賣淫」事實，及「巫娼」遺跡。故以這個時期為吾國娼妓史的開頭。

第二期由西周起至東漢滅亡止（西曆紀元前一一二二—紀元後二一九年）凡一千三百三十年。為奴隸娼妓及官娼發生時代。紀元前四紀雅典城戶口統計，自由平民有二萬一千人，外國僑民有一萬人，奴隸有四十萬人。羅馬全盛時征服各地，俘虜敵方十數萬人以歸。悉賣為奴隸。羅馬法且認奴隸為合法。而希臘羅馬娼妓，都是奴隸組成的。我們現在研究甲骨文及周金文，知道吾國奴隸制萌芽於殷而大盛於西周，故奴隸娼妓，以西周為鼻祖。其後管子「女閭」，漢武「營妓」，所有娼妓，仍然是奴隸，就是照西周法子擴而大之。唐宋以後的「官妓」、「營妓」，也都是照樣辦理，如法泡製。不過變本加厲罷了。

第三期由三國起歷南北朝至隋亡止（紀元後二二〇—六一七年）凡四百三十五年。為「家妓」及「奴隸娼妓」駢進時代。娼妓本是奴隸出身，看了吾國過去歷史官奴隸極盛，變為官妓，私奴隸極盛，變為家妓或私娼。已成不可磨滅的定例。秦漢之間「私奴隸」逐漸發達，魏晉南北朝時「家妓」乃臻空前盛況。一方面漢代「營妓」制度，南北朝時仍然沿襲未改。做營妓的人，當然都是奴隸。尤奇怪的，「男娼」在這個時代的盛況，亦與「家妓」並駕齊驅。是值得我們注意的。

第四期唐宋元明四朝（紀元後六一八—一六四三年）為官妓鼎盛時代，凡一千零二十八年。這個時期唐宋有「官妓」、「營妓」，明代有「教坊樂戶」，仍然是「奴隸娼妓」變相。歷千餘年不衰。清龔自珍論其事曰：「……凡帝王所居曰京師，以其人民眾多，非一類一族也。是故募召女子千餘戶入『樂籍』。『樂籍』既碁布於京師。其中必有資質端麗桀黠辨慧者出焉。目挑心招，捭闔以為術焉。則可以箝塞天下之游士。烏在其可以箝塞也？曰：使之耗其資財，則謀一身且不暇，無謀人國之心矣；使之耗其日力，則無暇日以談二帝三王之書，又不讀史，而不知古今矣；使之纏緜歌泣於牀笫之間，耗其壯年之雄材偉略，則思亂之志息，而議論圖度，上指天下畫地之態益息矣；使之春晨秋夜，為籲體詞賦遊戲不急之言，以耗其才華。則論議軍國，臧否政事之文章，可以毋作矣。如此則民聽壹，國事便，而士類之保全者亦眾。」（《京師樂籍說》）照龔氏的話看來，唐宋以後「官妓」制度是專制帝王所以使一般英雄豪傑沉迷於婦人醇酒中，乃無暇做革命事業，而帝王萬世之業遂可坐享。換言之，就是專制帝王一種「愚民政策」，龔氏的話，真耐人玩味哩！

第五期自清開國以後（一六四四年以後）為私人經營娼妓時代，凡二百八十八年。順治十六年，京師教坊司女樂改用太監，康熙十二年，禮部奏各省春儀禁用伶人娼婦。雍正元年以後迭次詔諭，解放各省教坊樂籍等賤民階級。歷唐宋元明四朝，「官妓」至是乃革除。此後娼妓完全為私人經營，相沿數千年「奴隸娼妓」遂成歷史上名詞。但自清末京師及各省先後抽收「妓捐」，以納資於官廳者為「官妓」，否則為「私妓」。而變相「官妓」復活，歷民國後不衰。

第二章　巫娼時代

第一節　中國娼妓史從何時說起

陽居子說：「太古之事，孰誌之哉？」屈原曰：「遂古之初，誰傳述之。」吾國漢以後儒生之研究歷史者，專喜歡高談所謂「太古」之事，所謂「遂古」之初。如《尚書》託始於唐虞，《史記・五帝本紀》亦僅以黃帝為開幕。到了譙周皇甫謐乃推至於伏羲。徐整以後則又上溯於三皇五帝盤古開闢。但這些說法，都包括了「史前時代」（Prehistoric Age）。若繩以近代歐西學者治古史方法，凡是研究「史前史」的，不能僅憑相傳之紙本書，必以地下發掘之「古器」、「古物」為標準。吾國「古器」、「古物」流傳到現在的很少，現存紙本書能考據虞夏商周文化的，亦僅有漢儒傳下來的《尚書》二十八篇，及晉人發見《竹書紀年》數篇而已。但據清人魏源所考訂，則《尚書》雖始於堯舜，大抵為周代史官所錄。（《書古微》）古本《竹書紀年》雖始於夏禹，然晉儒杜預以為為魏史官所綴輯。（《左傳集解後序》）所以這兩部書內容，是否為古代信史，吾人尚不能保證。談到以實物證明古代史實，非但堯舜茫昧難知，即夏禹亦恐荒唐無考。近代新史學家動謂堯、舜、禹皆無其人，一般人都說他們疑古過甚，愛出風頭。但商周前，吾國相傳史實，含神話性質，及荒唐無稽的的確不少。我們研究古史稍有一線曙光，就賴清末發現甲骨文一事。這一樁事在吾國文化史上應當大書特書的。其發見時候為光緒二十四年（紀元後一八九八年），其發現地方為今河南安陽縣西五里之小屯。確為殷代盤庚以後都城。其內容所記帝王之名，則自帝乙以前為止。所記大半為當時卜筮之事，字句至為簡略。近人考據其字之單字約在兩千上下，其字之可識者有七百八十九個。殷甲骨文經羅振玉，王國維諸人精密考究。其地域時代及文字內容俱燦然大明，殷代歷史既有實物（甲骨文）為之佐證。則與商周以前之茫昧無稽者，大異其趣了。所以「甲骨文」在學術之價值，實遠過漢儒所傳《商書》數篇，及晉人《竹書紀年》百倍以上。自「甲骨文」發現，經多數學者之考釋，其影響於文字學史學為最鉅。姑擇要言之：

一、影響於文字學者

1、可與金文相佐證相發明。

2、為能糾正許慎《說文》等之錯誤，而許氏身價為之一減。

二、影響於史學者

1、使歷古相沿史學上「傳說」、「神話」諸謬說，根本動搖。

2、可以證明古代社會文化（尤其是殷代）狀況，吾國史學上開一新紀元。

我的朋友胡小石說：「若要確定中國信史時代，應以有可靠文字成立為準則。……從文字學上去斷定史事，此路是可通行的。……中國文字可得而徵信的，大要從殷代講起。」又說：「吾國文字，由圖畫蛻變可無疑義。故六書應以象形為第一。但文字與圖畫區別，究在何處？前者是用一種形體以代表所欲表明之動作。……隨後圖畫形體，一變而為文字中名詞。但名詞又不能表示動作，乃另造動字以應用。故動字正式成立之日，即文字對圖畫宣告獨立之時。」胡氏又從殷文中看出殷代社會狀況。他說：「看看這些圖形（甲骨文）有甚麼意義？一、圖騰之遺制，二、宗教之禮儀，三、武功之焜耀，四、田獵之娛樂。」

此種文字已完全脫離圖畫範圍，大概為殷末武乙以後遺物。比銅器圖形，稍微晚出。（詳胡著《中國文學史》）依胡氏說，文學成立，始自殷朝則歷史當以殷為鼻祖，無可疑義。

近人郭沫若說得好：

一、中國古物只出到商代，是石器骨器銅器青銅器，在商代末年還是金石並用時期。

二、商代已有文字，但那文字百分之八十以上是極端象形圖畫，而且寫法不定，文的構成上亦或橫行或直行，橫行亦或左讀或右讀，簡直是五花八門，可以知道那時文字產生還不甚久，文字還在形成途中。

三、商代末年，還是以牧畜為主要生產。卜辭用牲之數，每每多三百四百以上，即其證據。農業雖發明，但所有耕器還顯然是蚤器或石器；所以農業在當時是很幼稚的。

我們根據三個結論，可以斷言的是商代才是中國歷史開頭。

「在商代都還是金石並用時代，那麼在商代以前的社會，只是石器時代的原始未開的野蠻社會。那是可以斷言的。在商代都還在文字構造的途中，那唐虞時絕對做不出甚麼《帝典》、《禹貢》、《皐陶謨》，在黃帝時代更絕對做不出甚麼《內經》、《素問》，及已經消滅的一切道書。還有在商代都還是牧畜盛行時代，那末商代的社會必然還是一個原始共產制氏族社會。」（郭著《中國古代社會研究》）

以實物的「甲骨文」做根據，來探討古代歷史。三數年來，經多數學者之精密研究。我國歷史，當自殷朝開幕，已成定讞。並且歷史學家，文字學家，社會學家，意見均趨於一致。所以我們現在要做信而有徵的娼妓史，當託始於殷朝，是無可疑義了。

第二節　殷代之巫娼

依前節所說，商代是由牧畜初入耕稼時代，是由原始社會入氏族共產社會時代。至當時男女關係，雖距「野合雜交」之期已遠，但強半猶徘徊「母系社會」中，最多亦剛巧入於「父系中心」時代。婚姻制度確定，性的關係，漸受限制，女子變為男子一種奴隸，一種財產。社會中漸有產生娼妓可能性。然近代「職業娼妓」，當然不能發見。則殷代果無娼妓蹤跡嗎？是又不然。世界各國未誕生「職業娼妓」時候，都是先有「巫娼」。社會學家所說的「宗教賣淫」，就是指的這個。

羅素說：「古代娼妓制度絕不如今日之為人鄙視。其原始固極高貴。最初娼妓乃一男神或女神之『女巫』，承迎過客為拜神之表示。其時人御之，亦必事之，然基督教父詬詈詆毀，連篇累牘，目為異端陋俗，及撒旦遺孽。茲後娼妓遂由廟宇驅入市場，淪為商業。……印度一隅娼妓制度，由宗教性質蛻變為商業之程序，尚未完成。」

Katherine May女士於所著《Mother India》一書中，引稱宗教娼妓制度之遺存，為印度之詬病。（據黃席群譯，羅素《婚姻道德》第九章）

《社會問題辭典》說：「賣淫起源有接待賣淫、祭禮賣淫、宗教賣淫三種。前二者沒有金錢受授的關係。宗教賣淫初行於古代巴比侖。以後傳到希臘，聞說孟買今仍流行。這種賣淫在寺院底殿堂裡。『巫女』或『舞女』應爹詣者希望，提供肉體，獲得一種報酬香錢，這個香錢，變為祝儀，歸寺院收納。……」

沙爾・費勒克著《家庭進化論》上說：「所以遺存到後來女子公有之習慣。……大多數是取一個神怪淫亂形式。女子為獲得身體自由，當然也就不能不淫亂一次，或是數次。時代進步了，此種犧牲也就漸漸消滅。……在巴比侖女子一生之中，總有一次是不得不到Venus聖堂去淫行的。希羅多特（Herodote）在紀元前四四〇年已講到這一件事。他說：『在某地方一切女子，在她有生之中總有一次是不得不到Venus聖堂裡去，給外來人淫亂的。……等到她到了聖堂的時候，除去某某外來人丟錢到她膝前，到聖地以外同她性交，她是不能回去的。……錢的數目，不論多少，都不許拒絕不接收，法律是禁止拒不接收的。因為這個丟到膝前的錢，是要成為神聖的，她是要跟那一位首先丟錢的，無論丟錢的人是多少，都不許拒絕的。』又說：『在古代埃及的推背士（Thebes）把貴族階級最美麗的女子，奉給亞孟神（Amon），就是當時的習俗。女子在神廟內淫亂之後，經過一個時期，並且得到金錢與名譽之後，要找一個富的結婚，也是很容易的。』」

日本堺利彥《婦女問題本質》上說：「從前巴比侖女子，每年一次在米蘇達神殿，為一般男子自由性交物。……」又說：「前面所敘的女子在神殿內一時的公開，也可以說明賣淫的起源。在那個時候，欲行自由性交的男子，須獻貢品於神。到後來變為出香火錢，與神殿『巫女』自由性交，以後再變為賣淫，成為娼妓了。」

看了上面所引，歐西各國，娼妓均起原於「宗教」，古代的「女巫」或「處女」，古代的「神殿」，就是妓女及妓院的濫觴。我國是怎樣呢？研究過去記載，與歐西一樣。殷代或殷代以前，確經過「巫娼」一階級。試說明於下：

在原人生活中，差不多事事都含著一種宗教的臭味，他們部族的酋長，就是他們宗教上領袖。所以在他們部族中，能行「巫術」的，即能受眾人信仰和推戴。他立刻可以升為酋長。換言之，「巫術」乃在暗地能役使鬼神來福人或禍人，這些巫術家若其能力足以役使鬼神，呼風喚雨，馬上就可被眾人擁戴為酋長，尊若帝王了。歐洲古代，埃及，希伯來，巴比侖祭司，都是如此。我國古書傳說：黃帝能召百神，又會萬靈於明堂。且死時能變形而升天。（《史記・封禪書》）湯代桀以後，大旱七年湯以身為犧牲，翦爪斷髮，著布衣，嬰白茅，禱於桑林，天乃大雨。（《墨子・兼愛》、《荀子・大略》）黃帝商湯以此巫術愚民，乃受海內擁戴而登高位。

殷代尤徘徊於「母系社會」中，距離原始共產時期不遠。故巫風特別發達。舉幾個例證如下：

一、殷代一切政教幾全掌於巫覡之手

1、有祭祀之巫

《白虎通論》說：「殷教以敬，故先祭器。」又說：「敬形于祭，故失也鬼。」《禮記・表記》說：「殷尊神，率民以事神，先鬼而後禮。」《說文》說：「祭主贊詞者，叫做祝，女能事無形以舞降神者，叫做巫。」龜甲文「巫」作（《殷虛書契》後編四頁）、。（《鐵雲藏龜》四十三頁）商承祚說：「此從象巫在神幄中，兩手捧玉以事神。」則「巫」在各項祭祀中，當然為主要之人物。又甲骨文中又有象形字，如兩手持鳥於神前的，兩手持禾於神前的，兩手持貝於神前的，兩手持牲頭於神前的。其字雖不可識，然必為助祭執事諸人。羅輯卜辭共一一六九條，分為祭祀、卜告、卜享、出入、漁獵、征伐、卜年、風雨、雜卜九項。而祭禮一項，有五三八條，居最多數。則殷代巫鬼風氣之盛可知，巫地位之重要又可知。

2、有測天之巫

《禮月令正義》說：「……三曰宣夜。舊說云：殷代之制。其形體事義無所出以言之。」準此則宣夜天文學出於殷世。《史記・天官書》說：「昔之傳天數者高辛之前重黎，於唐虞義和，夏有昆吾，殷商巫咸。」是殷巫兼明天文學實證。

3、有主卜筮之巫

《周禮》卜人祭祀先卜。鄭玄說：「先卜謂始用卜筮者。言祭言祀尊焉。……」《世本作篇》：「巫咸作卜筮，未聞其人也。」據此則卜人尊巫咸為先卜，卜筮必先祭之。此非巫者兼主卜筮的明證嗎？

4、有明醫藥之巫

古者巫醫並稱。孔子說：「人而無恆。不可以做巫醫。」《說文解字》說：「醫治疾工也。古者巫彭初作醫。」王充《論衡》說：「巫咸能以祝延人之疾。」《淮南子・說山訓》高誘注：「醫師在女曰巫，在男曰覡，針石糈藉，皆所以療病求福祚。故曰『救鈞』。」《周書・大武解》：「武王既勝殷，鄉立巫醫，具百藥以備疾災。」周雖以兵力服殷。而尤仍其故俗。殷巫兼通醫術，昭然若揭了。

二、巫者居高位

漢王逸《楚辭・離騷》注：「巫咸，古神巫也。當殷中宗之世。」《說文解字》：「巫，祝也。古者巫咸初作巫。」《尚書》序：「伊陟贊於巫咸。」江瑔《讀子卮言》說：「溯厥古初，官制粗立。吾想其時設官不過一二人，而發明之學術，亦不過一二端而已。古代之官，唯巫與史。……記人事曰史，（原注《說文史記》事者也）事鬼神曰巫。（原注見《尚書・伊訓傳》）古人主祭祀，教鬼神，故『史』『巫』二職並重於時。迄於後世，智識日增，知鬼神之事渺託無憑，不如人事之為重。於是史盛而巫衰，一切官職均以史為之，寖假以史而奪巫之席，而巫則或以婦女充之。是僅以巫為治病求福之用，不足與史相頡頏。洎於周末，巫之道亦幾乎息矣。然在後世雖史盛而巫衰，而在古代則並無所軒輊。……」江氏說巫史盛衰，係泛論古代，並未指明何朝。而殷代正巫者居高位時期，所謂「史巫二職，並重於世」，不啻為殷代說法了。

至於殷代女巫，凡近代娼妓所謂「才」、「情」、「色」、「藝」，幾無一不完具。誰說她沒有做「巫娼」可能性呢？今述其特質如下：

1、工於言語

楚觀射父論巫覡曰：「其智能上下鬼神。」清黃以周引申其義曰：「謂巫祝善詞令，能比上下以薦信於鬼神也。」再看《易序卦傳》說：「兌為口舌，復為巫，為少女。」大概以為巫者能以口舌擅長，而為巫的又多少女。故並取象於兌。這不是「女巫」會說話的證據嗎？

2、工於媚男子祕術

現在姑且以後代事實作例證，《舊唐書·棣王琰傳》：「琰妃韋氏有過，……置於別室。寵二孺人又不相協。……孺人乃密求巫者書符置琰履中，以求媚。」《金史·元妃李氏傳》：「先皇（指金章宗）平昔或有正御，李氏嫉妒，令女巫李定奴作紙木人鴛鴦符以事魘魅。」這兩件均是殷以後事情。愚意必定是古代相傳法術，絕不是唐金二朝女巫創造的。殷代「巫風」鼎盛，以後證前，這種作符媚男子祕術，殷朝「女巫」必然是會做的。

3、妝飾美麗歌舞動人

近人胡小石說：「河東（指殷言）文化，雖被河西（指周言）文化征服。然而並沒有滅絕。楚人就是此項文化一部分保存與繼續者。」胡氏這幾句話，是很對的。（胡舉例證甚多，參看他著的《中國文學史》。）古所謂巫，楚人亦謂之靈。（漢王逸《楚辭》注）歷代描寫「女巫」最好的要數屈原的《九歌》，現在寫幾節在下面：

「疏緩節兮安歌，陳竽瑟兮皓倡。靈偃蹇兮姣服，芳菲菲兮滿堂。」（〈東皇太一〉）
「浴蘭湯兮沐芳，華采衣兮若英。靈連蜷兮既留，爛昭昭兮未央。」（〈雲中君〉）
「入不言兮出不辭，乘回風兮載雲旗，悲莫悲兮生別離，樂莫樂兮新相知。」（〈少司命〉）

後代所謂「香奩」、「無題」等香艷詩詞，連篇累牘，那裡有屈大夫寫得這樣風情絕世，纏緜悱惻呢？近人王國維亦說到楚國女巫，曰：「至於浴蘭沐芳，華衣若英，衣服之麗也。緩節安歌，竽瑟皓倡，歌舞之盛也。乘風載雲之詞，生別新知之語，荒淫之意也。是則靈之為職，或偃蹇以象神，或婆娑以樂神，蓋後世戲劇之萌芽，已有存焉者矣。」（王著《宋元戲曲史》）你看上面所引，近代「才」、「情」、「色」、「藝」俱備的娼妓，擬之楚國「女巫」，不過如小巫見大巫罷。楚為直接繼承殷代文化者，則殷楚兩民族必有同樣之風俗習慣。故殷重巫鬼，楚亦信巫鬼，重淫祀。楚既有如此妙麗「女巫」以彼例此，殷代「女巫」之艷絕人寰，可以想像。所以殷代之有「巫娼」，已成不可磨滅的事實。我們拿《尚書・伊訓》看：「湯制官刑，儆於有位，曰敢有恆舞於宮，酣歌於室，時謂巫風，敢有殉於色貨，恆於游畋，時謂淫風。……唯茲三風十愆，卿士有一于身，家必喪；邦君有一於身，國必亡。臣下不匡，其刑墨，」可以知當時「巫娼」事業非常發達，業已成為風氣，故曰「巫風」；士大夫沉迷其中，蓋不知凡幾。故湯制「官刑」以警告百僚，所謂「酣歌恆舞」，所謂「殉於色貨」，不是明明指百僚狎昵「巫娼」嗎？

有人說：〈伊訓〉這一篇係偽古文《尚書》，靠不住。這話也對的。我們再拿《墨子・非樂篇》引古真本《尚書》來看：

「先王之書，湯之官刑有之曰：其恆舞於宮，是謂『巫風』，其刑君子出絲二衛。小人否，似二帛黃徑。……」

近人陳柱釋其義曰：「似二伯黃徑」句，疑本為「以二帛黃經」。「以」、「似」音近而譌。「帛」、「伯」古通作「白」，故誤為「伯」。「徑」、「經」亦形音俱近而譌。……「二衛」與「二帛」相類，「絲」與「經」亦相類也。（見陳柱著《墨學十講》）陳氏這幾句話是很確的。看了上面所引，知道偽《尚書・伊訓》所說，是依照《墨子・非樂》篇鋪張修飾而成，也絕非無影造《西廂》的。大約商湯時候，人們狎昵「巫娼」已成為風氣，故制為官刑以懲戒他們。即以振飭紀綱，所謂「出絲二衛，二帛黃經」非懲罰條文嗎？「君子小人」，大概指貴族平民而言。懲罰條文，小人似重於君子。則階級制度，殷代業已萌芽了。

又大凡社會蒙昧時代，巫覡最盛。每逢令節良辰，必定將一團體民眾男女，開一個無遮大會。這一天謔浪笑傲，恆舞酣歌，結美滿之姻緣，為人生之至樂。結果陌上桑間，實行自由解決性慾。尤為習見習聞的事情。西方埃及羅馬，及吾國苗族，均有不謀而合的事實發現。

我們知道希羅多德雖覺得兩性的關係是不潔淨的，但在希臘地方，還是有許多聖妓的團體。相傳羅馬春花女神傅羅拉（Flora）就是一個妓女。她每年的節期，稱為傅羅拉節，是在四月底至五月初一星期中慶祝的。並且是一個皆大歡喜，放縱情慾時期。有人告訴我們說，在這個節期中，羅馬娼妓，常在眾目昭彰的地方，脫去衣服作種種裸體淫蕩的跳舞。（Leo Mankun著《歐美淫業史》）

古代埃及人的血很熱，女子十歲就達婚期，少女們在太陽神化篤阿的體內，營所謂神聖賣淫，是一種神聖職務。他們的宗教，有所謂埃各司和烏斯里司的男女性神。當舉行祭禮的時候，男女都

在尼羅河邊，作淫猥不堪的舞蹈。（瑟盧《娼妓制度考》）

花苗每歲孟春合男女於野，謂之「跳月」。預擇平壤為月場，及期，男女皆更服飾妝，男編竹為蘆笙，吹之而前。女振鈴繼其後以為節，並肩舞跳，回翔婉轉，終日不倦。暮則挾所私歸，謔浪笑歌，比曉乃散。（田雯《苗俗記》）

谿峒男女相歌於正月朔，三月三，八月十五，而三月謂之「浪花歌」，尤無禁忌。（《峒谿纖志》）

吾國春秋後社會已進化到開明之域，猶殘留著同樣的習慣。

鄭國風俗，三月上巳，於溱洧雨水上舉行禊禮。即有男女相謔，採蘭贈芍的事情。（《韓詩外傳》及《詩．鄭風．溱洧篇》）

齊國州閭之會，亦有男女雜坐，履舃交錯。留髡送客的事情。

《史記．滑稽列傳》述：「齊國州閭之會，男女雜坐，行酒稽留，六博投壺，相引為曹，握手無罰，目眙不禁；前有墮珥，後有遺簪，日暮酒闌，合尊促坐，男女同席，履舃交錯，杯盤狼籍。堂上燭滅，羅襦襟解，微聞薌澤。」

你看鄭國溱洧之會，至於男女採蘭贈芍，戲謔無禁，男女交際是何等自由？解決性慾，又何等自由？齊國州閭之會，則公然「男女同席，履舃交錯」，甚乃「羅襦襟解，微聞薌澤」。男女交際，何等自由？

解決性慾又何等自由？又殷民族與苗民族同為「巫覡」極盛時代，以後證前，雖書缺有間，當然有同樣習慣。至春秋戰國時，鄭齊風俗其狂易浪漫程度，與古代羅馬埃及近世苗族大致相似。恐怕也是殷代「巫風」所留遺罷？又春秋莊二十三年公如齊觀社，《左傳》說：「觀社，非禮也。」在表面看，觀社有甚麼不在禮嗎？但是《墨子．明鬼》篇說：「燕將馳祖，燕之有祖，當齊之有社稷。宋之有桑林，楚之有雲夢也：此男女所以屬而觀也。」因有男女「屬而觀」的關係。所以《穀梁》說：「以是為尸女也。」《公羊》說：「公——指魯公——一陳佗也。」（謂越境淫於民間）。清人俞理初說：「魯莊到齊觀社，實為觀女人。」（俞著《燕祖齊社義》）我以為就是弔膀子，軋姘頭，乘男女「相屬而觀」的皆大歡喜會場上。隨時隨地，解決性交。這樣的情形，無疑的是蒙昧時代「群婚」制的殘跡。恐怕也是「巫風」所留遺罷？

第三章　奴隸娼妓及官娼發生時代

第一節　西周之奴隸娼妓

《易經》有童僕臣妾等字，玩文當為奴隸。殷周之間為由母系中心移為父系中心時代，又為牧畜時代移轉為農業時代，故「奴隸」漸漸發達。考甲骨文有「奴」字、「奚」字、「婐」字、「嬖」字、「匄」字、「俘」字。（羅振玉《殷虛書契》）《說文》以奴為古罪人。鄭玄《周禮注》：「奚猶今（指漢）官婢。」漢趙岐《孟子》注謂：「婐為侍嬖，為愛幸小人。」《說文》又謂「亡人為匄，軍所獲為俘。」可見殷朝已有階級存在，而奴隸制已萌芽。到了周朝，則奴隸非常發展，百姓與民對舉，大夫士與庶人對舉，「君子」與「小人」對舉，見於經傳中，更僕難數。小人又叫做「庶民」、「黎民」、「群黎」。「君子」即「百姓」，便是當時貴族，其他則為「奴隸」。在春秋以前兩種階級，實有劃然界限。我們先拿周金來證明。周金文中關於錫臣僕事甚多，民人亦得以錫予。

盂鼎：「錫汝邦•司三伯人，鬲口馭至於庶人六百又五十又九夫。」（《周金文存》）

齊侯鎛：「余錫汝釐都口口，其縣三百。余命汝嗣辝（其）釐邑，造國徒四千為汝敵寮。……余錫汝車馬戎兵，釐僕三百又五十家。汝以戒戎作。」（薛尚功《歷代鐘鼎彝器款識》）

不嬰敦：「伯氏曰不嬰，汝小子肇敏于戎工，錫汝弓一矢束，臣五家，田十田。」（《周金文存》）

克尊：「太師錫白克僕卅夫。」（《周金文存》）

以上所引庶人臣僕臣，俱奴隸之變名。奴隸錫予，以家數計，變為世襲家生，如元代「驅口」一樣。所以《左傳》上說：「斐豹隸也，著在丹書。」斐豹謂宣子曰：「苟焚丹書，我殺督戎。」（〈襄二十三年傳〉）「丹書」就是「奴隸籍貫」。如後代「賣身契」一樣。如焚丹書（奴籍），則成為平民。這不是周代奴隸有「奴籍」證據嗎？再看《周禮》：「司厲掌盜賊，其奴男子入于罪隸，女子入于舂稾。」鄭司農注：「謂坐為盜賊而為奴者，輸於罪隸，舂人稾人之官也。……由是觀之，今之奴婢，古之罪人。……」由鄭氏話推之，《左傳》上所謂士、皂、輿、隸、僚、僕、台、遞相臣役。（《左傳．昭七年》）與斐豹隸（〈襄二十三年〉）是一樣性質。又《鶡冠子．世兵篇》：「百里奚官奴。」《呂覽．開春論》：「晉叔嚮為之奴而朡。」就是與《周禮．司隸》下罪隸百二十人，也是一樣性質。這就是周氏的「官奴」。

又《周禮．地官舂人》下：「女舂抭二人奚五人。」

〈稾人〉下：「女稾每奄二人，奚五人。」

〈饎人〉下：「女饎八人，奚四十人。」

〈天官酒人〉下：「女酒三十人，奚三百人。」

〈漿人〉下：「女漿十五人，奚百有五人。」

〈籩人〉下：「女籩二十人，奚四十人。」

〈鹽人〉下：「女鹽二十人，奚四十人。」

〈醢人〉下：「女醢二十人，奚四十人。」

〈冪人〉下：「女冪十人，奚二十人。」
〈繼人〉下：「女繼三十人，奚三十人。」
〈春官守祧〉下：「女祧每廟二人，奚四人。」
〈天官世婦〉下：「女府二人，女史二人，奚十有六人。」
又「祝四人，奚八人。」
「女史八人，奚十六人。」

漢鄭康成《周禮・酒人》注：「古者從坐男女沒入縣官為奴，其少才知者為奚。」齊女三嫁入於春穀。（《管子・小匡篇》）楚鍾子期父殺人，其母即為公家酒。（《呂氏春秋・精通篇》）這就是《周禮》上的女舂抌穴及女酒。齊楚大約都是沿周朝法制罷。這就是周代的「官婢」。

以上所述，西周奴隸，其來源大概出於「罪隸」，如前舉周金中都有很詳明的表示。《周禮》亦有蠻隸、閩隸、夷隸、貉隸等名，都是以敵國俘虜充奴隸的證據。《左傳》上說：「周分魯公以殷民六族。與康叔以殷民七族。（〈定四年〉）我們看了《詩》《書》二經，看見周初使用多量奴隸，來大興土木，開拓疆土，供給徭役征戰。再證以周金中所表示，知道西周初年奴隸數目極多。與古代希臘羅馬是一樣情形，可叫他為「奴隸社會」。《周禮》上所舉女酒，女舂抌，奚以下千人而弱。大約都選的貌美才長的奴隸中翹楚，供給皇帝使用笑樂的罷。這種人即後代所謂「御妓」、「宮妓」，亦即所謂「宮人」。試想周天子已有了妃百二十人，后人，夫人三人，嬪九人，世婦二十七人，女御八十一人之多妻。又加女酒以下大批少艾。天子荒淫，少女怨曠，可想而知。後漢郎顗上書安帝說：「禮，天子一娶九女，嫡媵畢具。今宮中侍御，動以千計。或生而出隔，人道不通。鬱積之氣，上感皇天。」又陳蕃上疏說：「比年收斂，十傷五六，萬人饑寒，不聊生活。而宮女數千，食肉衣綺，脂油粉黛，不可貲計。……豈不貧國乎？且聚而不御，必生悲憂之感。」

郎陳二人所說，深中歷代宮廷病態。以天子一人精神，任意發洩獸慾，安能使千餘女子滿意，所以宮廷內弄出種種笑話，添出許多黑幕。從前希臘羅馬妓女階級，是由奴隸組織而成，其中大半是外國人。羅馬高等娼妓，大半都是被釋的奴隸，與她們的女兒。西周為奴隸極盛的社會，與希臘羅馬相同，如女酒以下千人，非變相奴隸娼妓嗎？不過改承眾人色笑以事一人罷了。故談奴隸娼妓，當自西周始。

西周怎樣有如此現象呢？西周當然是父系中心時代。依人類進化史看來，婚姻制度是隨財產制度而變更的。古初女系時代，男子本為女子附屬品，其後因種種關係，男子取女權而代之，男子在社會、在家庭、成為治者，成為權力者，憑著經濟勢力以壓迫女子，虐待女子。女子乃入於奴隸之班。她們為了生活的壓迫，勢力的劫制，只得賣力而為奴隸，或者賣性而為娼妓。而為變相的娼妓。西周就是一個顯著的實例。

第二節　吾國正式官妓之成立

西周為奴隸鼎盛時代，「官奴隸」極盛，一變而為「官妓」，乃必然之結果。故春秋初葉，齊管仲乃設「女閭」。《東周策》述其始末說：「齊桓公宮中女市七，女閭七百。」（據宋鮑彪、元吳師道《校注本》）閭，里中門也。為門為市於宮中，使女子居之。這就是我國國家經營娼妓的開頭。歐洲有組織的賣淫制，始於雅典大法律家梭倫。他是一個大政治改革家。他創設國家妓院，目的是為減少淫亂，並非增加淫亂。考管仲相齊在周莊王十九年，即西曆紀元前六百八十五年。而管子死於周襄王七年，即紀元前六百四十五年。而雅典梭倫定律法為紀元前五百九十四年，其創設國家妓院大約亦在五九四年左右。是後於管子且五十年。則管子「女閭」制，且為全世界官娼鼻祖。大政治家計畫，固有非尋常人所能逆料者。至管子所以創設「女閭」原因，以意測之，大概有數種：

一、國家收租稅

《太平廣記》引《十三州志》說：「葱嶺以東，人好淫僻，故龜茲于闐置女市以收錢。」《魏書・龜茲傳》：「俗性多淫，置女市收男子錢入官。」管子既設「女市」、「女閣」，當然亦不能例外。所以清褚學稼說：「管子治齊，置女閭七百，徵其夜合之資，以充國用，此即花粉錢之始也。」（《堅瓠集續集》）這幾句話是狠確的。

二、容納奴隸

《管子・權修篇》說：「凡牧民者，使士無邪行，女無淫事。士無邪行，教也；女無淫事，訓也。教訓成俗，而刑罰省數也。」「女閭」是叫女子做娼妓的。方且教民訓民使無「邪行」「淫事」，豈有反令平民做娼妓的道理？又《韓非子・外儲》說：「桓公見民行年七十而無妻，以告管仲。對曰：『臣聞上有積財，則民必匱乏，宮中有怨艾，則民有老而無妻者。』桓公曰：『善』，令於宮中女子未嘗御者出嫁之，乃令男子年二十而室，女子年十五而嫁。」方且以宮女出嫁於民，奪民妻女來「女閭」做娼妓，當更沒有這個道理。齊承西周奴隸最盛之後，管子蓋用廢物利用手段，使一般奴隸到女閭來當娼妓，是一舉兩得之法。《管子・小匡篇》說：「女子三嫁；入於舂穀。」……即《周禮・地官》女舂抌，即一種罪犯，一種罪犯女奴隸。當桓公稱伯時，南征北討，俘虜異國女子，必然很多。愚意「女閭」中娼妓，大約此兩種奴隸充當分數較多。故明徐樹丕說：「女閭七百，齊桓徵其夜合之資，以佐軍需，皆寡婦也。」這話是對的。

三、優待游士

管子時候，正世卿制鼎盛時期，他已見到世卿人才不十分靠得住，亟想引用游談之士。管子相齊，已開布衣卿相之局。其後汲引寧戚，亦非國高巨族。似管子用人，久已傾向游士此為例證。但是這一班游士，都是權奇倜蕩不拘繩墨的朋友，非婦人醇酒不足以羈縻他們。從先燕太子丹養勇士，不愛後宮美女，民化以為俗賓客相過，有婦侍宿。（見《漢書・地理志》）管子之設「女閭」，蓋與燕太子丹同一鼓舞英雄手段。

四、供齊桓娛樂

齊桓公本是一個色中餓鬼。《史記》說：他「好內多內寵，如夫人者六人」。管子設「女閭」，真是齊桓公搜求伉儷發洩性慾之極大淵海，真覺美不勝收。《韓非子・外儲說右上》說：「昔桓公之伯也，內事屬鮑叔，外事屬管仲，被髮而御婦人，日游於市。」《韓非子》所說的「市」一定就是宮中女市、女閭，這不是齊桓好冶游的鐵證嗎？

最後我對於「女閭」有一點感想。《論語》管氏有三歸。《集解》：「三歸，三姓女。」《東周策》亦說：「桓公宮中有女市女閭七百，管仲故為三歸之家，以掩桓公，非自傷於民。」清俞理初再加以說明曰：「管子則三夫人者皆為妻。」《列女傳》說：「衛君孔弟立謂夫人曰，『衛，小國也，不容二庖。』今管子則有三庖，古者大夫家餘子受田懸殊，立一妻則多一室家禮節之費。……以卿大夫一妻二妾之制推之，管子家有三宮之費。故《論語》上說焉得儉，言其費用三倍於人。雖欲儉而不可得也。」齊之創為「女閭」，為功為罪，別一問題；然齊國君臣，能與百姓同樂，故桓公令民男子二十而室，女子十五而嫁。《管子・小匡篇》說：「好色非惡之極。」管仲君臣性欲是十分解決了，但恐小百姓仍有窮得討不起老婆的，性欲終難以解決，是極痛苦的事情，故創為「女閭」，較之後代所謂新式官僚，滿口高談禁娼廢娼，自己左擁右抱，而小百姓飢寒欲死，要抱一個黃臉婆兒亦不能如願，彼傖則毫不關心者，是猶庸庸佼佼呢？

第三節　春秋以後女樂之發達

「女樂」這種人物，一方面犧牲色相，他方面也可謂出賣肉體，實為「巫娼」演進之產物。古書上傳說：「夏桀有女樂三萬人，終以女樂亡其國。」（《管子．輕重甲》）但信而有徵，則在春秋時代，儼然為當時娼妓中心。一時君主，且利用她以制服強國，亡其宗社，力量比十萬雄兵尤大。現在舉齊秦事情來證明。

秦繆公問內史王繆曰：「鄰國有聖人，敵國之憂也。由余，聖人也，將奈何？」王繆曰：「夫戎王僻陋之地，未嘗見中國聲色也，君其送之女樂，以婬其志，亂其政，其臣下必疏之。」秦王乃送戎女樂二列，戎王於是張酒聽樂，日夜不休，終歲婬縱，卒馬多死。由余數諫不聽，去之秦。秦命公子迎之，拜為上卿，遂並國十二，辟地千里。」（《韓詩外傳》）

齊人曰：「孔子為政，魯必伯，我地近魯，必為先併。」犁且請沮之，於是返齊國中女子好者八十人，皆衣文衣而舞唐樂。文馬三十駟，遺魯君，陳女樂馬於魯城南高門外。季桓子微服往觀，再三將受。乃語魯君可周游往觀。終日怠於政事。桓子卒受齊樂，三日不聽政。孔子遂行。」（《史記．孔子世家》）

試看秦齊事情，一則使戎王「終歲婬樂，卒馬多死」。一則使魯君臣「終日游觀，怠於政事」。結果孔子退政而魯弱，由余奔秦而秦伯西戎。其他如晉獻公贈虢女樂以熒其心，亂其政。（《韓非子‧外儲說上》）鄭賂晉侯以女樂晉侯以樂之半賜魏絳，鄭遂得以保全。（《左傳‧襄十一年》）列國贈送女樂之事，更僕難書。「女樂」魔力何以如此偉大呢？其原因約有二：

一、音樂聲律之動人聽聞

以宮、商、角、徵、羽及黃鐘，大呂，等名目為聲音清濁之符號者，為古雅樂，以西周為最盛。春秋後所謂「新聲」，「俗樂」，「新樂」大興。極受一般社會歡迎。雅樂幾不能存在。愚意當時新樂家必變更雅樂之符號音節，故一般聽的人趨之若鶩。晉平公悅新聲，（《國語‧晉語》）魏文侯老實不客氣說：「聽古樂則惟恐臥，聽鄭衛之樂則不知倦。」齊宣王更爽快對孟子說：「寡人非好先王之樂也，在好世俗之樂耳！」這都是當時在上位的「崇拜」「新樂」的例證。究竟他們如何變更雅樂音節符號呢？《楚辭‧大招》云：「四上競氣。極聲變只。」自來唐順之、毛奇齡解釋：「指四上二字，即今日工尺之四上。」則工尺二字隨之發生，亦未可知。儒家排斥俗樂，自無將其符號見諸記載之理。因此僅有《楚辭》一語，略存孤證。蓋楚俗尚巫，看《楚辭》〈天問〉、〈九歌〉諸篇，可見當時巫樂之盛。「巫樂」亦「俗樂」之一。所以呂不韋說：「宋之衰也，作為千鐘；齊之衰也，作為大呂；楚之衰也，作為巫音。」（《呂覽‧侈樂篇》）照此看來，恐怕改變雅樂音節符號，尚不止楚一國呢。（以上參用近人許之衡說）

二、裝飾容貌之動人

春秋時「女樂」最盛的要數齊鄭，戰國則要數齊楚。現在我們舉楚事為代表罷。楚宋玉《招魂》首云：「牽於俗而蕪穢」，下乃盛陳楚俗云：

「高堂邃宇，檻層軒些。層台累榭，臨高山些。網戶朱綴，刻方連些。冬有突廈，夏室寒些。川谷徑復，流潺湲些。光風轉蕙，氾崇蘭些。經堂入奧，朱塵筵些。砥石翠翹，桂曲瓊些。翡翠珠被，爛齊光些。蒻阿拂壁，羅幬張些。纂組綺縞，結琦璜些。蘭膏明燭，華容備些。二八侍宿，射遞代些。姱容修態，絙洞房些。蛾眉曼綠，目騰光些。靡顏膩理，遺視矊些。室家遂宗，食多方些。稻粱穱麥，拏黃粱些。大苦鹹酸，辛甘行些。肥牛之腱，臑若芳些。和酸若苦，陳吳羹些。胹鼈炮羔，有柘漿些。……實羽觴些。挫糟凍飲，酎清涼些。有羞未通，女樂羅些。敶鐘按鼓，造新歌些。涉江采菱，發揚荷些。美人既醉，朱顏酡些。娭光眇視，目曾波些。長髮曼鬋，豔陸離些。二八齊容，起鄭舞些。衽若交竿，撫案下些。竽瑟狂會，搷鳴鼓些。宮廷震驚，發激楚些。吳歈蔡謳，奏大呂些。士女雜坐，亂而不分些。放敶組纓，班其相紛些。鄭衛妖玩，來雜陳些。崑蔽象棋，有六簙些。分曹並進，遒相迫些。成梟而牟，呼五白些。晉制犀比，費白日些。鏗鐘搖簴，楔梓瑟些。娛酒不廢，沉日夜些。酎飲盡歡，樂故先些。……」

我們看上面一段，瞑目想想當時盛況，與我們在上海灘上美麗的跳舞廳上，擁抱著一個摩登女郎且歌且舞，為交頸鴛鴦，有甚麼分別呢？又如在最宏大偉麗的俱樂部裡，叫了許多堂差，一時粉白黛綠，燕語鶯聲。爭先恐後，目不暇給，時而左抱右擁，淺酌低斟，時而呼盧喝雉，水陸雜陳。又有甚麼分別呢？總之，女樂動人的地方，在聲容並茂，所以她的魔力這樣偉大。

第四節　戰國時代娼妓發達及其原因

春秋後至秦統一，這個時候，是我國社會上一切變動最甚時代，而娼妓事業亦特別發展。試列舉之：

有屬於「官妓」性質的：《吳越春秋》說：「越王勾踐輸有過寡婦於山上。使士之憂思者游之，以娛其意。」《越絕書》更引申其意云：「獨婦山者，勾踐將伐吳徙寡婦置山上，以為死士，未得專一也。後之說者，蓋勾踐所以游軍士也。」依二書所說「游軍士」、「使士之憂思者游之，以娛其意」，這就是管子「女閭」的變相，漢代「營妓」的先聲。又《商君書・墾令篇》說：「令軍市無有女子，……輕惰之民，不游軍市，……則農民不淫。……」由此便知道「軍市」本有女子，為行軍時臣妾，役罷則別設市區，仍以軍名，農民亦可往游，簡直與漢代「軍市」、「營妓」相同。

有屬於君主略取異國女子，或由他國貢獻過來，仍屬於「官妓」性質的。楚樊姬遣人之梁鄭之間，求美人進之於王。越攻吳，諸侯畏其威，魯往進女監門之女嬰，其姊與焉。兄往視之，道畏而死。（《韓詩外傳》）像這類事在當時是很多很多。

有屬於「私娼」性質的：《漢書・地理志》說：「趙中山地薄人眾，猶有沙丘紂淫亂餘民。丈夫相聚遊戲，悲歌慷慨。作姦巧，多弄物為倡優。女子則彈弦跕躧，游媚富貴，徧諸侯之後宮。」《史記・貨殖傳》說：「越女鄭姬，設形容，揳鳴琴，揄長袂，躡利屐，目挑心招，出不遠千里，不擇老少者，奔富厚也。」你看所謂「彈弦跕躧」、「游媚富貴」，所謂「目挑心招，不擇老少奔富厚也」的行為，與近代式職業「游娼」有甚麼分別麼？這時候公私娼妓，皆發展到最高階段，則社會變動，當然有絕大影響。試約舉之：

一、媵制之廢除

一個女子出嫁，有幾個女子相隨而嫁的，叫做「媵」，起源甚古，春秋時尚盛行。唐賈公彥說：「媵有二種，若諸侯有二媵，外別有姪娣。……諸侯夫人，自有姪娣，並二媵各有姪娣。是媵與姪娣別也。若大夫士無二媵，即以姪娣為媵也。」依賈氏說，則古代諸侯一娶九女，依此例推之，天子娶后，三國來敵，皆有姪娣。凡十二女，卿大夫一妻二妾，二妾即為姪娣，士一妻一妾，不備姪娣。就是《列女傳》所說的「大夫三，士二」罷。但在戰國時「媵」制似已消滅，秦漢更未聞。多妻（媵）制既廢，人們不得不另覓縱慾途徑。這就是娼妓興盛的最大原因。

二、私奴隸之發達

《史記・貨殖傳》說：「凡編戶之民，富相什則卑下之，伯則畏憚之，千則役，萬則僕，白圭周人也。與用事僮僕共苦樂。趙卓氏之先，趙人也。卓氏遷臨邛，家有僮千人，齊俗賤奴虜。而刁間獨愛貴之。愈益任桀黠奴，起富數千萬。」這個時代，「私奴隸」何以忽然繼「官奴隸」而發生呢？大約古代機械未興，凡農田業畜牧業以及鹽礦諸業，均須人工努力，方能得最大的效果，所以戰國後私人蓄奴風氣大盛。凡大地主及大資本家均以蓄奴多少為他富力的等級，及其事業運命之要素。「私奴隸」也數是時代之驕子了。又南伯子綦子捆遇盜刖而鬻之於齊。（《莊子・徐無鬼》）欒布為人略賣，為奴於燕。（《史記・本傳》）是近代販賣人口事情，戰國時代已有了。自「私奴隸」發生，而「私娼」、「家妓」由此漸盛。這是關係社會變遷的一件很重要的事情。

三、商業繁盛及都會之勃興

《詩經》：「抱布貿絲」、「如賈三倍」皆為春秋前商業漸發展之證。春秋後鄭商人弦高出其貨以紓國難。（〈左僖三十三年〉）鄭子產又說：「鄭先君與商人世有盟誓。」（〈左昭十六年〉）則商人智識地位，似異於尋常。《史記》又說：「子貢廢著粥財於曹魯之間。范蠡治產積居，與時逐，三致千金。」（〈貨殖傳〉）是春秋時候商業已與農業駢進。於是大都會發生。如秦咸陽，齊臨淄，趙邯鄲，魏大梁，皆肩磨轂擊，氣象偉麗，為前此所無。人民競聚於都市，農村經濟破產，婦女流落為娼妓日益多。

四、井田制之破壞

西周時代。確曾一度實行過所謂土地國有的井田制。（井田有無，近代頗成問題。愚意西周初年，周公秉政以後，曾於最短期內，沿襲前代舊制，於王畿一度實行，西周末逐漸廢絕。詳拙著《井田制度研究》）當阡陌未開，各國仍遵《周禮》大司徒遂人田萊更耕爰處之法，如晉爰田。（〈左僖十五年〉）楚書士田，井沃衍。（〈左襄二十五年〉）商鞅最初亦制轅田。上田不易，中田一易，下田再易。（《漢書・地理志》孟康注）都是東周後井田殘留的遺跡。戰國漸漸廢弛。秦商鞅變法，以為非破壞不能建設，乃廢井田，開阡陌，下墾令。（《史記・本傳》及《商君書・墾令篇》）魏李悝乃以溝洫為墟，自謂過於周公。（見明董說《七國考》引《水利拾遺》）於是成周守望相助，出入相友，疾病相扶持，八家同井遺規，掃地無餘，而遺秉滯穗，寡婦孤兒，利益亦亡。（詳《詩・大雅・大田篇》）婦女為生計所迫，乃流為娼妓。

五、貨幣制度隨資本主義而發展

後世談圜法的，都說太公管子。（《漢書・食貨志》、《管子・輕重篇》）但九府圜法是否起於太公，頗費詳參。這個時候，果用黃金及金屬貨幣與否，亦無從徵實。惟古人以布帛為幣，則見於《左傳》、《三禮》諸書，為春秋時代所通行。如《說文》訓「幣」為「帛」，當初本是禮物，後遂用以當錢，凡交易則以幣代之，《詩・衛風》：「氓之蚩蚩，抱布貿絲。」此即以幣交易之確證。（《詩・毛傳》：「布幣也。」《鄭箋》：「幣者，所以貿物也。」二說皆「幣」字正詁。）故《鹽鐵論・錯幣篇》云：「古者市朝而無刀幣。各以所有易所無，抱布貿絲而已。後世即有龜貝金錢刀布之幣。」吾儕讀《孟子》、《戰國策》諸書。時時見「黃金若干鎰」，及「若干金」等文，知道社會通用金屬貨幣，大概在戰國時代。自金屬貨幣通行，而嫖娼更外簡易化了。

第五節　漢代之營妓

營妓始於漢，歷六朝唐宋不衰。《萬物原始》說：「一曰，古未有妓，至漢武始置營妓，以待軍士之無妻室者，見《漢武外史》。」（明人《正字通引》）表面上看「營妓」是創始於漢武，實際仍舊襲用勾踐「游軍士」管子「女閭」之遺意而已。惟「營妓」制度如何，書缺有間，余以意推測之如下：

一、漢代軍營有新聲

女樂在軍營，而太常裡面是沒有女樂的。當時軍營中用的樂為「鼓吹曲」及「橫吹曲」，皆異國之樂。「鼓吹曲」是從北狄輸入的。「橫吹曲」裡〈摩軻兜勒曲〉是張騫從西域傳至西京的。李延年《新聲二十八》解是由「胡曲」模仿出來的。有簫笳的叫做「鼓吹」，有鼓角的叫做「橫吹」，用於朝會道路的叫做「鼓吹」，用於軍中的叫「橫吹」。這兩種樂曲裡所用的樂器，如笳，角，篳篥，篥邏，廻大小橫吹等十之七八是羌胡音樂，而聲調音節，非常悲壯。《記》云：「君子聽鐘聲則思武臣，聽鼓鼙之聲則思將帥之臣。」凡強烈的音樂，能引起宏壯的感情，這恐怕就是漢武激厲軍心的微意罷。（以上本《晉書・樂志》及《樂府詩集》）

二、軍營裡面有軍市

古代軍皆有市，《尚書・費誓》說：「臣妾逋逃無越逐。」又說：「寇攘踰垣牆誘臣妾。」因為軍中有妾，所以要別置垣牆。在周初魯伯禽時已然。漢丙吉為平騎將軍軍市令，（《前漢書・丙吉傳》）後漢蔡遵為光武軍軍市令。（《後漢書・本傳》）這就是一軍有一市的證據。又《漢書・馮唐傳》說：「趙將李牧為邊將，居邊軍市之租，皆自用饗士，賞賜決於外，漢魏尚為雲中守，軍市租盡以給士卒。出私養錢，五日一殺牛，以饗賓客軍吏舍人，」又《漢書・胡建傳》說：（亦見《說苑・指武》）「胡建監軍，御史穿北軍壘垣以為賈區，建為軍正丞斬御史。」

看了上面所引的話，知道漢代屯衛軍隊的市垣性質與〈費誓〉上所說的「垣牆」相同。改為賈區，則借以謀利，所以胡建有斬御史的事情。又漢代軍市有租稅，又每市有軍令，其組織大約似齊宮中的「女市女閭」。漢武何以忽創設營妓呢？大約漢朝未有營妓之先，止有婦女「抑配」軍營的制度。《漢書・李陵傳》說：「陵始軍出關東，群盜妻子徙邊者隨軍為卒妻，婦大匿車中，陵搜得皆劍斬之。」是後魏「強盜妻子配為樂戶」的制度，漢朝業已作俑。本係抑配，陵把她劍斬了，其行為與土匪流賊何異？但此種抑配法，漢史上甚為少見。漢武或因抑配法容易擾亂軍中秩序，故詭為「營妓」的折衷的制度，叫一般軍士性慾得以平均發洩嗎？

至於漢代營妓係何等人做呢？「漢制罪人妻子沒為奴婢。」（《魏志・毛玠傳注》引漢律）「婦女坐其父兄，沒入為奴。」（《呂覽開春注》引漢律）「漢代官奴婢，多至十餘萬人。」（見《漢書・貢禹本傳》）宮廷中用了剩餘的，一定不少。我恐怕充當「營妓」的人，除「群盜妻子，隨軍為卒妻」者外，這種「官奴婢」總不能免罷。

漢代女樂頗盛，但享受的僅限於特殊階級。「漢成帝時，鄭聲尤甚，黃門名倡丙彊之屬，富顯於世。貴戚五侯定陵富平外戚之家，淫侈過度。至與人主爭女樂。」（《漢書・禮樂志》）「田蚡前堂羅鉦鼓，直由旃，後房婦女以百數。」（《漢書・本傳》）「張禹奢淫，身居大第，後堂理絲竹管絃，其弟子戴崇嘗入後堂，飲食婦女相對，官絃鏗鏘，昏夜乃罷。」（《漢書・本傳》）「馬融居宇器飾多存侈飾，嘗坐高堂，施絳帳，前接生徒，後列女樂。」（《漢書・本傳》）「竇武多取掖庭宮人作樂飲宴，旬月之間。貲財億計。」（《後漢書・陳蕃傳》）總之，當時享受「女樂」幸福的，除君主貴族外，衹有軍營而已。

第六節　漢代官奴婢與娼妓

漢代奴婢制度顯然有官私的分別，終兩漢不衰。但按之實際，官奴婢乃變相的娼妓。

官奴婢的來源是怎樣呢？蓋大半屬於罪犯。漢律：「罪人妻子沒為奴婢黥面，奴婢祖先有罪，雖過百代，仍然黥面供官。」（《三國志・毛玠傳》注）然宋馬貴與說：「漢代因府庫空虛，令人民輸奴隸於公家以取官爵。又私人所畜奴婢，如逾法定額數。國家往往以其溢額為官奴婢。」（見《文獻通考・戶口考》）照馬氏說，是官奴婢來源不盡由於罪犯，但是罪犯妻子沒為公家做奴婢的都是官奴婢罷了。

沒入公家的官奴婢職務又是怎樣呢？《漢舊儀》說：「省中侍史令者皆官婢，擇年八歲以上衣綠衣者曰宦人，（孫星衍說：「宦人當做官人。」）不得出省門。置都監老者四婢，婢教宦人，給使尚書侍中皆使官婢不得使宦人。」又說：「尚書郎宿留台中，官給青縑白綾被或錦被。帷帳氈褥，通中枕。太官供食。湯官供餅餌果實，下天子一等。給尚書郎伯二人，女侍史二人，皆選端正者從直，伯送至車門還，女侍史執香爐薰從入台護衣。」（以上據孫星衍《平津館叢書漢舊儀輯》本）清人俞理初說漢代官奴婢生活云：「事同妓妾而無常夫。」（《癸巳類稿・除樂戶考》）俞氏的話是很確當的。

「漢代尚書郎主作文書起舉，夜更直五日於建禮門內。奏事明光殿口含鷄舌香，黃門侍郎對揖跪受。」（以上據清黃奭逸《書考》輯應劭《漢官儀》）尚書郎在漢代地位之清貴則如此，直宿時優待則如彼。官奴婢至於執香爐相從入台護衣，其親切程度，雖妓妾不過爾爾。郎才女貌，男女相悅，發生戀愛，當然在人意中。所以古書中有不少的艷史流傳。

「五官郎中田儀與官婢陳徵駱驛等私通，盜刷越巾，即其夕竟歸府詔問。」（見劉歆與楊雄書及雄覆劉歆書，均見《方言》及《古文苑》）楊雄說：「田儀淫跡暴於官朝」，就是指這樁事。以後東漢「王君公以明易為郎，數言事不用，乃自汙與官婢通，免歸。」（《後漢書・逢萌傳》注）「張安世為光祿勳郎淫官婢，婢兄告之。安世曰：『奴用恚怒誣衣冠。』告署適奴。」（註：「適」讀曰「謫」。）安世這樣舉措，完全是官官相護習慣。漢代國家已經叫官奴婢做娼妓行為。而又禁其戀愛官吏。至於「詔問罷免」。這種法令，真叫人莫名其妙哩。

且漢代使用官奴婢地方甚多，《漢舊儀》說：「丞相府官奴婢傳漏以起居。宮中乳母取官婢。宮殿中宦者署郎署皆官奴婢傳言。太官湯官奴婢各三千人。」此屬於宮廷及京內衙署的。又說：「太僕牧師諸苑三十六所，分布北邊西邊，以郎為苑監，官奴婢分養馬三十萬頭。」此屬於外方的。（孫氏平津館《漢舊儀輯》本）從國家方面看：則耗費太大。貢禹在宣帝時上書說：「……又諸官奴婢十萬餘人，遊戲無事，稅良民以給之，歲費五六鉅萬。」再從「官奴婢」方面看，「漢制奴婢欲自贖者，出錢千萬，免為庶人。」（《漢舊儀》孫輯本）是無力量贖身的，終其身就為奴為隸。且遊戲無事，逸居則淫。漢陳蕃云：「聚而不御，必致憂悲之感。」郎顗亦云：「今宮中侍御，動以千計，或生而幽隔，人道不通。鬱積之氣，上感皇天。」官奴婢境況，何以異此？聚千百青春女子，使終身為奴婢而度其非人生活。簡直是驅迫她做「奴隸賣淫」。漢代蔑視女子人格，可謂達於極點了。有的人說：「官奴婢制度至漢文帝除肉刑相坐法，已相隨而廢。」但是考後漢安帝永初四年詔書說：「建初以來，諸妖言過坐徙邊者，各歸本郡，其沒為奴婢者，免為庶人。」（《漢後書・安帝本紀》）是這種制度，至安帝時猶風行。或者但除「黥面」制，而沒為奴婢制。終兩漢時代固未嘗廢除罷。

第七節　古代之男色

男色嗜好，是人類天生的。希臘蘇格拉底以為「同性愛」是沒有害處的。柏拉圖以後，「同性愛」淫業已變成普通了。這種男妓大多與女妓一樣，是奴隸出身。（見Markun《歐美淫業史》）足見男子幹賣淫勾當，中西在最古時代，已不約而同的發見了。我國男色事情，信而有徵的，是從春秋戰國開始。

「彌子瑕有寵於衛靈公，嘗因母疾，竊駕君車以出。靈公聞而賢之。異日與靈公游於果園，食桃而甘。以其餘獻靈公，靈公曰：『愛我忘其口啖寡人。』」（《說苑》）

「宋公子朝有美色，寵於靈公，遂蒸靈公嫡母宣姜。已又蒸公之夫人南子後作亂，逐靈公如死鳥。」（《國語・左傳》）

「魏王與龍陽君共船而釣。龍陽君語魏王曰：『今以臣之凶惡，得為王拂枕席。』」（《戰國策》）

「江乙說安陵君主曰：『君無咫尺之功骨肉之親，處尊位，受厚祿，一國之眾，見君莫不斂衽而拜，何以也？』曰：『遇主以色，不然，無以至此。』」（《戰國策》）

你看君臣至於「分桃」而食，其平日親愛可知。子朝與靈公母妻同時發生戀愛。其平日出入闈，狎昵程度又可想而知。明明說「遇主以色」、「為王拂枕席」，其平日猥褻依偎狀況，又可想而知。孔子說：「不有祝佗之佞，而有宋朝之美。難以免於今之世！」（《論語》）墨子亦說：「王公大人，未知以尚賢使能為政，無故富貴，面目佼好則使之，夫無故富貴，面目佼好則使之，豈必智且慧哉？王公有所愛其色，故不能治百人者，使處乎千人之官；不能治千人者，使處乎萬人之官。」（《墨子・尚賢中》）看了孔墨二大儒憤激之談，則春秋戰國時「男色」風氣披猖，可想而知。降及漢代，此風不改。《漢書・佞幸傳敘》說：「高祖時則有籍儒，孝惠時則有閎儒，此二人非有才能，但以婉貴幸，與王同臥起。」是漢代寵愛孌童，自高惠時已然。又說：「公卿皆有關說。」則當時賄賂奔競之事，一定很多，又說：「惠帝時，郎侍中，皆冠鵔鸃，貝帶，敷脂粉。皆若輩有以效之。」則當時社會好風尚裝飾。都受「男色」影響了。

其後武帝寵李延年，史稱：「延年與上臥起，其愛幸埒韓嫣。」（《漢書・李延年傳》）又寵韓嫣。史稱：「其賞賜擬鄧通，常與上共臥起。」（《漢書・韓嫣傳》）成帝寵張放。史稱其「與上臥起，寵愛殊絕。」（《漢書・張放傳》）是人君愛男色事，終漢代不衰。但綜合漢代男色看來，就中於政治社會發生最大影響的，當推鄧通董賢。

《漢書》說：「文帝寵幸鄧通，賜以蜀嚴道山銅，得自鑄錢。鄧氏錢布天下。」（〈鄧通傳〉）貨幣流通額多寡，及價值輕重，與一國人口多寡，生產消費分量，均有關係。稍一不慎，國民經濟，即發生影響。故近代國家鑄造貨幣的權柄，都操於國家，而不假私人之手。鄧通以一孌童，乃開銅山，鑄錢千萬，富埒王侯。自是以後，四十餘年間，吳鄧錢遍天下。（俱見《漢書・鄧通傳》）先是吳王濞亦鑄錢。民間盜鑄者亦多。（亦見《漢書》）依貨幣原理，錢價愈輕，購買力愈下落，而物價愈昂貴。文帝號漢代賢君，這個罪惡，實在不小哩。

哀帝寵幸董賢，其現象尤駭人聽聞。《漢書》說：「出則參乘，入御左右，貴震朝廷。與上臥起。」此其一。又說：「嘗晝寢偏籍上袖，上欲起，賢未覺，不欲動賢，乃斷袖而起，其恩愛至此。」此其二。又說：「選物上第。盡在董氏，而乘輿服物，乃其次也。」此其三。又說：「賢年二十二，雖為三公，嘗給事中，領風尚書，百官因賢奏事。……由是權與人主侔矣。」此其四。「賢敗後，縣官斥賣董氏財產四十三萬萬。」此其五。賢貴顯驕恣真是創漢以前「孌童」未有的局面，還能說他於政治社會方面沒有影響嗎？又「龍陽」、「分桃」、「斷袖」，我國文人著述，每以是等為沉溺男色妝飾名詞都產生於這個時代。能不算吾國男妓史最重要之一頁嗎？

第四章　家妓及奴隸娼妓駢進時代

第一節　魏晉南北朝時代奴隸與娼妓

這個時代奴隸主要淵源，大要仍不外罪犯及俘虜二種。五胡十六國擾攘黃河流域，為吾國歷史上種族大轉移時代，割據戰爭。迄無寧日，所以俘虜尤為供給奴隸主要淵源。

一、奴隸屬於俘虜的

「晉樵縱叛，自稱梁益二州刺史。……益州營戶李騰開城納縱。」（《晉書・樵縱傳》）「後魏文帝時沃野統萬二鎮勅勒叛滅之，之徒，其遺逆於冀定相三州為『營戶』。」（《魏書・高祖文帝紀》）「魏天興中（西元後三九八年至四〇三年），詔採諸漏戶，於是雜營戶戶帥遍于天下，不隸守宰，至始光三年（西元後四二六年）用仇洛齊言詔一切罷之。以屬郡縣。」（《後魏書・食貨志》及〈仇洛齊傳〉）則由晉及魏，「雜戶」、「營戶」之多可知。「其後高帝時慕容白曜平東陽蔣少游見俘，入於平城，充『平齊戶』。」（《魏書・蔣少游傳》）這不是郡縣雜戶嗎？「周初齊亡後，相州衣冠士人多遷關內，惟技巧商販及樂戶內家移實州郭。」（《隋書・梁彥光傳》）這恐怕就是魏時所移勅勒營戶，換了朝代，到北周仍然做奴隸。你看苦不苦！「北齊後主武平七年三月（西元後五六三年）括雜戶女年二十以下十四以上未嫁者，悉集省。隱匿者家長處死刑。」（《北齊書・後主本紀》）因「雜戶」是奴隸，君主要怎樣便怎樣，蹂躪女性，至此而極。「又宋沈慶之討郡蠻前後所獲蛋，並移都下以為『營戶』。」（《南史‧沈慶之傳》）則是南朝亦有「俘虜奴隸」了。

二、就是奴隸屬於罪犯的

我們舉北魏南梁事實為證。《魏書‧刑法志》說：「孝昌以前，（西元後五二五以前）天下淆亂，法令不恆，或寬或猛。及爾朱擅權，輕重肆意，在官者多以深酷為能。至遷鄴，京畿群盜頻起，有司奏立嚴刑：凡強盜殺人者首從皆斬，妻子及同籍配為『樂戶』，其不殺人贓不滿五匹，魁首斬從者死，妻子亦為『樂戶』。小盜贓十匹以上，魁首死，妻子配驛，從者流……。」此實「樂戶」籍沒見於史書的第一次。《魏書》所謂「樂戶」，即「女樂」的化名。而且北魏律：「緣坐配沒工樂雜戶都用赤紙為籍，其卷以鉛為軸。」（〈左襄二十三年〉〈正義〉引魏律）是強盜妻子，因連帶關係，終其身沈淪於「女樂」、「娼妓」一途。你看冤枉不冤枉！這就是奴籍。（所謂「赤紙為籍」就是古代的奴籍）不除，終身為奴隸的事實。

> 《隋書‧刑法志》說：「梁制：大逆者。母妻姊妹及從坐者，妻子妾女，同補奚官為奴婢。其劫盜者，妻子補兵。」又說：「魏晉相承，死罪重者妻子皆以補兵。」

再拿晉宋兩朝史實來看：

> 晉范堅女乞恩辭求，自沒為奚官奴，以贖父命。（《晉書‧范堅傳》）
> 宋女巫嚴夭為劫坐沒入奚官。（《南史‧元凶劭傳》）

是這種制度，亦不始於梁朝。「補兵」或得配軍士，或入軍市。「奚官」、「奴婢」就是「做娼」。所以這個時代娼妓與奴隸制度有密切關係。漢武帝「營妓」制度，這個時候仍沿襲用之。看司馬宣王在長安立軍市，軍中吏士，多侵侮縣民。（《三國志‧倉慈傳注》引《魏略》）宋後廢帝每出入去來。嘗自稱劉統，或自稱李將軍，與右衛翼輦營女子私通，每從之游，持數千錢供酒肉之費。（《宋書‧後廢帝本紀》）齊廢帝嘗與左右無賴群小二十餘人共衣食，同臥起。帝獨住西州，每夜輒開後堂，免與諸不逞小人，至營署中淫宴。（《南史‧齊廢帝鬱林王本紀》）這就是沿襲漢代「營妓制度」無疑。其「營妓」來源，即為「罪犯奴隸」的女子又無疑。

這個時期娼妓極盛，魏曹洪使女娼著羅縠之衣。（《三國志‧楊阜傳》）邯鄲淳《笑林》上又載曹魏一段故事：「某甲為公府佐，風尚不解音樂。妓女奏曲讚已，己亦不知。後作主人宴客，召妓具曲，誤以藥方為曲牌。……」看了某甲行為。儼然有近代召妓侑酒，淺斟低唱的模樣。但是以上所舉，仍然是沒有名姓的英雄。這個時候長江流域的南宋南齊，產生了兩位名妓，是甚麼人呢？就是姚玉京、蘇小小。

梅禹金《青泥蓮花記》說：「姚玉京娼家女也，嫁襄州小吏衛敬瑜，溺水而死，玉京守志養舅姑。常有雙燕巢梁間，一日為鷙鳥所獲，其一孤飛悲鳴徘徊至秋，翔集玉京之臂，如告別然。玉京以紅縷繫足。曰：『新春復來，為吾侶也。』明年果至，因贈詩曰：『昔時無偶去，今年還獨歸。故人恩義重，不忍更雙飛。』自爾秋歸春來，凡六七年。其年玉京病卒。明年燕來，周章哀鳴。家人語曰：『玉京死矣，墳在南郭。』燕遂至墳所，亦死。每風清月明，襄人見玉京與燕同游漢水之濱。至唐李公佐譔《燕女墳記》。」（玉京事亦見《南史孝義傳》。略有異同。）

《樂府詩集廣》題云：「蘇小小錢塘名娼，南齊時人。有〈西陵歌〉。」宋何薳《春渚記聞》說：「司馬才仲在洛下夢一美姝，搴帷而歌。……且曰：『後相見於錢塘。』後才仲為錢塘幕官，廨舍後堂蘇小墓在焉。……不逾年而才仲得疾，所乘畫水輿艤泊河塘，舵工見才仲攜美人登舟……而火起舟尾。倉皇走報。而其家已痛哭矣。」

看了上面所引，這兩個妓女才情，一則能與異代文人為感情上之交通，一則能感動燕子。雖不免後人傅會，兼含有神話意味，然於此足見兩人魔力之大了。且蘇小小之名，尤噲炙人口，千年如一日。我想她的屍骨久已化為灰塵，後世文人，對於她的「墓地」所在，尤紛如聚訟。自唐徐凝作〈寒食詩〉云：「嘉興郭裡逢寒食，落日家家拜掃歸。只有縣前蘇小墓。無人送與紙灰錢。」陸廣微《吳地志》遂有墓在嘉興縣側之說。《咸淳》、《臨安志》、《武林舊事》都說墓在湖上。〈白石樵唱〉說：「林景熙有詠蘇小小詩題注：『小小錢塘名娼，有墓在嘉興西南六十步。』」清朱竹垞詩云：「歌扇風流憶舊家，一邱落月幾啼鴉。芳痕不肯為黃土，猶幻胭脂半樹花。」竹垞力辨小小之墓在秀州。（即嘉興）大家都想以絕代佳人為湖山妝點。美人已成黃土，千餘年後文人，仍紛紛拜倒石榴裙下。小小誠足以自豪。我看了玉京〈贈燕詩〉，及小小〈西陵歌〉，不但色美，而且才高，恐怕也是衣冠士族，沒入「奚官」而倫落為娼妓的罷。

第二節　魏晉南北朝時代之家妓

甚麼叫「家妓」呢？就是畜養在家庭中妓女，而不是在坊曲的。如晉謝安在東山畜妓。（《世說新語》）每出游，必以女妓從。（《晉書・本傳》）這種妓女，都是「家妓」，與「妾」稍有不同。家妓大半是能歌舞樂曲的，故殷仲文勸宋武畜妓，宋武曰：「我不解聲。」（《世說新語》）與「妾」專備侍寢，專門為發展性慾者不同。又其地位似較「妾」為低。後魏高聰有妓十餘人。有子無子，皆注籍為妾，以悅其情。（《魏書・高聰本傳》）照這樣看，「家妓」生了兒子方能升為「妾」，則「妾」似較「家妓」貴重一些。現在高聰將她的「家妓」概升為「妾」，以悅其情，乃籠絡人心手段罷。所以「家妓」地位。似介於「婢」、「妾」之間。畜養「家妓」風氣始於漢代，而極盛於南北朝，今以本時代「家妓」情形分析列舉於下。

一、因妓妾乃貪賄用以維持聲色，甚乃遭殺身之禍的。

《魏書・咸陽王禧傳》：「性驕奢，貪淫財色，姬妾數十，意尚不已。衣被錦綺，車乘鮮麗，猶遠有簡娉，以恣其情。由是時求貨賄，奴婢千數。田業鹽鐵，徧於遠近。臣史僮隸，相繼經營。」後謀反敗被擒，（世宗時）賜死。及與姊妹公主等訣言及一二愛妾。公主哭且罵之云：「坐多取此婢輩，貪逐財物，畏罪作反，致今日之事。……」

《梁書・魚弘傳》：「嘗語人曰：『我為郡——歷南譙盱眙竟陵太守——所謂四盡，水中魚鱉盡，山中麋鹿盡，田中米穀盡，村里民庶盡。』於是恣意酣賞，侍妾百餘人，不勝金翠。服玩車馬，皆窮一時之絕。」

《宋書・沈演之傳》：「太宗泰始中時，欲北討，使勃還鄉里募人，多受貨賄。上忽下詔曰：『沈勃輕躁耽酒，幼多罪愆，比奢淫過度，妓女數十，聲色放縱，無復劑限。』」

《宋書・杜驥傳》：「幼文所蒞貪橫，家累千金，女妓數十人，絲竹晝夜不絕。帝微行夜出，輒在幼文門牆之間，聽其管絃。」

二、有因祇顧本身，窮妓妾之樂，而家族窮困不堪的。

《宋書．范曄傳》：「家樂器服玩，並皆珍麗，妓妾亦盛飾，母止住單巷。唯有一廚，盛樵採，子弟冬無被，叔父單布衣。」

三、因畜妓妾而飲食起居，服飾園林，皆極端裝飾奢侈的。

《南史．徐君情傳》：「為湘東王鎮西諮議參軍，頗好聲色，侍妾數十，皆佩金翠，曳羅綺，服玩悉以金銀。……有時載妓肆志游行，荊楚山川，靡不畢踐。」

《南史．孫瑒傳》：「性通泰，有財散之親友。居家頗失於侈，家庭建築，極林泉之致，歌鐘舞女，當世罕儔；賓客填門，軒蓋不絕。」

《北史．夏侯道邊傳》：「好筵宴，京師珍羞，罔不畢有。……大起園囿，殖列蔬果，延致秀彥，時往游過。妓妾十餘，常自娛樂國。」

《宋書．恩倖傳》：「佃夫——阮——權亞於人主，宅舍園地，諸王邸第莫及。『妓女』數十，金玉錦繡之飾，宮掖不及也。每製一衣，造一物，京邑莫不法效。焉於宅內開瀆東出十許里，塘岸整潔，泛輕舟，奏女樂。」

《宋書．徐湛之傳》：「貴戚豪家，產業甚厚，室宇園池，貴游莫及。妓樂之妙，冠絕一時。……時安成公何勗，無忌之子也。臨汝公孟靈，休昶之子也。兢各奢豪，與湛之共以餚膳器服車馬相風尚。京邑為之語曰：『安成食，臨汝飾，湛之二事之美兼何孟。』」

四、有貪聲妓快樂，非朝賀不出門的。

《宋書・沈慶之傳》：「妓妾數十人，競美容工藝，慶之優游無事，盡日歡愉，非朝賀不出門。……」

五、有年已衰老而樂此不疲的。

《南史・張壞傳》：「建武未累啟求還吳，見許。居室豪富，妓妾盈房。或有譏其衰暮蓄妓，壞曰：『我少好音律。老時方解，平生嗜欲無復存，唯未能遣此耳。』」

六、有兼以求多子為幸福的。

《周書・李遷哲傳》：「性華侈，厚自奉養，妾媵至有百數，男女六十九人。緣漢千餘里間，第宅相次。姬人之有子者，分處其中，各有僮僕侍婢奄閽守之。遷哲每鳴笳導從，往來其間，縱酒飲宴，盡平生之樂。子孫參見，或忘其年名者，披簿以審之。」

七、有對於家妓有子無子，皆為妾位，以固結感情的。

《北史・高聰傳》：「唯以聲色自娛，有妓十餘人，有子無子，皆注籍為妾以悅其情。及病。欲不適他人，並令燒指吞炭，出家為尼。」

八、有因家妓美麗，他人奪取，因以罷官殺身的。

干寶《晉紀》：「石崇有妓綠珠，美而工舞，孫秀使人求焉。使者以告崇，崇出妓妾數十人曰：『任所擇。』使者曰：「受旨索綠珠。」崇曰：『綠珠吾所愛重，不可得也。』使者還告秀，秀勸趙王倫殺之。」

《南史・何恢傳》：「恢為廣州刺史，有妓曰張耀華，美而有寵。將之任，要權貴阮佃夫飲。佃夫見耀華悅之，頻求於恢。恢曰：『恢可得，此人不可得也。』佃夫怒，遂諷有司以公事彈恢坐免。」

九、有位高祿重，而多營妓妾以圖快樂的。

《晉書・陶侃傳》：「媵妾數十，家僮千餘，奇巧寶貨，富於天府。」

《魏書．高陽王雍傳》：「又與元義同決庶政，歲祿萬餘，粟至四萬。妓侍盈房，諸子端冕，榮貴之盛，昆弟莫及。……後多幸妓，侍近百許人。」

我看了上面所引發生了三種感想：

一、黃金與美人之關係。

魏咸陽王禧賜死時，與諸妹公主等訣，言及一二愛妾。公主哭且罵云：「坐多取此輩婢貪逐財物，畏罪作反。致今日之事。」又如「石崇嘗刺荊州，劫奪遠使，沉殺諸商，以致巨富。」（《樂史．綠珠傳》）崇有妓妾美人千餘，綠珠為之魁。終因孫秀之索，以致綠珠墜樓，而崇棄東市。弄到淌來的黃金，就要多討美人，要窮奢極侈，以博美人的歡心，仍要繼續多弄黃金，這就是咸陽王「貪逐財物造反」，石崇所以棄「東市」的緣故。「黃金」、「美人」關係，真密切得很。杜驥魚弘沈勃，都是一邱之貉罷。

二、南朝專重清議的法令恐為具文。

南朝法律，率重「清議」。「梁制有禁錮之科，其犯清議，則終身不齒。陳亦重禁錮科，若縉紳巨族，犯虧名教不孝者，……詔發棄之，終身不齒。」（《隋書．刑法志》）宋武帝篡位，「有犯鄉論清議贓汙淫盜，一皆蕩滌洗除，與之更始。」（見《日如錄》）是宋齊以來，雖未明著律條，而犯「清議」者，非有赦書，皆終身「禁錮」。久已著成為成例。但如范曄家樂器服玩，並皆珍麗。妓妾盛飾，毋止住單巷，唯有一廚盛樵採，這樣行檢，總算有點荒唐了，而「清議」並不及之。終身禁錮，更談不到。則法令非具文而何？

三、法律實行與永守。

宋阮佃夫妓女數十，金玉錦繡之飾，宮掖不逮。
梁夏侯夔後房妓妾，曳羅綺。飾金翠者亦有百數。
梁徐君倩侍妾數十，皆佩金翠，曳羅綺。
沈攸之後房服珠玉者數百人。（以上俱見前引）
魏高陽王雍第宅匹於帝宮，俊僕六千，妓女五百。隋珠照日，羅衣從風。自漢晉以來，諸王豪侈未之有。（《洛陽伽藍記》）

以上諸人妓妾服飾。總算豪侈極了。而晉制女奴不得服金釵。（《御覽七百十八》引晉令）魏制王公以下賤妾，悉不得用織成錦繡珠璣，違者以逆旨論。（《魏書‧高陽王雍傳》）不是成了廢話嗎？國家法令則如此，臣下姬妾豪侈則如彼，總數極矛盾一件事情罷。蓋吾國歷代法令甚多，然不必為當時實行之法，法令之修，非必即為實行者所遵循。一法之興，亦不必即為後世所永守。不獨魏晉如此，歷代都是這樣的。

第三節　魏晉六朝時的男色

這時代男色猖獗情形，與前時期大不同了。試將他要點特徵，分別寫在下方：

一、公然狎昵，不以為諱。

《北史・魏彭城王韶傳》說：「緦孫韶至北齊襲封，後降為縣公，文宣帝——高洋——嘗剃韶鬢鬚加以粉黛，衣婦人服以自隨。曰：以彭城為嬪御。」史說：「譏元氏微弱，比之婦女。」這種公開現象，是前此所未有的。

二、因偶然失戀，乃悔辱孌童，或動殺機。

「王韶昔為幼童，庾信嬖之，有斷袖之歡，衣食所資，皆信所給。遇客，韶亦為信侍酒。後韶為郢州刺史，信過之，韶接待甚薄。信不能堪，因酒酣，乃徑上韶牀，又踐蹋肴饌，直視韶面曰：『官今日形容大異疇昔。』賓客滿座，韶甚慚恥。」（《南史・長沙宣武王傳》）

「王僧達族子確，少美姿容，僧達與之私款甚暱。確叔父永嘉太守休屬確之郡，僧達欲逼留之，確避不往。達潛於所往後作大坑欲誘確來別埋殺之。從第僧虔知其謀，禁訶乃止。」（《南史・本傳》）

你看庾信對王韶說：「官今日情形大異疇昔」這兩句話，含有多少意味。又「徑登韶床，踐踏肴饌。」此等重大侮辱，發現於賓客滿座時候，王韶怎樣受得了？王僧達因留不住王確，乃作大坑欲埋殺他，真可謂色膽大如天了。

三、因變童與妻斷絕，或累殺妻。

《魏書．汝南王悅傳》：「悅妃閭氏生一子，不見禮答。有崔延夏者以左道與悅游，令服仙藥松朮之屬。又好男色，絕房中，輕忿妃妾，至加撻楚。」

《晉書．石季龍載》記：「聘將軍郭榮妹為妻，季龐寵優童鄭櫻桃而殺郭氏。及娶清河崔氏女，櫻桃又譖而殺之。」

寵妾滅妻，是吾國社會上歷代相沿的習慣。寵男色以滅妻，不算一件駭人聽聞舉動嗎？但在晉代，這種風氣，已普遍化，民眾化了。《宋書．五行志》上記一段故事：「自咸寧太康以後，男寵大興，甚於女色，士大夫莫不風尚之，天下咸相仿效，或有至夫婦離絕，怨曠妬忌者。」妬為人類通性；爭妍鬥媚，亦人類通性，無男女的分別。這個時候，戀男色的人，又握生殺予奪之權，殺兩個妻子，司法律的亦不敢加以制裁，而男色猖狂愈甚。石季龍就可做當時代表。像汝南王僅僅「絕房中，輕忿妃妾。至加撻楚」，真司空見慣，算不了一會事。

四、夫婦同愛孌童。

《晉書．海西公紀》：「帝在藩，夙有痿疾。嬖人相龍計好朱靈寶等參侍內寢。而二美田氏孟氏生三男，長欲封樹，時人惑之。」

《晉書．五行志》：「海西公不男，使右有相龍與內侍接，生子以為己子。」

海西公因痿疾，自降為孌童。嬖人等又參侍內寢，一箭雙鵰，可謂便宜之至。但海西公因痿疾不男，而二美田氏王氏，竟生三男，海西公以為己子，未嘗不自以為討便宜罷。

五、因愛孌童，而功名沉滯。

《南史·謝惠連傳》：「先愛幸會稽郡吏杜德靈，及居父，夏贈以五言詩十餘首，〈乘流〉〈遵歸路〉諸篇是也。坐廢，不豫榮位。官尚書僕射，年三十七卒。既早亡，輕薄多尤累。故官不顯。……」

後代儒家嘗說：居喪正哀痛的時候，不能作韻語。這種論調，是不對的。父母之喪，當然哀傷。但哀來即哭，哀去即止。所謂「苦塊餘生」、「水漿不入口」等等套語。皆係漢以後「儒家」矯糅造作出來的。詩言性情，居喪時性情即滅絕麼？何況惠連是反對傳統禮教的人，居喪贈愛人詩，看得尋常得很，不幸因此遂「坐廢」了。《南史》又說：「惠連既早卒，輕薄多尤累，故官不顯。」這又是惠連所視為無足重輕的事情。

六、狎昵孌童。見於言論著述。

劉遵〈繁華應令〉：「可憐周小童，微笑摘蘭叢。鮮膚勝粉白，腭臉若桃紅。……腕動飄香拂，衣輕任好風。……剪袖恩雖重，殘桃看未終。……」

梁簡文帝〈孌童詩〉：「……妙年周小史，姝貌比朝霞，攬袴輕紅出。迴頭雙鬢斜。……」

其他若晉張翰周〈小史詩〉，梁劉永詠〈繁華〉，劉孝綽詠〈小兒採菱〉，無名氏〈少年〉，昭明〈伍嵩〉（以上俱見《玉台新詠》），對於男色聲揣色，極力摹寫，酣疊淋漓。又沈約〈懺悔文〉說：「漢水上宮，誠云無幾分桃斷袖，亦足稱多。」又《北史・北齊廢帝殷本紀》說：「天保九年，太子監國，集諸儒講孝經，令楊愔傳旨，謂國子助教許散愁曰：『先生在世，何以自資？』對曰：『散愁自少以來，不登孌童之牀，不入季女之室，服膺簡冊，不知老之將至。』」於是可見「男色」為當時普通嗜好，形諸歌詠，視為固然。「不登孌童之牀」的許散愁，遂獨自標異，如鷄群之鶴了。

其他這個時候好男色的，尚有魏始興王濬的楊承先，魏齊王芳的郭壞、袁信，秦符堅的慕容冲，石宣的甲扁，陳宣帝的陳子高，隋煬帝的王蒙，尤更僕難數。總之，這時代狎昵「孌童」，由南朝以至北朝。成為社會民眾一般的嗜好，已成為一種風氣，與前期僅為君主貴族特殊階級玩好品者不同，這是值得我們注意的。

第四節　魏晉南北朝聲妓特別發達原因

這個時代，聲妓讌樂，空前發展，是甚麼原故呢？試舉之如下：

一、學說之影響

《列子》這部書，本是東晉張湛輩假託的，但適合當時士大夫口胃，故南北朝時社會習俗，頗受深切之影響。《偽列子》第七篇題曰楊朱，述朱說頗詳。楊朱說：

「百年壽之大齊，得百年者千無一焉。設有一者，孩提以逮昏老，幾居其半矣；夜眠之所弭，晝覺之所遺，又幾居其半矣；痛疾，哀苦，憂懼，又幾居其半矣。量十數年之中，逌然而自得，亡介焉之慮者，亦亡時之中爾！則人人生也奚為哉？奚樂哉？為美厚爾，為聲色爾，而美厚復不可常厭足，聲色不可常玩聞，乃復為刑賞之所禁勸，名法之所進退。遑遑爾兢一時虛譽，規死後之餘榮；偶偶爾慎耳目之觀聽，惜身意之是非，徒失當年之至樂，不能自肆於一時；重囚累梏，何以異哉？太古之人，知生之暫來，知死之暫往，故從心而動，不違自然所好，當身之娛非所去也。故不為名所勸；從性而游，不逆萬物所好，死後之名，非所取也。故不為刑所及。名譽先後，年命多少，非所量也。」

又說：「萬物所異者生也，所同者死也。生則賢愚貴賤，是所異也。死則臭腐消滅，是所同也。十年亦死，百年亦死。仁聖亦死，凶愚亦死。生則堯舜，死則腐骨；生則桀紂，死則腐骨。腐骨一也，熟知其異？且趣當生，奚皇死後？」

你看楊朱所主張的這種「眼前利己快樂主義」，純是厭世的悲觀，也都是時勢的反動。東晉後中原板蕩，人民苦於干戈水火，生命財產早不保暮，乃產生楊朱一派學說了。一般民眾，濡染其說，大家都存「我躬不閱，遑恤我後」的心理，於是「放浪」、「頹廢」、「豪侈」諸種習性，相因而生。風尚能說《偽列子》學說於東晉後社會沒有絕大的影響嗎？

二、國家之風風尚及法令

這個時代南北朝風風尚不同：北朝將相多無妾媵。南朝則官職大者可以畜多妻，無形中已成了法令。

元孝友〈傳疏言〉：「將相多風尚公主，王侯率娶后族，故無妾媵，習以為常。舉朝略是無妾，天下殆皆一妻。父母嫁女，必教之以妬；姑姊逢迎，必相勸以忌，以劫制為婦德，能妒為女工。」（見《魏書》）

《南史・王宴傳》：「宴從弟詡位少府卿，勅未登黃門郎，不得畜女妓。詡與討聲校尉陰玄智皆以畜妓免官禁錮十年。」

看了上面，北朝「舉朝略是無妾，天下殆皆一妻。」故北齊時代「家妓」見於記載者甚少。南齊則「未登黃門郎不得畜妓。」此等「只許州官放火，不准百姓點燈」的政策，無異助長家妓的發展。所以這個時候，聲妓之盛終要推到南朝了。

三、朝野崇風尚風貌，而社會競尚放浪修飾

如晉代貴游子弟，相與為散髮裸身之飲，對弄婢妾。梁朝貴游子弟，亦無不燻衣剃面，傅粉施朱，皆顯然之證據。

《晉書・五行志》：「惠帝元康中，貴游子弟，相與為散髮裸身之飲，對弄婢妾。逆之者傷好，非之者無譏。希世之士，恥不與焉。」

《顏氏家訓・勉學篇》：「梁朝全盛時，貴游子弟，多無學術，無不燻衣剃面，傅粉施朱。」

唐朱揆《釵小志》：「梁陳士人，春游，畫衣粉面，絃歌相逐。」

又南北朝取人不專在「才識」、「局量」而專重「風貌」。

宋孝武選侍中四人，並以風貌。（《南史・王彧傳》）

袁粲見王景文歎曰：「不但風貌可悅，及哺啜亦復可觀。」（《南史・王景文傳》）

何炯白皙，美容貌，從兄點嘗曰：「叔寶神清。」（《南史・何炯傳》）

孟昶孟覬並美風姿，時人謂之雙珠。（《南史・孟昶傳》）

此南朝重風貌的證據，北朝亦然。

崔浩纖妍白皙，如美婦人。（《北史・崔浩傳》）

李神儁風韻秀舉，博學多聞。梁武帝雅重其名，曰：「彼若遣李神儁來？我當令劉孝綽往。」（《李神儁傳》）

荀士遜為中書舍人，狀貌甚醜，以文辭見重，嘗有事須奏，適武成帝在後庭，因左右傳達，傳達者不得士遜姓名，乃云醜舍人。帝曰：「必士遜也。」看封題果然。內人無不大笑。（《北史・荀士遜傳》）

是時南北朝野，均以風貌取人，社會上靡然從風，乃一變為晉之散髮裸身。（《晉書・五行志》云云。）

再變為梁陳之敷粉施朱，畫衣粉面。（《顏氏家訓》、《敘小志》云云。）

舉國若狂，荒淫無度。前人所謂「鄉覓溫柔，不問是男是女」的話，正是魏晉六朝時候的寫照。

第五章　官妓鼎盛時代

第一節　唐代娼妓之概況

唐代娼妓，名目很多：曰「營妓」（《北夢瑣言》），曰「官使婦人」（《舊唐書・宇文融傳》），曰「風聲婦人」（《唐語林》），曰「宮妓」（《樂府解題》），曰「官妓」（《唐書・張延賞傳》）。但綜合起來，不外「宮妓」、「官妓」二種。「宮妓」是天子獨自享受的。

《開元遺事》說：「明皇與貴妃，每至酒酣，使妃子統『宮妓』百餘人，帝統小中貴百餘人，排兩陣於掖庭中，名為風流陣，互相攻鬥，以為笑樂。」又說：「『宮妓』永新，善歌，最受明皇寵愛。」

《舊唐書・順宗本紀》說：「出掖庭教坊女樂六百人」，恐怕也是此種「宮妓」罷。此都是唐代有「宮妓」例證。

此種「宮妓」是怎樣來源呢？大約第一由於奴婢，就是罪人的家屬沒入後宮便為宮妓。如上官儀及子庭芝被誅，庭芝妻鄭及女婉兒配入掖庭。（《唐書・上官儀傳》）吳元濟妻沈氏、李師道妻魏氏敗誅後，皆沒入。（《唐書・元濟師道本傳》）又阿布思妻隸掖庭，帝宴使綠衣為倡。主諫曰：「布思誠逆人，妻不容近至尊，無罪，不可與群倡伍。」（《唐書・和政公主傳》）看了和政公主的話，阿布思妻作為「群倡」之一，當時沒入掖庭為倡的，定不乏其人。其次就是略奪。如許永新本吉州永新樂籍，以善歌，開元末，選入宮。（《開元遺事》）瓊瓊本狹斜，以善箏入供奉。（《青樓小名錄》）又大歷中紅紅本將軍韋青姬，以精於曲樂尋達上聽，翌日召入宜春院，宮中號記曲娘子，後贈昭儀。（《樂府雜錄》）「率土之濱，莫非王臣」；女子更是王的臣妾。雖老百姓平民家姬侍，天子愛據為己有，本係一件很平凡的事。至《教坊錄》說：「妓女入宜春院，謂之『內人』。亦曰『前頭人』。」又說：「宜春院人少，即以雲韶添之。雲韶謂宮人，蓋賤隸也。」又說：「平人女以容色選入內者，教習琵琶三絃箜篌等等。謂之搊彈家。」這「內人」、「宮人」、「搊彈家」的來源，恐怕也逃不了奴隸略奪罷。

「官妓」是一般臣庶所享受的，其來源又何如？約言之有三種：

一、買賣

《唐律》：奴婢賤人律比畜產。（《唐律疏議》卷六名例六）奴婢既同貲財，即合由主處分。（《唐律疏議》卷十四〈戶昏下〉）因知在唐代奴婢是和資財一樣看待，所以奴婢和資財同樣可以買賣。

《唐律疏議》卷二十六〈雜律上〉：「買奴婢牛馬……等依令，並立市券，而和市賣。」

又《唐六典卷》二十：「凡買賣奴婢牛馬，用本司本部公驗之券。」

古代娼妓，在社會地位止得與奴婢同等，奴婢即可買賣，娼妓當然不能例外。《北里志》說：「凡娼妓之母，多假母也」；一假母往往有養女三四人，非出於買賣而何？又如妓女福娘願嫁孫棨，對孫說：「某幸未列教坊籍君子倘有意，一二百之費爾。」因她們到曲中來，係由鬻賣，所以一旦願意從良，必定由遊客們代為贖身。

二、誤墮風塵

《北里志》說：「諸女……亦有良家子，為其家聘之，以轉求厚賂，誤陷其中，則無以自脫。」又說：「宜之對孫棨說：總角後為人所聘。一客云入京赴調選，及挈至京，置之於是，客紿而去。初是家以親情，優待甚厚。累月後乃逼令學歌，漸遣見賓客，……」此都是誤墮風塵的事實。

三、罪人家小籍沒

《輟耕錄》說：「今以妓為官奴，即古官婢。」《唐書・林蘊傳》說：「出為邵州刺史，嘗杖殺客陶元之，投其屍江中，籍其妻為娼。」則與宮妓以罪人妻孥沒入宮廷為倡的情形相似。

唐代妓樂籍貫，先隸太常，後屬教坊。[1] 而管轄則為「樂營」。唐自元宗安史亂後，河北三鎮，久為化外，其他節度使亦擁有土地甲兵賦稅三大權。武人跋扈，終唐世不衰，而對於妓女尤具特殊勢力。各鎮妓衣糧仍由官給，同於京師的官奴婢。（官奴婢給衣糧事，見《唐六典都官》條。）唐范攄《雲溪友議》說：

「池州杜少府慥，亳州韋中丞任符，二公皆長年務求釋道，『樂營』子女，厚給衣糧，任其外住。若有飲宴，方一召來柳際花間，任其娛樂。譙中舉子張魯封為詩謔其賓佐，兼寄大梁李少白。詩云：『杜叟學仙輕蕙質，韋公事佛畏青蛾。樂營都是閒人地，兩地風情日漸多。』」

1 《唐書百官志》：「武德中置內教坊於禁中，武后如意元年，改為雲韶府，以中官為使。開元元年，又置內教坊於蓬萊宮側。自是不隸太常，以中官為教坊使。」

照這一段話看來，知道唐代其他統兵符的，營妓必不使之「外住」，儼然為節度使姬妾。韋杜二人「厚給衣糧任其外住」，「柳際花間，任其娛樂」便算武人中的例外了。「韋保衡初登第，獨孤雲除四川，辟在幕中，樂籍間有佐酒者，副使李甲屬意，以他適，私期回將納焉。保衡既至，不知所之，訴於獨孤，且將解其籍。李至，意殊不平。……保衡不能容，即攜其妓以去。李益怒，累言於雲，雲不得已，命飛牒追之而回。」（《玉泉子》）觀此可知為妓脫籍，必得鎮帥許可，否則「飛牒可以追回」到手明珠失卻。你看武人是何等威風！「韓晉公鎮浙西，戎昱為部內刺史，有酒妓，善歌，色亦爛妙。昱情屬甚厚。浙西樂將聞其能，白晉公。召置籍中。昱不敢留，餞於湖上，為歌詞以贈之。」（孟棨〈本事詩〉）節度使可以任意將部內樂妓召置籍中，以博娛樂，你看武人是何等威風！又，「大歷末吐蕃寇劍南，李晟領神策軍戍之。及旋師，以成都官妓高氏歸。延賞聞而大怒，即使將吏令退焉。晟銜之，形於辭色。」（《舊唐書‧張延賞傳》）官妓可以武力篡取，遇到武力還強的又可以使之「退還」。你看武人是何等威風！「裴度狎游，為兩軍力士十許輩凌轢，勢甚危窘，求救於同年胡尚書證。」（《唐摭言》）「牛僧儒鎮淮南，嘗謂杜牧曰：『風聲賤人，可取置之所居。不可夜中獨游，或昏夜不虞奈何？』」（《唐語林》）牛的意思，就是恐怕杜牧受人侮辱劫略，如裴度受兩軍力士凌轢一樣，則官亦不能庇護。杜牧因居淮南幕府，有軍人保衛，所以牧「所至成歡，無不會意。」（見于鄴《揚州夢記》）你看武人是何等威風！

唐代北里風氣好尚，與後代不同者，又有數端：

一、召妓侑酒必得官廳許可

《北里志》說：「京中飲妓，籍屬教坊。凡朝士宴聚。須假諸曹署行牒，然後能置於他處。」像後代任何人任何處可以隨便召集妓女。是辦不到的。

二、遊客多狎年長的妓女

《北里志》說：「諸妓皆冒假母姓，呼以女弟女兒，為之行第，率不在二旬之內。如劉覃登第，年十六七，絳真之齒，甚長於覃。但聞眾言之，亦不知其姸媸。萊兒貌不甚揚，齒不卑矣。……進士趙光遠年甚富，與萊兒殊相懸，一見溺之，終不捨。」與後代競尚雛妓。以「嬌小玲瓏」為上品者不同。

三、妓女以色為副品

今以唐代妓女特性羅列於左：

絳真善談謔，能歌令，其姿亦常常，但蘊藉不惡，時賢大雅尚之。
楊妙兒長妓曰萊兒，貌不甚揚……但利口巧言，詼諧臻妙。
鄭舉舉充博非貌者，但負流品，巧詼諧，亦為諸朝士所眷。
王團兒次妓福娘，談論風雅，且有體裁。
小福雖乏風姿，亦甚慧黠。
王蘇蘇居室寬博，巵饌有序。女昆仲數人，亦頗諧謔。
張住住少而敏慧，能解音律。（以上俱見《北里志》）

看了以上所引，唐時嫖客最注重的為「詼諧言談」，其次為「音律」，其次為曲中「居住及飲食」。而妓女色相反覺無足重輕。此都是與後代大不相同的。

四、妓女以能做席糾者為上品

觴政：「凡飲以一人為錄事，以糾坐人，又謂之觥錄事。飲犯令者觥錄事繩之。投旗於前，曰某犯觥令。」（《勝飲篇》）「觥錄事」就是「席糾」，又名「酒糾」，一名「觥使」。這幾種名目都盛行於唐代。觴政就是酒令，酒糾就是監令。《煙花錄》說：「妓絳真與鄭舉舉互為席糾，寬猛得所。」《北里志》說：「俞洛真亦嘗為席糾，頗善章程。」做席糾的妓女，須有敏捷的口才，豐富的文學，明解的判斷力，是很不容易的。唐代賭博類如摴蒱，（《國史補山堂考索》）雙陸，（《朝野僉載國史補》）葉子戲（《唐書．同昌公主傳》）等等名目，久已風行社會，獨北里中毫無遺跡。現在像上海長三堂子裡面，妓女索嫖客的代價，最通行者為「和」、「酒」，唐代是止有「吃酒」而沒有「碰和」的。

五、娼妓中都知權力最大

《北里志》說：「曲內妓之頭角者曰『都知』，分管諸妓，俾追逐匀齊。舉舉絳真，皆都知也。」像近代北京八大胡同花榜狀元花元春等，上海長三堂子四大金剛林黛玉等，紅儘可紅透了天，那「分管諸妓，追逐匀齊」的權柄，是沒有的。這又是唐代官妓制的特別情形。

還有一件可笑的事情。《北里志》說：「妓女張住住與龐佛奴有私，乃髡雄鷄冠取丹物托鄰媼以應陳小鳳聘。」如現在上海堂子裡妓女有大先生，小先生，尖先生的分別。已梳櫳的叫大先生，否則叫小先生，未正式梳櫳已失身的叫尖先生。一般老鴇為貪圖重利起見，往往一而再再而三的，以尖先生充小先生，騙取遊客的重金。看了張住住事，乃知妓女「初夜權」寶貴，在唐代已經是如此了。

第二節　唐代進士與娼妓

唐代人才進身，盡由科舉，尤重進士。縉紳雖位極人臣，不由進士出身，終不以為美，所以薛元超說：「吾不才，高貴過人，平生有三恨：始不以進士擢第，不取五姓女[2]，不得修國史。」（見《摭言唐語林》）當時輕薄者語曰：「及第進士，俯視中黃郎；落第進士，平揖蒲華長。」（封演《聞見錄》）唐代一般之重視「進士」，可以想像。

但進士最出風頭，尤在初及第的時候。現在引兩段故事在下面：

《唐摭言》說：「曲江會先牒歌坊請奏，曰上御紫雲樓觀，時或作樂，則為之移日。故曹松之詩云：『造游若遇三清樂，行從應妨一日春』旨下後，人置被袋，例以圍障酒器錢帛實其中，逢花則飲，故張藉詩云：『無人不借花間宿，到處常攜酒器行。』其被袋狀元錄事同檢點，缺則罰令。曲江之宴行市羅列，長安住室半空，公卿率以其月選東牀，車馬駿闐，莫可殫述。」

李肇《國史補》說：「進士既捷，列名於慈恩寺塔，謂之『題名』，大宴於曲江亭子，謂之『曲江會』。」

所以曲江宴會為初舉進士最得意的事情。「旨下後人置被袋，……逢花則飲，……其被袋狀元錄事同檢點，缺一則罰令。」狀元就是進士第一人，錄事就是妓女。這時候進士挾妓宴游，恍如奉旨一樣。曹松

2 《新唐書李冲傳》：「今流俗以崔盧李郭為『四姓』，加太原王氏為『五姓』。」

詩：「造游若遇三清樂，行從應妨一日春」，就是曲江宴會這一天，其他民眾，倘有同樣娛樂，看見進士這一班俱樂隊，即須廻避停止的。你看新進士是何等風頭！

「長安住室半空，公卿率以其月選東牀」又是甚麼緣故呢？門閥制六朝時盛行，男女結婚時往往比量祖父。故庶族以娶高門女為榮。即貴家坐罪沒官之婦女，寒人得之，亦覺榮幸無比。（詳《北史・魏收傳》、《北齊書・陳元康傳》）唐朝仍沿這種習慣，故薛元超以不娶「五姓」女為終身恨事。但得了進士，如登龍門，一介寒儒，就可聘得到所謂「五姓」世家巨族豪門的千金做老婆。不管你是烏龜王八，既掛「進士」頭銜，儼然的一位縉紳先生。照這麼看，進士就是唐代變相的新門閥制度了。

挾妓游宴，既恍同奉皇上詔旨一樣，進士公得意忘形，乃有鄭憲劉參等顛飲的事情。

《開元遺事》說：「長安進士鄭憲劉參郭保衛王沖張道隱等十數輩，不拘禮節，旁若無人，每春時選妖姬三五人，乘小犢車揭名園曲沼，藉草粿形，去其帽，叫笑喧呼，自謂顛飲。」

又有平康為風流藪澤的事情。

《開元遺事》說：「長安右平康坊，妓女所居之地，京都俠少萃集於此。兼每年新進士以紅牋名紙游謁其中，時人謂此坊為風流藪澤。」

《北里志序》上說：「京中諸妓籍屬教坊，凡朝士宴聚，須假諸曹署行牒，然後能致於他處。惟新進士設宴顧吏故便，可行牒追。其所贈資則倍於常數。」進士游娼，既佔如許便宜，妓女愛的是錢，有被進士召的，錢多面子又足，是誰也願意幹的。因此進士任意遨游北里，一般妓女又逢迎唯恐或後，引類呼朋，人人有「一日看遍長安花」模樣。平康里當然變為「風流藪澤」了。試以《北里志》所記者，寫在下方面：

「劉覃登第年十六七，自廣陵入舉；輜重數十車。時同年鄭賓先輩扇之，極嗜欲於長安中。頗喜絳真。」

「孫龍光為狀元，見鄭舉，頗惑之。」

「萊兒，進士趙光遠一見即溺之，終不能捨。萊兒亦以光遠聰悟俊少，尤諂附之。」

「小潤，小夭，崔垂休（及第時年二十）溺惑之，所費甚廣。」

「顏令賓見舉人盡禮祗奉，多乞歌詩以為留贈，五彩箋常滿箱篋。……因教小童曰：『為我持此』，（令賓〈自題詩〉）出宣陽親仁以來，逢見新第郎君及舉人，即呈之。云：『曲中顏家娘子將來扶病奉候郎君。』」（以上節錄《北里志》原文）

「長安名妓劉國容有姿容，能吟詩，與進士郭昭述相愛，他人莫能窺也。後昭述釋褐，授天長簿，遂與國容相別。詰旦赴任，行至咸陽，國容使一女僕馳矮駒賚短書曰：『歡寢方濃，恨鷄聲之斷愛；恩憐未洽，歎馬足以無情！使我勞心，因君成疾，再期後會，以冀齊眉。』長安弟子多諷誦焉。」（《開元遺事》）

你看顏令賓《北里志》稱她「舉止風流，好尚甚雅，事筆硯；有詞句，亦頗為時賢所厚」，固曲中妓女之佼佼者，乃使小童持詩迎及第進士，卑詞說：「顏娘子將扶疾奉候郎君。」劉國容乃才貌兼優的名妓，待進士郭昭述是何等恩情。「鷄聲斷愛」，佳話流傳，千百年後尤令人豔羨！你看進士是何等風頭！因此不得第進士，亦為妓女所嘲笑。

何光遠《誡鑒錄》說：「羅隱初赴舉子日於鍾陵筵上遇娼妓雲英同席。一紀後，下第，又過鍾陵，復與雲英相見。雲英撫掌曰：『羅秀才猶未脫白。』隱雖內愧，亦嘲之以詩。」

落第進士，須受妓女奚落，真令人氣死呢！

但是亦有進士被妓女侮辱的。

《北里志》說：「夏侯表中及第中甲科，宴集尤盛。表中性疏狂，……或因醉戲，……為牙娘批頰，傷其面。翌日集於師門。……表中因高聲曰：『昨日子女牙娘，抓破澤顏。』……裴公——名讚，本年主司——俛首而哂，不能舉者久之。」又說：「王蘇蘇，有進士李標與王致君弟姪同詣焉。飲次標題𢈔云：『洞中仙子多情態，留住劉郎不放歸。』蘇蘇先未識，不甘其題，因謂之曰：『阿誰留郎君？莫亂道。』標性褊，頭面通赤，命駕先歸。」

這兩位一因遊戲被妓女批頰傷面，致被主司嘲笑，一因夢想留髡，反因唐突而受辱，總算是進士中的「壽頭馬子」罷。

唐代進士科最貴，取去都以詩賦，而乏實學。開元中趙匡〈選舉議〉說：「進士者，時共貴之。主司褒貶，實在詩賦，務求巧麗，以此為賢。……士林鮮佐國之論，當代寡人師之學。浸以成俗，虧損國風。」……這幾句話是正確的。又因社會重視進士，士人莫不願得之以為榮，致或以關節取狀頭。（見《摭言容齋隨筆》）或馳驅府寺，請謁權貴，陳詩奏記，希唾吐之澤，摩頂至足，冀提攜之思。故俗號舉人謂之覓舉，（《舊唐書・薛登傳》）朝廷則一方釋褐，多拜清緊，不十年間擬跡廟堂鼓之以實利。方雁塔題名，曲江大會，獎之以虛榮，故一般士人趨之若鶩，其推重謂之「白衣卿相」又曰「一品白衫」。其不利者謂之「三十老明經」，「五十少進士」。有老於文場者，亦無恨焉。故有詩云：「太宗皇帝終長策，賺盡英雄盡白頭。」（以上見《摭言》）總之，唐代進士，人格文章兩俱墮落。黃梨洲《行朝錄自敘》說：「唐末黃巢兵逼潼關，士子應試者，方流連曲中以待試。其為詩云：『與君同訪洞中仙，新月如眉拂戶前。領取嫦娥攀桂子，任從陵谷一時遷。』」這樣舉止，真是叔寶全無心肝。唐代衰亡進士科總算原因之一罷。

第三節　唐代官吏之冶游

唐代官吏狎娼，上自宰相節度使，下至庶僚牧守，幾無人不從事於此。並且任意而行，奇怪現象百出。茲羅列在下面：

唐代官吏，有自由移轉樂籍女子。以博個人快樂的。

杜牧〈張好好詩序〉說：「牧太和三年佐故吏部沈公江西幕，好好年十三，始以善歌來樂籍中。後一歲公移鎮宣城，復置於宣城樂籍。……」唐代大都會均有樂營，大僚喜歡那個妓女可以由甲樂籍移到乙樂籍，真是太寫意了。

又有以自己所眷妓女。移交屬托於後任的。

《南部新書》：「媚川，歙州酒錄事，尚書李曙守歙頗留意，而已納營妓韶光。罷州日，與吳國交代托令存卹。臨發共飲，不勝離情。而已有詩曰：『經年理郡少歡娛，為習干戈問酒徒。今日臨行盡交割，分明收取媚川珠。』吳答曰：『曳屐優容日日歡，須言達德倍仇瀾。韶光今已輸先手，領得蠙珠掌內看。』」……守土大吏，聽說過刑名錢穀等，一定是「交割」的。關於風土人情，是應當舊令尹告新令尹的。以所眷妓女「交割」下任，令其「存卹」，而又「不勝離情」，前後任乃以詩互相酬答，真聞所未聞。唐代官吏，真是太寫意了。

唐代出使官吏，公然狎娼。甚有因戀妓以至於死的。

張君房《麗情集》：「崔徽，河中府倡也。裴敬中以興元幕使蒲州與崔相從累月。敬中使還，徽不能從。情懷抑鬱，後東川幕府白知退將自河中歸，徽乃托人寫真，謂知退曰，為妾語敬中，一旦不及卷中人，且為郎死矣，發狂疾卒。」

張君房《麗情集》：「灼灼，錦城官妓，善舞〈柘技〉，能歌〈水調〉，御史裴質與之善。裴召還灼灼以輭綃聚紅淚為寄。」

「薛宜僚，會昌中為左庶子，充新羅冊贈使，從青州泛海。船頻遭惡風雨，泊郵傳一年。節使烏漢真尤加待遇。樂藉有段東美者薛頗屬情，連帥置於驛中。是春，薛發日祖筵，嗚咽流涕，東美亦然。薛至外國，未行冊禮，旋染疾，語判官苗甲曰：『東美何故頻見夢中乎？』數日而卒。……薛櫬回青州東美至驛，素服哀號，撫棺一慟而卒。」（《詩話總龜》引《唐賢抒情集》）「一日不及畫中人，且為郎死。」「以軟綃聚紅淚為寄。」一妓女鍾情甚，或因相思而至玉碎香消，在浪漫的文人，良足以自豪，官吏幹這樣事，似乎有點不妥罷。東美「撫棺一慟而卒」。互相戀愛，同赴泉台，本屬情場一件痛快的事，但薛宜僚身為新羅冊封使，因戀一妓女，未行冊禮，物化異邦總覺得有點荒唐罷。

又有以親民官吏，外貯營妓以生子的。

《南部新書》說：「張褐尚牧晉州，外貯營妓，生子曰仁龜，乃與張處士為假子，居江淮間，後褐尚死，仁龜方還長安，曰江淮郎君。……」

是唐代親民官吏，如州牧可外貯營妓，居然生子，而不干吏議，真前代得未曾有的事情。又有因修禊而狎妓樂的。

《容齋隨筆》：「唐開成二年三月三日，阿南尹李待詔將禊於洛濱，前一日啟留守裴令公。明日有太子少傅白居易，太子賓客蕭藉，李仍叔，劉禹錫，中書舍人郭居中等十五人，會宴於舟。自晨及暮，前水嬉而後妓樂，左筆硯而右壺觴，望之若仙，觀者如堵。」

禊為古禮，本以祓除不祥，自春秋鄭於三月行於溱洧水上，士女雲集，採蘭贈芍，漢晉以後，並以是日為臣庶大俱樂之一天，李待詔為地方守土大吏，乃公然呼集賓朋，「前水嬉而後妓樂，左筆硯而右壺觴」，「觀者如堵」，安得不「望之若仙」！唐代官吏，真寫意極了！

又唐代官吏狎妓，又有以豪侈勝人的。

《因話錄》說：「睦州刺史柳齊物少而俊邁，家富於財，因調集至京師，有名娼陳嬌如者，姿藝俱美，柳詣悅焉。陳云：『第下錦帳二十里，即奉事終身。』本易其言戲之耳。翌日遂如數載錦帳以行。陳大驚，且賞共奇特，竟納入柳氏家執媵僕之禮。」

唐代官吏冶游最出風頭的，武臣當數韋皋路巖，文臣當數白居易元稹。

婦人薛濤，成都娼婦也，（《宣和書譜》）容色才調，尤佳。言謔之間，亦有酬對。大凡營妓無校書之稱。韋皋鎮成都日，欲奏之而罷，至今呼之。故進士胡曾有贈濤詩：「萬里橋邊女校書，枇杷花下閉門居。掃眉才子知多少，管領春風總不如。」濤每承連帥寵愛，或相唱和，出入車輿，詩達四方。唐銜命使臣每至蜀求見濤者甚眾。而濤性亦狂逸，遺金帛往往上納。韋公既知且怒，於是不許從官。濤乃呈十離詩，情致動人，遂復寵召。（以上何光遠《鑒誡錄》）

唐路侍中巖，風貌之美，為世所聞。鎮成都日委政於孔目吏邊咸，日以妓樂自隨。宴於江樓，都人士女，懷擲果之羨，雖衛玠潘岳不為之比。……以官妓行雲等十人侍宴，移鎮渚宮日，合江旁離筵贈行，等成恩多詞，有「離魂何處斷，烟雨江南岸」。至今播於倡樓也。（孫光憲《北夢瑣言》）

唐代營妓，簡直是節度使姬妾，有「先占」、「獨佔」之權。你看薛濤當時多少人愛慕他，「求見濤者甚眾」。因此贈以「金帛」，於是韋皋吃醋了，「不許從官」命令下了。這樣今古無雙才貌兼優的薛濤，為這些武人霸佔了許多年，「掃眉才子知多少，管領春風總不如。」是何等豔福？俗語說：「姐兒愛俏，鴇兒愛鈔」，路巖既有鎮使地位，又具有絕美風貌，具有「雙料小白臉」資格，安得不受妓女歡迎？「離魂何處斷，烟雨江南岸。至今播於倡樓。」（至今指五代時）佳話流傳千百年後，尤令人豔羨。至白居易元稹更浪漫極了！

元稹以監察使蜀，知有薛濤，難得見巖司空潛知其意，每遣薛往，洎稹登翰林，濤歸浣花，造小幅松花牋百餘幅題詩獻稹。稹寄離體與濤云：「長教碧玉藏深處，總向紅箋寫自隨。」（《牧豎閒談》）

劉採春，周季南妻，歌聲徹雲，篇詠雖不及薛濤，而華容莫之比也。稹廉問浙東，……適採春自淮甸來，贈以詩曰：「新妝巧樣畫雙蛾，慢裹恆州透額羅。正面偷輪光滑笏，漫行踏破皺紋靴。言辭雅措風流足，舉止低徊秀媚多。又有惱人腸斷處，選詞能唱望夫歌。」（即〈囉嗊曲〉）元稹在浙七年因醉題東武亭詩，末曰：「因循歸未得，不是戀鱸魚。」盧侍郎戲曰：「丞相雖不戀鱸魚，乃戀鏡湖春色耳。」

薛濤本官妓，才色俱備。貌既豔而才亦高。文人慕詩妓，乃人情之常。惟劉採春為有夫之婦，元稹乃以其「華容」，竟狎昵七年，而不能捨，似乎有點不對罷。

玲瓏，餘杭歌者。樂天作郡日，賦詩與之。時元稹在越州，聞之，重金邀去，月餘始還，贈之詩，兼寄樂天云：「休遣玲瓏唱我詞，我詞都是寄君詩。明朝又向江頭別，月落潮生是甚時。」（《堯山堂外紀》）

白樂天任杭州刺史，攜妓還洛。後又遣回錢塘。故劉禹錫有詩。……答曰：「其那錢塘蘇小小，憶君淚染石榴裙。」（《南部新書》）

歌者玲瓏，元白互相狎昵，頗有「共妻」風味。他人僅知道樂天侍兒惟小蠻、樊素二人，但集中〈小庭亦有月篇〉：「菱角執笙簧，谷兒抹琵琶，紅綃紫綃隨意歌。」（自注：菱谷、紫紅，皆小臧獲名。）然則樂天婢妾，人數甚多，攜妓還洛，又復遣回，呼來喚去，本不算事。元微之〈與晦姪等書〉：「吾生長京城，朋從不少，然而未嘗識倡優之門，不曾於喧嘩處縱觀。」《舊唐書》說：「稹移任越州刺史浙東觀察使。會稽山水奇秀，……而鏡湖秦望之游，月三四焉。而諷詠詩什，動盈卷帙。……」又說：「稹既放志娛游，稍不修邊幅，以瀆貨聞於時。」（俱見〈元稹本傳〉）稹少年時行檢何其清潔，何以一改外職，乃忽變故態？俗語說：「飽暖思淫慾。」惜乎元稹「不修邊幅以瀆貨聞於時」，竟至晚節不終哩！白樂天自中書舍人出守杭州，徙蘇州，首尾五年，自云：「兩地江山游得遍，五年風月詠將殘。」可謂極宦游之樂。嘗夜泛太湖，有「十隻畫船何處宿，洞庭山腳古湖心」句。泛舟連五日夜，寄元微之詩云：「報君一事君應羨，五宿澄波皓月中。」宋龔明之《中吳紀聞》說：「樂天為郡時嘗攜容滿、張態等十妓，夜游西湖武丘寺，嘗賦紀游詩。為見當時郡政多暇，而吏議甚寬。使在今日。（指宋代言）必以罪聞矣。」

你看元白二人，做外吏時候，不是遊山水賦詩，即是飲酒狎妓，有時四件事一齊做，泛舟太湖至於「五日夜」，流連忘返，唐代官吏冶游，元白可算浪漫到極處了。清趙甌北題〈白香山集後〉詩云：「風流太守愛魂消。到處春翹有舊游。想見當時疏禁網，尚無官吏宿倡條。」唐代沒有宿娼的禁令，也許是官吏好冶游原因之一罷。

第四節　唐代娼妓與詩

詩到了唐朝可數是「黃金時代」。談到詩的體裁，漢魏六朝古體詩，在唐還是流行。七言古詩更非常發展，且生面別開。其他如律詩，全是唐人獨創的。排律又叫做長律，是律詩引申的一種體裁。五言排律，是唐科場用以取士的。絕句也是按著律詩法則的。五七言短詩，也是唐朝新體。談到人數篇章，宋朝計有功《唐詩記事》選錄的詩人，就有一千一百五十家。清康熙朝《全唐詩》選錄的凡二千五百餘家。得詩四萬八千九百餘首，這唐朝三百年陳蹟，比較由三百篇至隋朝千餘年間，增加幾倍。唐朝除讀書士子當然能詩外，上自皇帝將相，在朝在外庶僚，下至販夫走卒，旁及閨秀侍姬，方外僧尼女冠，以及坊曲妓女，幾無一人不能詩。最低限度無一人不能「誦詩」，不「解詩」。官妓制度至唐完備。聲妓冶遊之風，當屬唐代。娼妓能詩的，亦以唐代為最多。茲據《全唐詩》所記載者列舉如下：

一、薛濤，字洪度，本長安良家女。隨父宦遊，流落蜀中，遂入樂籍。辯慧工詩，有林下風致。韋皐鎮蜀，召令侍酒賦詩。稱為女校書，入幕府。歷十一鎮，皆以詩受知。暮年退居浣花溪，著女冠服，製紙為牋，時號薛濤牋。今存《洪度集》一卷。錄詩一首：

謁巫山廟

亂猿啼處訪高唐，路入烟霞草木香。小色未能忘宋玉，水聲有色哭襄王。朝朝夜夜陽台下，為雨為雲楚國亡。惆悵廟前多少柳，春來空自鬥眉長。

二、關盼盼，徐州妓。張建封納之。張死，獨居彭城燕子樓十餘年。白居易贈詩諷其死。盼盼得詩語白曰：「妾非不能死，恐我死，有從死，死妾玷清範耳！」乃和白詩，旬日不食而卒。

燕子樓三首，錄一

樓上殘燈伴曉霜，獨眠人起合歡床。相思一夜情多少，地角天涯又是長。

三、劉采春，越州妓也，詩六首，今錄二：

囉嗊曲六首，錄二

不喜秦淮水，生憎江上船。載兒夫婿去，經歲又經年。

昨日勝今日，今年老去年，黃河清有日，白髮黑無緣。

四、太原妓。歐陽詹游太原，悅一妓，約至都相迎。別後，妓思之疾甚，乃刃髻作詩寄詹，絕筆而逝：

自從別後減容光，半是思郎半恨郎。欲是舊來雲髻樣，為奴開取縷金箱。

五、武昌妓。續韋蟾句，韋廉問鄂州，及罷，賓僚祖餞。韋以箋書《文選》句授作客繼續。有妓起口占二句，無不嘉賞。蟾贈數十千納之。

悲莫悲兮生別離，登山臨水送將歸。武昌無限新栽柳，不見楊花撲面飛。

六、舞柘妓女。韋應物愛姬所生也。流落潭州，委身樂部。李翔見而憐之，於賓僚中選士嫁焉。詩一首：

獻李觀察

湘江舞罷忽成悲，便脫蠻靴出絳帷。誰是蔡邕琴酒客？魏公懷舊嫁文姬。

七、常浩，妓也。詩二首錄一：

贈盧夫人

佳人惜顏色，恐逐芳菲歇。日暮出畫堂，下階拜新月。

八、襄陽妓。賈中郎與武補闕登峴山遇飲，自稱襄陽人。詩一首：

送武補缺

弄珠灘口銷魂，獨把離情寄酒樽。無限烟花不留意，忍教芳草悲王孫。

九、王福娘，字宜之，解梁人，北里前曲妓也。詩三首錄一：

提孫棨詩後

苦把文章邀勸人，巧看好箇語言新，雖然不及相如賦，也直黃金一二斤。

十、楊萊兒，字蓬仙，利口敏妙。進士趙光遠一見溺之，後為豪家所得。詩二首，錄一：

答小子弟詩

黃口小兒莫憑，逡巡看取第三名。孝廉持水添瓶子，莫向街頭亂椀鳴。

十一、楚兒，字潤娘，詩一首：

贈鄭昌圖

應是前生有宿寃，不期今古惡因緣，蛾眉玉碎巨靈掌，鷄肋難勝子路拳。祗擬嚇人傳鐵券，未應教我踏青蓮。曲江作日君相遇，當下遭他數十鞭。

十二、王蘇蘇，南曲中妓，詩一首：

和李標

乖得犬驚鷄亂飛，羸童瘦馬老麻衣。阿誰亂引閒人到，留住青蚨熱趕歸。

十三、顏令賓，南曲妓也。詩一首：

臨終召客（一作「病中見落花」）

氣餘三五喘，花剩兩三枝。話別一樽酒，相邀無復期。

十四、平康妓。裴思謙及第後，作紅箋名紙十數幅，詣平康里宿舍焉。詰旦，一妓賦贈詩一首。

贈裴思謙

銀紅斜背解明璫，小語低聲喚玉郎。從此不知蘭麝貴，夜來新惹桂花香。

十五、史鳳。宣城妓也。詩七首錄一：

迷香洞

洞口飛瓊佩羽霓，香風飄拂使人迷，自從邂逅芙蓉帳，不教桃花流水溪。

十六、盛小藂，越妓。李納為浙東廉使，夜登城樓，聞歌聲激切召至，乃小藂也。時崔侍御元範至府幕赴闕，李餞之，命小藂歌餞，在座各賦詩贈之。小藂有詩一首：

突厥三台

雁門山上雁初飛，馬邑闌中馬正肥。白肝山西逢驛使，般勤南北送征衣。

十七、趙鸞鸞，平康名妓也。詩五首，錄一：

纖指

纖纖軟玉削春葱，長在香羅翠袖中。昔日琵琶絃索上，分明滿甲染腥紅。

十八、蓮花妓，豫章人也。陳陶隱南昌西山鎮帥嚴宇嘗遣之侍陶，陶不顧。因求去，賦詩一首：

蓮花為面玉為腮，珍重尚書遣妾來。處士不生巫峽夢，空勞神女下陽台。

十九、徐月英，江淮間妓。有集行世，今存詩二首錄一：

送人

惆悵人間前事違，兩人同去一人歸。生憎平望台前水，忍照鴛鴦相背飛。

二十、韓襄客漢南妓。有詩一首：

斷句

連理枝前同設誓，丁香樹下共論心。

右錄諸人詩，以薛濤為多且美。才情豐富，艷蕩而工，七絕尤長。然大抵言情之作，豈止冠冕有唐一代哩！諸妓既多工詩，故對當時詩人特別敬禮。白居易〈與元稹書〉說：「……及再來長安，又聞右軍使高霞寓者欲聘倡妓，妓大誇曰：『我誦得白學士〈長恨歌〉！豈同他哉？』由是增價。又足下書云：『到通州日，見江館柱門有題僕詩者』，何人哉？又昨過漢南日，適遇主人集眾娛樂，他賓諸妓見僕來，指而相顧曰：『此是〈秦中吟〉〈長恨歌〉主耳！』自長安抵江西三四千里，凡鄉校佛寺逆旅行舟中，往往有題僕詩者，士庶僧徒孀婦處女之口，每有咏僕詩者。此誠雕篆之戲，不足為多。然今時俗所重，正在此耳。……」（見白氏《長慶集》及《舊唐書本傳》）樂天所作詩，異常淺近諧俗，真所謂老嫗都解，（見《墨客揮麈》）深投合妓女階級的口味。為這班妓女所能傳誦。所能口誦而心知其意，所能欣賞而深知其好處。所能受感動而悲喜無端。所以當時妓女統同聞他的大名，見其人即知其詩，而他的詩流行愈廣。真所謂「長安女子，亦識韓康」。樂天風頭，真健得來！

當時詩人，倘若做一首詩對於那個妓女有的「褒貶」或「嘲謔」，則該妓女名譽及營業，立生絕大影響。現在把范攄《雲溪友議》上幾段故事寫出來：

陸嚴夢桂州筵上贈胡子女一詩，至今歡狎之所，辭吹之篇，無不低顏變色也。詩曰：「自己風流不可攀，那堪蹙額更頹顏？眼睛深却湘江水，鼻孔高如華岳山。舞罷固難居掌上，歌聲應不落梁間，孟陽死後九千載，獨有佳人覓往還。」

濫州宴席酒糾崔雲娘者，形貌瘦瘠，而戲調罰於眾賓。兼恃歌聲，自以為郢人之妙也。李生宣古乃當筵一詠，遂至鉗口。詩云：「何事最堪悲，雲娘色色奇。瘦拳抛令急，長嘴出延遲。只怕肩侵鬢，惟愁首透皮。不須當戶立，頭上有鍾馗。」

崔涯者，吳楚之狂生也。與張祜齊名，每題一詩於娼肆，無不誦之於衢路。譽之則車馬繼來，毀之則杯盤失措。嘲李端端詩曰：「黃昏不語不知行，鼻似烟窗耳似鈴。獨把象牙梳插鬢，崑崙山上月初生。」端端得此詩憂心如病。遂往謁崔張再拜曰：「端端祇候三郎大郎，伏望哀之。」乃又贈一絕句粉飾之。詩云：「覓得驊騮被繡鞍，善和坊裡取端端。揚州近日渾成錯，一朵能行白牡丹。」於是大賈居豪，競臻其戶。……娼樂無不畏其嘲謔。

文人用詩來「嘲謔」或「褒嘉」妓女，一般社會竟能了解，而娼妓乃忽而門庭若市，忽而獨守空牀。唐代詩之普及民眾為何如？「譽之則車馬繼來，毀之則杯盤失措。」唐代詩人之價值為何如？真令「歡狎之所，辭吹之篇。無不低顏變色。」詩人之價值又何如？唐代妓女固是可兒。唐代詩人，不算天之驕子麼？

唐代娼妓，因其能「做詩」能「誦詩」能「解詩」的緣故，中唐以後新文體詞的產生，妓女有絕大功勞，胡適說：「我疑心依曲拍作長短句的歌調，這個風氣，是起於民間，起於樂工歌妓。」（詳胡適〈詞的起源〉）胡氏這幾句話是很對的，現在把胡氏話補充說明如下：

詞之發生，蓋有幾個樞紐。

一、為樂曲之變遷

《舊唐書・音樂志》說：「隋平陳因置清商署，總謂之清樂。遭梁陳亡亂，所存蓋寡。隋唐以來，日益偏缺。……今其辭存者，（指五代時）惟……四十四曲焉。自都長宅以後，朝廷不重古曲，工技軼缺，能合於管絃者唯八曲。」

王灼《碧鷄漫志》說：「清樂餘波，至李唐始絕。唐中葉雖有古樂府，而播在聲律則少矣。」

「能合於管絃者唯八曲」與「雖有古樂府，播在聲律則甚少」的話，若合符契。六朝樂府，在唐朝殘缺狀況，可想而知了。

二、泛聲和聲之使用

怎樣叫做「和聲」、「泛聲」呢？

宋《朱子語類・論詩篇》說：「古樂府只是詩，中間卻添許多『泛聲』。後來怕失了『泛聲』，逐一添個實字，遂成長短句。今曲子便是。」

《全唐詩附錄》說：「唐人樂府，原用律絕等詩，雜『和聲』歌之，其並『和聲』作實字，長短，其句以就曲拍者，為填詞。」

據上所引，《全唐詩附錄》的話，比較《朱子語類》說得明白。「並『和聲』作實，字長短其句以就曲拍」兩句話，是很合於事實的。因無論詞或曲，以詞句入樂譜，總仍是有「和聲」或「泛聲」的。但在唐朝初年。古樂府淪亡，歌詞多用五七言詩時代，歌詩的娼妓，應用了「泛聲」或「和聲」，無形中詩已變成長短句。漸漸的五七言詩遂被驅入文學範圍，新文體的詞，遂代之而興。

三、妓女歌詩

原來盛唐中唐時代，樂府原用五七言詩，娼妓們在歌筵所唱的詞，即文人所著的詩。王灼《碧鷄漫志》上說得很詳細：

「唐人古意，亦未全消。〈竹枝〉，〈浪淘沙〉，〈拋球樂〉，〈楊柳枝〉，乃詩中絕句，而定為歌曲。故李太白〈清平調〉詞三章，皆絕句。元白諸詩，亦知音協律作歌。白樂天守杭，元微之贈詩云：『休遣玲瓏唱我詞，我詞都是寄君詩。』白樂天亦戲諸妓云：『席上爭飛使君酒，歌中多唱舍下詩。』舊說：開元中詩人王昌齡、高適、王渙之詣旗亭飲酒，梨園伶官亦招妓聚讌。三人私約曰：『我輩擅詩名，未定甲乙，試觀諸伶謳詩分優劣。』一伶唱昌齡二絕句：『寒雨連江夜入吳，……』一伶唱適絕句云：『開篋淚沾臆……』一妓唱渙之詩：『黃河遠上白雲間……』以是知李唐伶妓，取當時名士詩句入歌曲，蓋嘗俗也。」

看完了這一段，知道唐代妓女以文人詩譜入樂曲，確是一種事實。但是拿格律整齊字數一定的律絕句作為歌詞，而用變化錯綜樂調來配合它，自然極感到難以妥協。而當時古樂府已亡了個乾淨，外國樂如潮湧的輸進來，如《唐書》所載讌樂十部，除「清商部」外，餘均係外國樂。《唐書・音樂志》說：「自周隋以來，管絃雜曲，將數百曲，多用西涼樂，鼓舞曲多用龜茲樂，其曲度皆時俗所知也。」又說：「自開元以來，歌者雜用胡夷里巷之曲」，愚意當妓女唱詩的時候，他們必定是要好唱好聽，已經應用了「胡夷里巷」之曲，作為歌譜，或在字的中間加「和聲」，或在句子裡面插「泛聲」。她們大半是能「誦詩」，或者且能「做詩」，甚或將「泛聲」、「和聲」填以實字，無形中詩已變成長短句了。方成培《香研居詞麈》說：「唐人所歌，多五七言絕句。必雜以『散聲』然後被之管絃。如陽關必至三疊而後成音，此自然之理也。後來遂譜其『散聲』以字句實之，而長短句興焉。」也就是這個道理。到了中唐以後一般冶游的詩人，時時與妓女接近，看見她們詞調太俚俗，而不典雅，乃按已成樂譜代她們做樂詞，而長短句詞乃崛興。如劉禹錫嫌民間〈竹枝〉「傖儜」，乃另改作新詞，就是例證。自白居易作〈憶江南〉，開始依樂譜作新詞。後來劉禹錫和他的〈春詞〉題下自注說：「和樂天〈春詞〉，依〈憶江南〉曲拍為句。」這是「按譜填詞」的確實證明。到了晚唐，詞已到大成時期，當時中心人物如溫庭筠，《舊唐書》說他「能逐絃歌之音，為側豔之詞。」就是說他能依絃歌曲折填側豔之詞。這個證據，不更顯明嗎？總之，「教坊作譜」，「詩人填詞」，是中唐以後的事。幾位做按譜填詞的詩人，都是與妓女接近的人物。妓女唱詞，固然要好唱好聽，現在既得好譜，又得了好詞，則遊客一定樂意，可以多贈纏頭。溫庭筠諸人，乃迎合妓女心理，拍她們的馬屁，乃努力做按譜填詞的工作，詞之流行更廣。到了晚唐，詞已入於成熟時期，但無形中妓女促成之功，實不可沒。這是值得我們注意的。

唐孫棨說：「嘗聞蜀妓薛濤之才辯，必謂人過言，及覩北里二三子之徒，則薛濤有慚德矣。」（《北里志》序文）則唐代詩妓之多，可想而知。清章實齋說：「前朝虐政，凡縉紳藉沒，波及妻孥，以致詩禮大家，多淪北里。其有妙兼色藝，慧傳聲詩，都人士從而酬唱。大抵情綿春草，恩遠秋楓，投贈類於交遊，殷勤通於燕婉，詩情闊達，不復嫌疑；閨閣之篇，鼓鐘聞外。其道固當然耳？」又說：「彼（指妓女）贈李移張，所處應爾。良家閨閣，內言且不可聞；門外唱酬，此言何聞為而至耶？」又說：「乃至誼絕絲蘿，禮殊授受，輒以緣情綺靡之作，托於斯文氣類之通。因而聽甲乙於臚傳，求品題於月旦，此則釵樓句曲，前代往往有之。靜女閨姝，自有天地以來，未聞有是禮也。」（章實齋《婦學》）章氏這一段議論，未免傳統禮教思想。但就他的話看，打破我國歷代「內言不出於閫」，「男女授受不親」的頑固社會，以詩篇與男子酬酢往還者，實自唐始，實自唐之妓女始。這是值得我們注意的。

第五節　五代之娼妓

五代是吾國歷史上一大混亂時代。自唐朝末葉，藩鎮跋扈。以後遂成五代割據局面。五十餘年之間。中原鹿駭龍鬥，未嘗有一日安逸。國祚最短的如劉漢，則前後二主，僅有四年。國祚最長的如梁，如後唐，皆不過十餘年命運。君位變遷，有如弈棋。《五代史記一行傳敘》說：「五代之亂極矣，傳所謂天地閉，賢人隱之時歟？……雖曰干戈興，學校廢，而禮義衰，風俗隳壞，至於如此。」這個時候，祇有擾攘的戰爭，談不到甚麼文化政治，但「娼妓」事業，並不衰頹。試博稽史傳，列舉如下：

《舊五代史．王峻傳》：「父豐本郡樂營使。峻幼慧黠，善歌。梁張筠鎮相州，……畜之。」《洞微志》說：「宋景德時，馮敢唱〈喝馱子〉。十四姨言此曲單州營妓教頭葛大姊所撰。梁祖付後騎唱之，名葛大姊後訛為〈喝馱馱子〉。」是梁朝樂營配兵，是有「使」有「教頭」的。

《玉堂閒話》說：「晉乙未歲（時唐清泰二年晉祖屯沂州），鄭州民及軍營婦女填咽道路。」《宋史．王景傳》說：「景對晉高祖曰：『臣昔為卒，嘗負胡牀從隊長出入屢過官妓侯小師家，意甚慕之。』」是晉朝有「樂營婦女」與「官妓」的。《十國春秋》說：「廣運六年，北漢奉表請降，獻官妓百餘人於宋，以賜將校。」是北漢也有「官妓」的。

「趙王鎔命馬彧使於燕，劉守光命韓定辭館之。時燕之酒妓轉轉為一代名姝，韓之所眷也。每當酒席，馬頻目之。韓曰：『願垂一詠，俾得奉之。』彧即命筆援毫，作轉轉之賦，載轉轉以歸。」（王鋌

《補侍兒小名錄》）是燕也是有娼妓的。

《五代史・董璋傳》：「同光三年，以璋為劍南東川節度副大使，知節度事。天成四年，明宗遣客省使李仁矩賚論兩川，璋於衙署設宴以召仁矩。日既中而不至。璋使人偵之，仁矩方擁『倡婦』與賓客酣酒於驛亭。璋大怒，領數人入驛，引出璋，因命肘腋執拽仁矩。仁矩涕流告拜，僅而獲免。璋乃馳騎入衙，竟撤饌而不召。」是西川也是有娼妓的。

當時中原以外所謂「十國」，如南唐、西蜀、荊南、楚、閩等，比較太平安樂，娼妓風氣，似乎更覺得猖狂。

《清異錄》說：「李煜在國，微行娼家。遇一僧張席，煜遂為不速之客，垂醉大書右壁。僧妓不知其為誰也。」《蜀檮杌》說：「上元節，蜀主昶觀燈露台，命舞倡李艷娘入宮，賜其家錢十萬。」後蜀南唐二後主，本號風流，召妓入宮，微行娼家，本不算一回事。《十國春秋・荊南侍中保勗世家》說：「召倡妓集府署，擇其士卒壯者，令恣調謔，乃與姬垂簾共觀，以為娛樂。」《清異錄》說：「南漢劉鋹選惡少配以雛宮人，使褫衣露偶，鋹與媚豬（波斯女名）延行覽視，號『大體雙』。」看起來劉鋹保勗兩個人舉動差不多，不過一使娼妓，一使宮人的不同。真是無獨有偶的荒唐了。其他如晉學士王仁裕使荊南。高從誨出女妓數十並善彈胡琴。（《堯山堂外記》）小東長沙之妓人，以能詩得幸於馬希範。（《補侍兒小名錄》）類如此者，更僕難數。是五代十國都是有娼妓的。

五代時娼妓制度，大約仍沿唐代舊規。陶穀《清異錄》記一段故事：

> 「廣順（周太祖年號）三年，以柴守禮子榮為皇太子，拜守禮為太子少保，致仕。皇太子即位，是為世宗。守禮居西洛，與王溥、王彥超、韓令坤之父諸友嬉游，裘馬衣冠，僭竊逾制。當時人為一日具設樂設妓，輪環無已，謂之『鼎社』。洛下多妙妓，守禮日點十名，以片紙書姓字大如

掌，使人持呼之。被遣者詣府尹出紙呈示，尹從旁簽字。妓見紙書時爭到買喚子號曰鼎社。」柴守禮以皇父尊貴，召妓侑酒，亦須府尹簽字。這就是唐朝「凡朝士宴集，須假諸曹署行牒。然後能致妓於他處」（見《北里志》）的遺規，猶存於五代時的確證。

至這個時代貴人家「家妓」，亦風流浪漫。

《江南餘載》：「陳致堯雍……與韓熙載最善，家無儋石之儲，然『家妓』數百，頗以帷薄取譏於時。」

《湘山野錄》：「南唐韓熙載縱『家妓』與賓客生旦雜處。」

《南唐近事》：「熙載不妨閒婢妾，……侍兒往往私客。客賦詩云：『最是五更留不得，向人枕畔著衣裳。』……」

《堯山堂外紀》：「陶穀奉使江南，韓熙載遣『家妓』侍之。及旦，以書謝云：『巫山之麗質初臨，霞侵鳥道；洛浦之妖姿自至，月滿鴻溝。』舉朝不能會其辭。熙載召『家妓』訊之。云：是夕忽當沉濯。」

曰：「侍兒往往私客。」曰：「縱家妓與賓客生旦雜處」，雖有月經時，亦叫她陪客侍寢。聚家妓至數百，安得不以「帷薄取譏於時」？所以「家妓」的笑話，以五代為最多了。

又五代時史弘肇妻閻氏曾為酒家倡。（《舊五代・史弘肇傳》）成都米市橋偽蜀時有柳條家酒肆，有女奴名柳條。蓋當時酒肆，都以當壚者為名。（《成都古今記》）像現在上海四馬路菜館裡抱住琵琶時常到客座上兜攬顧曲的雛倡，以及各遊戲場及咖啡館裡的女招待、女茶房。在五代時似已盛行一時了。

第六節　南北宋娼妓之概況

宋代娼妓制度，因於有唐而略有變遷。北宋有「官妓」、「營妓」，南宋杭州有「瓦舍」甚多。

鄧之誠《骨董瑣記》：「宋太宗滅北漢，奪其婦女隨營。是為『營妓』之始。後復設『官妓』，以給事州郡官幕不攜眷者。『官妓』有身價五千，五年期滿，婦原寮，本官攜去者，再給二千，蓋亦取之勾欄也。『營妓』以勾欄妓輪值一月，許以資替，遂及罪人之孥，及良家繫獄候理者。甚或掠奪，誣為盜屬以充之，最為粃政。南宋建國，始革其制。」

吳自牧《夢梁錄》：「瓦舍者，謂其來時瓦合，出時瓦解之義，不知始於何時。頃者，京師甚為士庶放蕩不羈之所，亦為子弟流連破壞之場。紹興間楊沂中因駐軍多西北人，是以於城內外創立瓦舍，招集妓樂以為軍卒暇日娛戲之地。今貴家子弟郎君，因此蕩游破壞，尤甚於汴都。杭之瓦舍，城內外不下十七處。」

至管理娼妓官吏，北宋為「教坊」。

《宋史・樂志》：「教坊本隸宣徽院，有使，副使官，色長，高班，大小都知。」

南宋則教坊業已廢除。

吳自牧《夢粱錄》：「舊教坊有篳篥部，……色有歌板色，……但色有色長，部有部頭，有教坊使，副轄都管，掌儀，掌範，皆是雜流命官。……更有小兒隊，女童採蓮隊，其外別有鈞容班。……紹興年間廢教坊職名，如遇大朝會聖節，御前排當及駕前導引奏曲。並撥臨安府衙門樂人修內司教樂所集定姓名，以奉御前供應。」

所以南宋杭州勾欄城內隸修內司城外隸殿前司，與北宋微異其制了。（詳周密《武林舊事》）總之，自北宋以來，京師及各地娼妓，有隸屬「軍營」的，也有隸屬「州郡」的。

《宋史・禮志》說：「太宗雍熙元年，舉行賜酺，御丹鳳樓酺，召侍臣賜宴，自樓前至朱雀門張樂，任從車旱船往來御道。又集開封府諸縣，及諸軍樂人，列於御街。音樂雜發，縱士庶遊觀。」

朱彧《萍州可談》說：「娼婦諸郡隸獄官，以伴女囚，近世以迎使客侍宴。」這皆是倡妓分屬「軍營」、「州郡」的確證。宋太祖開國革五代積弊，召諸鎮會於京師，賜第以留之。分命朝臣出守別郡，號權知軍州事。及其後乃參用文武官為知州，不似唐末以來專用武人局面了。又定從前觀察使節度使事務悉歸各州知州通判兼理之。（《文獻通考》）是唐代節度使統土地賦稅兵馬三大權制度，至宋完全革除。唐代娼妓除屬教坊外，其餘盡屬樂營。故武人在娼妓方面占特別權利。宋代則分隸「州郡」、「軍營」，故文臣武臣處分娼妓，亦居平等地位。就拿「娼妓落籍」的事來說，宋代文武官吏都是有權柄來處置的。

《東坡志林》：「東坡攝署錢塘，有妓號九尾狐者，一日上狀解藉，東坡判云：『五日京兆，判斷自由；九尾野狐，從良任便。』又一名妓亦據例求落藉，東坡判云：『敦召南之化。此意可嘉。空冀北之群，所請不允。』聞者大笑。」

《東坡逸事》：「東坡自錢塘被召過京口，林子中作守，郡宴會，坐中有營妓出牒：鄭容求落籍，高榮求從良。子中命呈東坡。東坡索筆為〈減字木蘭花詞〉，判其牘尾。」

周密《癸辛雜識》：「先君子於紹定四年出宰富春，其時李文清方閒居邑中。……有官妓曰蔡潤者，為文清所取，每欲為之脫籍而未能。一日酒邊曰：『此妓某未塵參時，已見其在籍中矣。』意欲言其繫籍已久也。先君顧潤曰：『汝入籍幾何時？今幾歲矣？』潤不悟，直述所以。考之李登科之歲，此妓方生十年耳。不覺面發赤。以為有意相窘，於是銜之。及入台，首章見劾焉。」

《清波雜誌》：「方務德侍郎帥紹興，赴召士人姚某上書投誠，為娼館馬慧請脫籍從良。」

《玉壺清話》：「韓魏公為陝西安撫，李師中過之。李有詩名，韓設宴，使官妓賈愛卿侍酒。師中贈愛卿詩云：『願得貔貅十萬兵，犬戎巢穴一時平。歸來不受封侯印，只向君王乞愛卿。』韓即以愛卿贈李。」

《齊東野語》：「天台營妓嚴蕊繫獄，岳商卿為憲，憐其無罪，令其自陳。蕊略不構思，口占〈卜算子〉，即日判令從良。」

《花草粹編》：「成都尹溫儀，本良家女，失身妓籍。蔡相帥成都，尹告蔡，請除樂籍。蔡曰：若能於樽前成小闋，便可除免。」

《武林舊事》：「錢塘妓蘇小娟，以於潛官絹誣扳繫獄。趙院判言於府倅，府倅，……免其慣絹；脫籍歸院判偕老。」

看了以上所引的史實，不是關於娼妓從良落籍，文武官吏都有權處置證據嗎？

宋代娼妓來源是怎樣呢？《宋刑統一書》完全保存唐律許多部曲奴婢官戶等等字樣，可知宋代對於階級制度，仍無甚改革。《宋史・仁宗本紀》：「天聖元年，詔營婦配南北作坊者釋之。聽自便。」《宋史・刑法志》三：「婦人應配則以妻窯務或車營致遠務卒之無家者，著為法。」又《張邦昌傳》：「初邦昌居內廷，華國靖恭夫人李氏擁邦昌。後高宗下李氏獄，辭服，賜邦昌死。李氏杖脊，配車營務。」是為營婦配作坊，宋代是有這種制度的，且到南宋尚且實行的。至於罪人家屬為娼妓的唐制，宋代當然保存。不過大宗娼妓，仍由於賣買。《武林舊事》說：「沈遘嘉祐中以禮尚知杭州令行禁止。人有貧無以葬孤不能嫁者，悉用公府錢為嫁葬者數百人。良家女賣入娼優者，悉以錢贖歸其父母。」《尊德性齋集》說：「滕洙為人恭儉好義。嘗有一二族女，年甫齠齔，家貧母疾，父為牙儈所欺，鬻之娼家。聞者不平，而莫敢誰何。君獨憤然一呼。娼儈許償直還女，陽諾而謀挾之遁。君廉知之，亟訴諸官，未決。娼與儈謀偽契，增其直，累數倍。」看上面所引，杭州在北宋時代買良家女為娼，業已盛行。至南宋則有專經營賣買娼妓的「娼儈」，是前此所未有的。更有「訴官未決」、「偽契增直」的事，是買良為娼，儼然用法律解決，成為官廳默許了。宋代買良為娼風氣之盛可知。

至於兩宋娼妓盛況，則孟元老《東京夢華錄》記北宋特詳：

「崇觀以來，京瓦妓藝，有張廷叟孟子書主張，小唱李師師、徐婆惜、封宜奴、孫三四等，誠其角者嘌唱弟子張七七、王京奴、左小四、安娘、毛團等。教坊減罷，並溫習張翠蓋、張成弟子薛子大……周壽奴、林心等……其餘不可勝數。不以風雨寒暑間。諸排觀看人，日日如是。教坊鈞容直每遇旬休按樂。亦許人觀看。每遇內宴，前一月教坊內勾集弟子小兒習隊舞作樂。雜劇節次。」

「酒樓，凡京師酒店門首，皆縛綵樓歡門，唯任店入其門一直主廊約百餘步。南北天井兩廊皆小閤子。向晚燈燭熒煌，上下相照，濃妝妓女數百，聚於主廊槏面上，以待酒客呼喚，望之宛若神仙。北磬樓後改為豐樂樓，宣和間更修三層五層相尚。各有飛欄檻，明暗相通，殊簾繡額，燈燭晃耀。元夜則每一瓦隴中，皆置蓮燈一盞，內西樓後來禁人登眺，以第一層下視禁中，大抵諸酒肆瓦市，不以風雨寒暑，白晝通夜駢闐。在京正店七十二戶，此外不能遍數。其餘皆謂之『腳店』賣貴細下酒，迎接中貴。……」

「飲食果子，凡店內賣下酒廚子，謂之『茶飯量』。酒博士至店中，小兒通稱之曰大伯子。有街坊婦人，腰繫青花布手，巾綰危髻，為酒客投湯斟酒，謂之『焌糟』。更有百姓入酒肆，見子弟少年輩飲酒，近前小心供使，令買物命妓取送錢物之類，謂之『閒漢』。又有下等妓女，不呼自來，筵前歌唱，臨時以些小錢物贈之而去，謂之『劄客』，亦謂之『打酒座』。又有賣藥及果實蘿蔔之類，不問酒客買與不買，散與坐客，然後得錢，謂之『撒暫』。如此處處有之。……其餘小酒店亦賣下酒，如煎魚鴨子炒鷄之類。每份不過十五錢。諸酒店必有廳院廊廡，掩映排列。小閤子吊花竹各垂簾幙。命妓歌笑，各得穩便。」

周密《武林舊事》記南宋特詳：

南瓦	中瓦	羊坊橋瓦
大瓦	北瓦	龍山瓦
蒲橋瓦	便門瓦	王家橋瓦
候潮門瓦	小堰門瓦	以上瓦子勾欄
新門瓦	薦橋門瓦	
菜市門瓦	錢湖門瓦	

赤山門瓦　行春橋瓦
北郭門瓦　米市橋瓦
舊瓦　嘉會門瓦
北關門瓦　艮山門瓦
「如北瓦羊棚樓等，謂之『遊棚』外。又有勾欄甚多。北瓦內勾欄十三戶最盛。或有路歧不入勾欄，只在要閒寬闊之處做場。謂之『打野呵』。此又藝之次者。」

酒樓　春風樓
和樂樓　西樓
權和　豐樂樓
太和　北外樓
太平
南外庫
西溪庫
和豐樓
「以上並官庫，屬戶部點檢。每庫設『官妓』數十人，各有金銀酒器千兩，以供飲客之用。每庫有祗直者數人，名曰『下番』。飲客登樓，則以名牌點喚侑樽，謂之『送花牌』。元夕諸妓皆更番互移他庫夜賣，各戴杏花冠兒，危坐花架。然名娼皆深藏高閣，未易招呼。凡肴核盃盤，皆各隨意攜至庫中。初無庖人，官中趨課，初不藉此，聊以粉飾太平耳。往往皆學舍士人所據，外人未易登也。」

熙春樓　三元　五間樓　錄馬拍　唐沈店　翁廚　任廚

賞心樓　嚴廚　花月樓　陳廚　周廚　巧張　日新樓

沈廚　鄭廚　吃蝙眼　只賣好酒　張花

「以上皆市樓之表表者。每樓各分小閣十餘，酒器悉用銀，以競華侈。每處各有官私名妓數十輩，皆時裝袨服，巧笑爭妍。夏月茉莉盈頭，香滿綺陌，憑欄招邀，謂之『賣客』。又有小鬟，不呼自至，歌吟強聒，以求支分，謂之『擦坐』。又有吹簫彈阮，息氣鑼板，歌唱，散唱，散耍等，人謂之『趕趁』。又有老嫗以小爐炷香為供者，謂之『香婆』。有以法製杏仁、半夏、豆蔻、砌香、橄欖、薄荷，至酒肉分俵得錢，謂之『撒暫』。又有賣玉面貍、鹿肉、糟蟹、糟羊、踹酒、蛤蜊、柔蔥、蝦茸者，謂之『蒙風』。又有賣酒浸、江鰩、章舉、蠣肉、龜腳、鎖管、密丁、脆螺……等，謂之『下酒口味』。凡下酒羹湯，任意索喚，雖十客各欲一味，亦自不妨。」

「任意奉承，或少忤客意，及食次稍遲，則主人隨逐去之。歌管歡笑之聲，每至達旦。往往與朝天車馬相接，雖風雨暑雪不少減色。」

「歌館，平康諸坊，如上下抱劍營、漆器牆、子皮坊、清河坊、融和坊、新街、太平坊、中子巷、獅子巷、後市街，皆群花所聚之地。此外諸處茶肆，清樂茶坊、八仙茶坊、珠子茶坊、潘家茶坊、連三茶坊、連二茶坊，及金波橋兩河以至瓦市，各有等差。莫不靚妝迎門，爭妍賣笑。朝歌暮絃，搖盪心目。凡初登門則有提瓶獻茗者，每杯茶亦犒數千。謂之『點花茶』。登樓甫飲一杯，則先與數貫，謂之『支酒』。然後呼喚他妓，隨意置宴，趕趁只應撲賣者，亦皆紛至。浮費頗多，或支額招呼他妓，雖對街亦乘轎而至，謂之『過街轎』。前輩如賽觀音，孟家蟬，吳憐兒等甚多，皆以色藝冠一時，家甚豪。……下此者，雖力不逮者亦競鮮華。蓋有酒器首飾衣服之屬，各有賃者，故佳客一至，則供具為之一新，非習於游者不察也。」

《都城紀勝》對於南宋亦有詳實之記載：（《灌園耐得翁著》）

「敍酒肆，除官庫子庫腳店之外，其餘皆謂之拍戶。……有『茶飯店』、『包子酒店』、『散酒店』、『菴酒店』。謂有娼妓在內，可以就歡，而於酒閣內暗藏臥床也。門首紅梔子燈上，不以晴雨，必用碧箬蓋之，以為記認。其他大酒店只伴坐而已。要買歡則多往其居。大抵店肆飲酒，在人出著如何。查如食謂之『下瀏水』，其錢少，止百錢五千者，謂之『小分下酒』。若令妓，則此輩多是虛駕驕貴，索喚高價細食。全要出著經慣，不被所侮也。」

「敍茶坊、大茶坊……人情茶坊，本非以茶湯為主。但將此為由多下茶錢也。又有一等專是娼妓兄弟打聚處。……水茶坊，及娼家聊設桌凳，以茶為由，後生輩甘於費錢，謂之『乾茶錢。』」

看了以上三種書所記其特徵：一、官妓之外有私妓。二、官酒庫設妓數十人，可以應遊客侑樽。三、酒樓上妓女除所謂「賣客」妓女外，又有所謂「擦坐」、「煖漕」、「打酒座」的各式妓女，花樣繁多。四、酒店所謂「菴酒店」者，可以實行性交。五、酒樓規模宏大，待遇周密。六、妓女除瓦子勾欄外，又有路歧不入勾欄所謂「打野呵」者，頗似現在上海馬路上之下等野鷄。七、茶坊裡也可與妓戲耍，與今日上海四馬路上青蓮閣、四海昇平樓一樣。這個七條，皆是宋代娼妓事業進展之事實罷。

宋代妓女豪侈，嫖客揮霍，有足令人驚異者。

《武林舊事》說：「前輩如賽觀音、孟家蟬、吳憐兒等甚多，皆以色藝冠一時。家甚華侈，近世目擊者，惟唐安安最號富盛。凡酒器沙鑼水盆如廂粧之類，悉以金銀為之。帳幔茵褥，多用錦繡。」

《癸辛雜識》說：「淳祐問吳妓徐蘭擅名一時。吳興烏墩鎮有沈承務者，家巨富，慕其名，遂駕大舟往游焉。徐知其富，初則館之別室開宴命樂，極其精腆。至此日復以精縑製新衣一襲奉之。至於輿台，各有厚犒。如此兼旬日。未嘗略有需索。沈不能自已，以白金五百星兼縑綵百匹饋之。凡留連半年，靡金錢數百萬。於是徐蘭之聲播於浙右。……其家雖不甚大，然堂館曲折華麗，亭榭台池，無不具。至以錦纈為地衣，乾江四緊鈔為單食，銷金帳幔。侍執音樂者十餘輩。金銀寶玉玩名人書畫，飲食受用之類，莫不精妙，為三吳之冠。」

這是屬於妓女方面的。

「蔡奴北宋汴妓，即郜六也。吳興沈偕家富於財，少游京師入上庠，好狎游，時蔡奴聲價甲於都下。沈欲訪之，乃呼一賣珠入於其門首茶肆中，議價再三。不售，撒其珠於屋上。賣珠者窘甚。沈笑曰：『第隨我來依汝所值還錢。』蔡與簾中窺見，令取視之珠也。亦驚，唯恐其不來。後數日偕至其家喜相報曰，『前日撒珠郎至矣。』接之甚至。一日攜上樊樓，樓乃京師酒肆之甲，飲徒常千餘人。沈徧語在座曰：『極量盡觀。』至夜盡為還所值而去。於是豪侈之聲振三輔。」（《齊東野語》）

「晁冲之舉進士，與陵陽喻汝礪為同門生。少年豪華自放。挾輕肥游帝京，挾官妓李師師擲纏頭以千萬。酒船歌板，賓從雜遝，聲艷一時。」（《宋詩鈔》）

「宋徽宗般樂艮獄中，久而厭之。更微行為狹斜游，累至汴京鎮安坊京妓李師師家，計前後賜金銀錢帛器用食物等不下十萬。」（宋人無名氏《李師師外傳》）

這是屬於遊客方面的。

你看帝王，進士，太學生，民眾，以及娼妓，皆奢侈荒唐至此，南北宋如出一轍，安得不破國亡家？《墨莊漫錄》說：

「政和間，汴都平康之盛，而李師師、崔念月二妓，名蓋一時。羅冲之、叔用每宴飲多招侑酒。其後十許年再來京師，二人尚在，聲名溢於國內。李生者門第尤峻。叔用追感往昔，成一詩以示江子之。……靖康中，李生與同輩趙元奴及築球吹笛袁陶、武震輩例籍其家。李生流落來浙中，士大夫猶邀之以聽其歌，然憔悴無復向來之態矣。」

你看名妓下場，這樣淪落，寧不可歎！

而宋代妓女負氣多情的亦甚多。

「愛愛，姓楊氏，本錢塘娼家女。年十五，善歌舞，為金陵少年張逞所誘，相攜潛遁京師。後逞為其父捕去，不及與愛愛別。一日人傳逞死，愛愛自此素服蔬膳不近樂器。好事有力百計調之，終不可及。後三年念逞之勤，感疾而死。」（蘇子美〈愛愛集〉）

「淳熙初，行都角妓陶師兒與蕩子王生狎，甚相眷戀。為惡姥所間，不盡綢繆。一日王生拉師兒游西湖，夜深相抱投水中死。都人為作〈長橋月〉〈短橋月〉以歌之。」（《名姬傳》）

「郝節娥，嘉州倡家女，生五歲，母娼苦貧，賣於洪雅良家為養女。始笄，母奪而歸，欲令世其娼。娥不樂娼，日逼之。母益怒，且箠且罵。娥度他日必不可脫，自投於江以死，鄉人謂之節娥云。」（《宋史‧列女傳》）

「毛惜惜，高郵妓女也。端平二年，別將榮全率眾降城以叛。制置使招之，全偽降，欲殺使者，方與同黨王安等宴飲，惜惜恥於供給，安斥責之。惜惜曰：『妾雖賤不能事叛臣。』全怒遂殺之。」（《宋史・列女傳》）

看以上四個人，或戀情人而死。或偕情人而死。或保全清潔之身而死，或不願事叛臣而死，死的情節不同，其視死如歸則一。在這個時代，關於女子一般貞操問題，正由宋代理學諸儒極力提倡，所謂「餓死事小，失節事大」（程頤語）等等話頭，已成為天經地義。這班娼妓亦濡染於無形，所以有這樣情狀呢。

總之，宋代娼妓制，大半因於唐代而更有進展。

宋程大昌《演繁露》說：「開元二年，元宋以太常禮樂之司不應管優娼雜樂，更置左右教坊以教俗樂，命左右驍衛將軍范及為之使。又選樂工數百人自教法曲於梨園，謂之皇帝梨園弟子，至今謂優女為弟子，命伶魁為樂營將者，此其始也。」此因於唐代者一。

朱彧《萍州可談》說：「娼婦州郡隸獄官，以伴女囚。近世擇姿容習歌舞，邀送使客侍酒，謂之弟子。其魁謂之行首。」朱子按〈唐仲友弟三狀〉說：「都行首嚴蕊。」「唐代曲內妓之頭角者，為都知分管諸妓，俾召匀齊舉舉絳真皆都知。」（《北里志》）與宋相似。此因於唐代者二。

洪邁《夷堅志》說：「江浙路岐伶女有慧黠知文墨者，能於席上按物題詠，應命輒成，謂之『合生』。其滑稽含翫諷者，謂之『喬合生』。蓋京都遺風也。」依洪氏說，宋代娼妓以按物詠題為最上乘，與唐代重觴政酒令，酒糾監令者相似。以滑稽翫調為次等，又與唐代重詼諧諧譃者相似。此因於唐代者三。

唯唐朝宮妓制度，宋代似沒有。但宋徽宗累至李師師家冶游，（《李師師外傳・宣和遺事》）宋禮宗癸丑元夕呼妓人禁中。有唐安安者，歌色絕倫，帝愛幸之。（《東城雜記》）《夢粱錄》說：「朝廷御宴，是教坊歌板色承應。」《武林舊事》說：「丁未年撥入勾闌弟子，嘌唱賺色施二娘，時春春、時住住、徐勝勝、朱安安、陳伴伴等十四人。」《太平清話》說：「錢塘為宋行都，男女尚嫵媚，號籠袖驕民。當時思陵上太皇號。孝宗奉太皇壽，一時御前應制多女流。棊為沈姑姑，『演史』為宋氏強氏，『說經』為陸妙靜、陸妙慧，『小說』為史亞美，『隊戲』為李端娘，『影戲』為王潤卿，皆宮中一時慧黠之選。」試問以上所述情形，與唐代所謂「內人」、「官妓」、「前頭人」有甚麼分別嗎？總之，宋代娼妓制度，大半因襲於唐，因時代關係，更外踵事增華，是毫無疑義的。

當我元朝時候，有一個義大利人馬哥波羅（Marcopolo）到中國來，這時為元世祖元年，西元一二六〇年。馬哥時僅二十歲左右，頗為元世祖所愛，先後奉使到雲南、緬甸、占城、印度，又曾做過樞密副使，淮東道宣慰使。馬哥在中國計歷一十六年，到一二七六年，是為元世祖至元十三年。馬哥忽動鄉思，正值科克清伯岳吾公主下嫁波斯，世祖因命他順便扈從公主到波斯，再行回國。馬哥回國後，一二九八年威尼斯與熱內亞開戰，馬哥身與其役，兵敗被擒，獄中述其經歷，由羅斯梯謝羅（Rusticiano）為之筆記。這就是現在所傳最著名的《馬哥波羅遊記》。在他《遊記》中，往往贊美南宋杭州的富麗，娼妓的繁多。

「京師（指杭州）城廣一百邁當，有石橋萬二千座，有浴室三千所，皆溫泉。婦人多嬌麗，望之若仙。國君侍從的男女數以千計，皆盛妝艷服，窮極奢侈。城中有湖，（即西湖）周圍皆崇台別館，貴族所居。臨岸多佛寺，湖心有二小渚，崇殿巍然，臨水望之如帝居。為士大夫飲宴之所。杯盤几筵，極奢麗。有時客集多至百餘輩。青樓盛多，皆靚妝艷飾，蘭麝薰人，貯以華屋，侍女如雲，尤善諸藝，嫻習應對，見者傾倒，甚至醉生夢死，沈溺其中。故凡游京師者，謂之登天堂，歸後尤夢京師。……」

看了這一段游記，當時南宋小朝廷朝野上下酣嬉淋漓，紙醉金迷情形，活躍紙上，如在目前。昔人有兩句詩：「暖風薰得游人醉，直把杭州作汴州。」則南宋杭州娼妓事業的繁盛，比較北宋汴京。直有過之無不及了。

第七節　宋代官吏之冶遊

唐代對於官吏，無冶游禁令，故官吏益為放浪。宋代則禁令甚嚴，但官吏冶游風氣，視唐更甚。形形式式，試詳列於下：

一、有官僚偕幕僚挾妓游湖，或偕客登娼樓的

「晏丞相殊知南京，王琪、張元為幕客。泛舟湖中，以諸妓隨。晏公把舵，王張執篙。琪是南人，知行舟次第，至橋下故使船觸柱而橫，厲聲曰，『晏梢使舵不正也。』」（孔平仲《說苑》）

「劉過，字改之，辛稼軒客之。稼軒帥淮時，改之以母疾辭歸。是夕，改之與稼軒微服登娼樓適一都吏令樂飲酒，不知為稼軒也，令左右逐之，二公大笑而歸，即以為有機密文書，喚某都吏，其夜不至。稼軒欲籍其產而流之，言者數十皆不能解。遂以五千緡為改之母壽，請言於稼軒，稼軒令倍之。稼軒為改之買舟於岸，舉萬緡於舟中。」（《江湖紀聞》）

二、有以廚傳歌妓迎幕僚的

「錢文僖惟演守西都，謝絳、歐陽修俱在幕下。一日游嵩山，自穎陽歸。將暮，抵龍門香山，雪作，登石樓望都城。忽於烟靄中有車馬渡伊水來者，則文僖遣廚傳歌妓至。吏傳語曰：『山行有勞，少留龍門賞雪，府事簡，無急歸也。』」（《東山說苑》）

三、有為妓作詞而解圍的

「歐陽永叔任河南推官，親一妓。時錢文僖公為西京留守，梅聖俞尹師魯同在幕下。一日宴於後園，客集，而歐與妓俱不至。移時方來，錢責曰：『末至何也？』妓云：『中暑往涼堂睡，失金釵，猶未見。』錢曰：『若得歐陽推官一詞，當為償汝。』歐即席賦就，眾皆擊節。妓滿斟送歐。錢令償以公庫錢。」（《詞苑叢談》）

「子瞻倅杭日，府僚高會湖中，群妓畢集。有秀蘭者後至，府僚怒其來遲，云必有私事。秀蘭含淚力辯，子瞻亦為之解，終不釋然。適榴花盛開，秀蘭以一枝籍手獻座中。府僚愈怒。秀蘭進退無據，子瞻乃作一曲，名〈賀新涼令〉。秀蘭歌以侑觴，聲容並妙，府僚大悅，劇飲而罷。」（《東坡逸事》）

四、有以妓女誘惑朝使，藉以解免罪過的

「文潞公帥成都，有飛語至，朝廷遣御史何郯俾伺察之。潞公亦為之動。徧詢幕客孰與御史密者，得張俞字少愚者，使迎於漢州，且攜營妓名王宮花者往，偽作家姬，舞以佐酒。御史醉中取其領巾題詩云：『按撤梁州更六么，西台御史惜妖嬈，從今改作王宮柳，舞盡春風萬萬條。』至成都，此妓出迎，遂不復措手而歸。」（《清波雜誌》）

五、有作詩詞戀妓的

「黃山谷寓荊州，除吏部郎中，再辭，守當塗，方到官七日而罷，又數日乃去。有詩云：『歐借腰枝柳一渦，大梅酌酒小梅歌。舞餘細點梨花雨，奈此當塗風月何！』蓋歐梅當塗，營妓也。」

「歐陽修間居汝陰時，二妓甚穎，而文公歌詞盡記之。筵上戲約他年當來作守。後數年公自維揚果移汝陰，其人已不復見。視事之明日，飲同官湖上，有詩留擷芳亭云：『柳絮已將春色去，海棠應恨我來遲。』」

「張文潛初官穎許，喜營妓劉淑，為作詩，有『如是相逢意便深』句。」

「范文正公守鄱陽郡，創慶朔堂妓籍中有小鬟者，尚幼，公頗屬意。既去職，以詩寄魏介云：『慶朔堂前花日栽，便辭官去未曾開。年年長有別離恨，已托東風幹當來。』介因鬻以贈公。」

（以上見《宋稗類鈔》）

「秦少游在蔡州，與營妓婁婉字連玉者甚密，贈之詞云：『樓連苑橫空。』又云玉佩丁別後者是也。又贈云：『天外一鈎橫月，帶三星。』謂心字也。」（《高齋詩話》）

六、有因冶游而官吏受懲戒的

宋代對於官吏冶游，是有限制的，張舜民《畫墁錄》說：「嘉祐以前，提刑點獄不得赴妓樂。熙寧以後監司率禁，至屬官亦同。惟聖節一日許赴州郡大排宴，於便寢別設留娼，徒用以樂號呼達旦。」因有這樣限制，所以官吏與娼妓接近，動輒得咎。略舉一二如下：

「劉渙官並州，與營妓游，黜通判磁州。」（《宋史本傳》）

「東元邵官大理評事，買娼家女為妾，左遷將作監。」（《宋史本傳》）

「蔣堂知益州，以私官妓，徙河中府。」（《宋史本傳》）

「王洙權同判太堂寺，坐赴賽神與女妓雜坐，黜知濠州。」（《宋史本傳》）

七、有受窘辱的

「石曼卿為集賢校理，微行娼館，為不逞者所窘。曼卿與之校，為街司所錄，曼卿詭怪不羈，乞科決，街司杖遣之。」（《能改齋漫錄》）

「朱晦庵以使節行部至台，坐台州守唐與正與官妓嚴蘂濫，繫獄月餘。雖被箠楚，而語不及唐。然猶不免受杖。移籍紹興，且復就越，置獄鞫之。獄吏因以好言誘之。蘂答云：『身為賤妓，縱是與太守濫，料亦不至死罪。然是非真偽，豈可妄言以汙士大夫？雖死不可誣也。』三兩月之間，一再受杖。委頓幾死。」（《齊東野語》）

「岳陽教授陳詵，與妓柳江狎。岳守孟之經聞之，一日公宴，柳江不侍，呼杖之，又文其眉鬢間以陳詵二字。押隸辰州。」（《山房隨筆》）

八、有挾妓以謁高僧的

「大通禪師據行高潔，人非齋沐不敢登堂。東坡一日挾妙妓謁之。大通慍見於色。公乃作〈南柯子〉令妙妓歌，大通亦為解頤。公曰：『今日參破老僧禪矣。』」（〈調謔篇〉）

九、有以書翰贈妓的

「東坡在黃州日每有燕集醉墨淋漓，不惜與人至於營妓供侍，扇書帶畫，亦時有之。有李琪者，小慧而能書札，坡亦顧之喜，終未嘗得賜。至公移汝郡，將祖行，酒酣奉觴再拜取領巾乞書。公顧視之久，令琪磨硯，墨濃取筆大書云：『東坡七歲黃州住，何事無言及李琪。』即擲筆袖手，與客談笑。坐客相謂，語似凡易又，不終篇何也？至將徹具，琪復拜請。坡大笑曰：『幾忘出場。』繼書曰：『恰似西川杜工部，海棠雖好不留詩。』一座擊節，盡醉而散。」（《春渚記聞》）

十、有因狎妓得病的

「劉原父累遷知制誥，出知永興，惑官妓得驚眩疾，力求解部。仁宗嘗謂執政曰：『如敞者豈易得耶？』賜以新橙五十。」（《郡齋讀書志》）

而最浪漫的要算歐陽修、蘇東坡。

《避暑錄話》說：「歐陽文忠知揚州，建平山堂，壯麗為淮南第一。每暑時，輒攜客往游，遣人至邵伯取荷花千餘朵，以畫盆分插百許盆，與客相間。遇酒行即遣妓取一花傳客，以次摘其葉盡處，則飲酒，往往侵夜，載月而歸。」

《揮麈錄》說：「姚舜明庭輝知杭州，有老媼自言故娼也，及事東坡先生，云：公春時每遇休暇，必約客湖上，早食於山水佳處。飯畢，每客一舟，令隊長一人，各領數妓任其所適。晡後鳴鑼以集。復會聖湖樓，或竹閣之類，極歡而罷。至一二鼓夜市猶未散，列燭以歸。城中士女雲集，夾道以觀千騎騎過，實一時盛事也。」

東坡不獨在杭如是，其在揚黃惠儋時，所至日事游宴，縱情湖山花卉之間。《青樓小名錄》說：「熙寧中，祖無擇知杭州，坐與官妓薛希濤通，為王安石所執，令濤榜笞，至死不肯承伏。」《東軒筆錄》說：「熙寧新法行，督責監司尤切。兩浙路張靚、王庭志、潘良器等，因閱兵赴妓樂筵席。侵夜皆黜責。」考東坡守杭，即以阻撓新法而被黜，當督責嚴切之時，坡公仍恣意冶游，卒未聞干吏議，豈因東坡等為名士，故意優容，或王安石等以東坡因政見不同，故爾典郡，卒不願以行檢不修，而故事吹求，以表示大政治家態度嗎？均不可知了。

宋代狎妓最奇怪現象，尤莫如權臣，王黻、秦熺、賈似道。

《老學庵筆記》說：「王黻作相清朝假歸咸平焚黃，畫舫數千，沿途作樂，固已遭物論。紹興中秦熺亦歸金陵焚黃，臨安及轉運司舟舫，盡選以行。擇取浙西一路凡數百艘，皆窮極丹雘之飾。郡縣監司迎餞數百里不絕。平江當運河結綵樓數丈，大合樂，官妓舞於其上，縹緲若在雲間熺處之自若。」

《宋史記事本末》說：「賈似道少落魄，為游博，不事操行。會其妹入宮，有寵於理宗為貴妃，召赴廷對，擢太常丞軍器監。益恃寵不檢，日游諸娼家，至夜即讌游湖上。」又說：「似道既相，進娼優奉帝為游讌，台諫有議者，宣諭使裁去，謂之『節帖』。」

秦賈諸人，行為可謂放僻邪侈之至。尤奇的是王黻，「於後園聚花石為山，中列四巷，俱與民間娼家相似，與李邦彥輩游讌其中，朋邪狎昵。」（《靖康遺錄》）住室皆仿「娼家」，其迷戀程度可想。「賈似道南竄，猶攜所謂沈生、王生者自隨，二生天下之絕色。」（《桐江集木棉怨序》）真所謂「牡丹花下死，做鬼也風流」了。

尤奇怪的，莫如「君臣同嫖」。

《貴耳集》說：「道君幸李師師家，偶遇周邦彥先在焉。知道君，至匿於牀下。道君自攜新橙一顆云：『江南初進來。』遂與師師謔語，邦彥悉聞之，檃括成〈少年游詞〉。李師師因歌此詞，道君問誰作，云：『周邦彥詞。』道君大怒。時邦彥為開封府監稅，命蔡京以周職事廢弛，押出國門。隔一二日道君復幸李師師家，不見師師。問之，知送周監稅，至更初始歸。道君怒云：『汝從何往？』奏『臣妾萬死，知周邦彥得罪，押出國門，略致一杯相別。』道君問有詞否，云有〈蘭陵令〉詞，唱一遍看，曲終，道君大喜，復召邦彥為大晟正。」

道君邦彥同狎師師，頗類現代三角戀愛。道君魔力似敵不過邦彥，又叫邦彥為大晟正以敷衍他，兼免得罪師師，真可謂荒唐極了。看宋代權臣，昏君，荒淫若此，國家焉得不亡？

第八節　宋代娼妓與詞

詞之發展，到宋朝可算達於極點了。《宋六十一名家詞序》說：「夫詞至宋人而詞始霸；蔓延繁昌。至宋而詞之各體始大備。其人韶令秀世，其辭鮮艷殢人。有新脫而無因陳，有圓倩而無沾滯，有纖麗而無冗長，有峭拔而無鈎棘。一時以之賡和名家，而鼓吹中原，肩摩於世。」王靜安《宋元戲曲史序》說：「凡一代之文學，楚之騷，漢之賦，六朝之駢語，唐之詩，宋之詞，元之曲，皆所謂一代之文學。而後世莫能繼焉者也。」所以詞之為物，由唐末直到現在，有千餘年歷史。但在這個時代當中，不全是有可稱道的價值。有全部稱道價值的，只有宋代。前乎宋的詞，是宋的先驅；後乎宋的詞，是宋的尾聲。故宋可稱為詞的時代，可稱為詞的黃金時代。所以有宋一代除文人墨客當然能詞外，上至帝王將相公卿臣僚，下至販夫走卒，以及小家碧玉，坊曲妓女名門閨秀，女尼女冠，幾無一不能作詞，最低限度幾無一不能唱詞。

宋代民間詞要算妓女詞為最盛。因當時妓女時常與一班詞人廝混，故能詞者十人而七八。載於《詞苑叢談》諸書的，更僕難數。茲大略舉幾個，分為「作詞」、「唱詞」列於下面：

一、作詞的

「蜀娼類能文，蓋薛濤之遺風也。陸放翁客自蜀挾一妓歸，蓄之別室，率數日一往。偶以病稍疏，妓頗疑之，客作詞自解，妓即韻答之云：『說盟說誓，說情說意，動便春情滿紙。多應念得脫空經，是那個先生教底。不茶不飯，不言不語，一味供他憔悴。相思已是不曾閒，又那得工夫咒你。』」（《齊東野語》）

「營妓馬瓊之歸朱端朝。朱官南昌尉，瓊之以雪梅扇面，寫減字木蘭花詞寄之，詞云：『雪梅妒色，雪作梅花相抑勒。梅性溫柔，雪壓梅花怎起頭。芳心欲訴，全仗東君來作主。傳語東君，早與梅花作主人。』」（瞿祐〈寄梅記〉）

「名妓聶勝瓊資性慧黠，李之問詣京師，見而悅之，遂與結好。及將行，勝瓊餞別於蓮花樓。別句日，復作鷓鴣天詞寄之：『玉慘花愁出鳳城，蓮花樓下柳青青。青樽一曲陽關調，別調人人第五程。尋好夢夢難成，有誰知我此時情？枕前淚共簷前雨，隔個窗兒滴到明。』李藏篋間，抵家為其妻所得，問之，具以實告，妻愛其語句清俊，遂出粧奩資夫娶歸。」（《青樓記》）

「廣漢營妓，小名僧兒，秀外慧中，善填詞。有姓戴者，兩作漢守，寵之。既而得請玉局之祠以歸。僧兒作〈滿庭芳〉見意云：『園菊苞金，叢蘭減翠，畫成秋暮風烟。使君歸去，千里信潛然。雁水全，勝得陶侃當年。如何見一時盛事，都在送行篇。愁煩梳洗懶，尋思陪讌，把月湖邊。

有多少風流往事縈牽。聞到霓旌羽駕，看看是玉局神仙。應相許冲烟破霧，一到洞中天。』」（苕溪《漁隱叢話》）

「杭妓樂宛與施酒監善，施嘗貽以卜算子詞，樂宛答之云：『相思似海深，舊事如天遠，淚滴千千萬萬行，使我愁腸斷。要見無由見了終難制。若是前生未有緣，重結來生願。』」（《詞苑叢談》）

「成都官妓趙才卿性慧黠，能詞，值帥府作會，送都鈐帥命才卿作詞才卿應命立賦〈燕歸梁〉云：『細柳營中有亞夫，華宴簇名姝。雅歌長許值投壺，無一日不歡娛。漢王拓境思名將，捧飛詔，欲登途。從前密約盡成塵，只勝紅淚如珠。』帥大賞，盡以飲器遺之。」（《詞苑叢談》）

「杭西湖有一倅閒唱少游〈滿庭芳〉，偶然誤舉一韻，『畫角聲斷斜陽。』妓琴操在側曰：『畫角聲斷譙門，非斜陽也。』倅因戲之曰：『爾可改韻否？』琴操即改作『陽』字韻云：『山抹微雲，天連衰草，畫角聲斷斜陽。暫停征轡，聊共飲離觴。多少蓬萊舊侶頻回首，烟靄茫茫。孤村裡寒鴉萬點，流水繞紅牆。魂傷當此際，輕分羅帶，暗解香囊。漫贏得秦樓薄倖名狂。此去何時見也，襟袖上空有餘香。傷心處長城望斷，燈火已昏黃。』東坡聞而善之。」（《能改齋漫錄》）

二、唱詞的

「黃山谷過瀘州，有官妓盼盼，帥嘗寵之。山谷戲以〈浣溪紗〉贈之云：……盼盼即筵前唱憶〈春蛾詞〉侑酒。詞云：『年少看花雙鬢綠；走馬章台絃管逐。而今老友惜花深，終日看花花不足。書中美女顏如玉，為我同歌金縷曲。』」（《詞苑叢談》）

劉水村《水雲村吟稿謁金門詞》註：「臨汝有歌者，甚慧，咸淳中嘗與吟朋夜醉其樓，對余唱〈賀新郎詞〉至『劉郎正事當年少，天教賦與許多才調。』歐閒笠謂余曰：『古曲兒，今日恰好使得。』余因以此意作小調題壁。」（《詞綜補遺》）

西秦張焱叔《玉田詞》云：「沈海嬌，杭妓也，忽在京都見之，把酒相勞苦，猶能歌周清真〈意難忘〉〈台城路〉二曲。因屬余記其事，詞成以素羅慢書之。」（《詞苑叢談》）

「蘇子瞻守杭州時，毛澤民為法曹，公以常人遇之。而澤民與妓瓊芳者善。及秩滿辭云，作〈惜分飛詞〉以贈妓。子瞻一日宴客，聞妓歌此詞，問誰作，妓以澤民對，子瞻歎曰：『郡有詞人而不知，某之罪也。』翌日折簡邀回，歡洽數月。」（《西湖游覽志》）

「柳三變與孫相何為布衣交，孫知杭，門禁甚嚴，三變欲見之不得，作〈望海潮詞〉往詣名妓楚楚曰：『欲見孫恨無門路，若因府會，願朱唇歌之。若問誰為此詞，但說柳七。』值中秋夜會，楚楚宛轉歌之。孫即席約耆卿預坐。」（《詞苑叢談》）

「陳東靖康間嘗飲於京師酒樓，有『娼打座』而歌者，東不顧，乃去倚欄獨立。妓歌〈望江南〉詞，音調清越，東不覺傾聽。視其衣服皆故敝者，時以手揭衣爬搔，肌膚綽約如雪，乃復呼使前，再歌之。其詞曰：……東問何人所製，曰：此上清真人詞也。歌罷，得錢下樓，再遣僕追之，已失矣。」（《夷堅志》）

宋代妓女「唱詞」、「作詞」，已如上述。「作詞」的能對客揮毫，倚馬可待，固然有文學相當的修養。即「唱詞」的能即景生情，對於詞的意義及曲拍，亦必十分了解。方能琅琅上口，悱惻動人。究怎樣有如此成績呢？就是這些娼妓們，時常與一班大詞人接近的緣故。北宋大詞人柳永——字三變——有一首〈冲天詞〉說：

「黃金榜上，偶失龍頭望。明代暫遺賢，如何向。未遂風雲便，爭不恣狂蕩。何須論得喪，才子詞人，自是白衣卿相。烟花巷陌，依舊丹青屏障，幸有意中人堪尋訪，且恁偎紅依翠，風流事，平生暢。青春都一餉，忍把浮名，換了淺斟低唱。」（〈鶴冲天〉）

這首詞就是柳永一生生活的表現。柳永因為事業功名都已經絕望，從此便流落不偶，儘量用他的天才發揮在詞上，以博坊曲娼妓的青眼。他的詞完全是給婦女作的，完全是為婦女作的。他的詞調幾乎千篇一律，是「羈旅悲怨之辭，閨帷淫媟之語」，他的詞大半是在「淺斟低唱」中度成的。他的情感大半是發於「依紅偎翠」時候的。他的材料多半是「烟花巷陌」的。葉夢得《避暑錄話》說：「柳永為舉子時，多游狹斜，善為歌詞，教坊樂工，每得新腔，必求永為詞，始行於世。」《後山詩話》說：「柳三變游京都南北兩巷，作新聲樂府，骫骳從俗，天下詠之。」宋翔鳳《樂府餘論》說：「耆卿失意無俚，流連坊曲，遂盡收俚俗語言，編入詞中，以便妓人傳習，一時動聽散播四方。……」

看上面所引，第一：知道柳永不但會做詞，並且深通音律，這就是「教坊樂工，每得新腔，必求永為詞」，「始行於世」的緣故。女詞人李清照對於北宋大詞家均有嚴刻批評，亦稱柳永為「協音律」，就是的確的證據。第二：柳永能以俚俗語言編入詞中，「骫骳從俗」，所以「天下詠之」。換句話，就是柳詞完全以白話描寫，所以受一班人歡迎最大的原因。所以「有井水處皆能歌柳詞」了。「十七八女郎執紅牙拍板，歌楊柳岸曉風殘月」的幾於盈天下了。

再說到周邦彥，徽宗朝曾提舉大晟，精於樂律，每製一詞，四方賡和。他亦喜歡流連坊曲。有戀愛李師師一段故事。師師戀著他。一日徽宗幸李師師家，邦彥匿於牀下，遂製〈少年游〉以記其事。徽宗知而免他的監稅官。出國門時，師師餞送他。邦彥復作〈蘭陵王詞〉，師師於徽宗前歌之。徽宗又召他回來，賜給他做大晟樂正。（詳《貴耳集》）以專制帝王尊貴，與邦彥爭風，竟敵不過他，你看他魔力大不大？

陳郁藏《一話腴說》：「周邦彥二百年來以樂府獨步，貴人學士，市儈妓女，皆知其詞為可愛。」照這麼說，邦彥詞亦為一班妓女所欣賞了。

再說到南宋大詞人姜白石。姜精音律和樂理，故能自度新腔。南宋詞推他獨步。姜詩云：「自喜新詞韻最嬌，小紅低唱我吹簫。」小紅是范石湖送他的妾。白石每製新詞，即自吹簫，小紅輒歌而和之。所以兩宋大詞家的幾無不與歌姬發生關係。近人鄭振鐸說：「詞在這個時——北宋——已達黃金時代了。作家一做好了詞，他便可以授之歌妓，當筵歌唱，十七八女郎執紅牙拍板歌楊柳岸曉風殘月，這個情景，豈不是每個文人學士所最羨喜的？凡能做詞的無論文士武夫，小官大臣，便無不喜做詞。像秦七，像柳三變，像周清真諸人，且以詞為專習。柳三變更沈醉於妓寮歌院之中，以作詞給她們唱為喜樂。所以我們可以說一句，在詞的黃金時代中，詞乃是文人學士的最喜用之文體，詞乃是與文人學士相依傍的歌妓舞女的最愛唱的歌曲。」（鄭著《中國文學史》）鄭氏這幾句話是很對的。我猶以為促成有宋詞的黃金時代，「詞人」、「妓女」均有莫大的勳勞。雖有「功狗」、「功人」的分別，但皆是開國元勳，應當分茅裂土用享蒸嘗的。

第九節　宋代太學生與娼妓

宋自神宗立大學三舍法，其後鄭肅即以太學生上十詩論花石綱擾民。（王明清《揮麈錄》）陳東又以太學生上書論大臣誤國，請斬蔡京。（《宋史・陳東傳》）是為宋代學生干政之第一次。此風既開，於是有宣和請誅蔡京之役，靖康請留李綱之役，靖康請誅黃潛善等之役，紹興中請誅湯思退之役，慶元請留趙汝愚之役，紹熙請過重華宮之役，淳熙請斥史嵩嵩之役；德祐請逐丁大全之役；其行為激烈，士氣激昂，方法完備，旗幟鮮明，較吾國近代學潮所謂「五四運動」、「三一八運動」，殆尤過之。（詳近人吳其昌〈宋代學生干政運動考〉）實為宋代學生光榮歷史。即吾國學生過去光榮歷史。然一方面前仆後繼，義正詞嚴，相率為愛國運動，為歷史上空前創舉，一方面太學生流連坊曲，招妓侑觴，風氣頗盛，視唐代進士游宴，似更為猖狂。

周密《癸辛雜識》說：「學舍宴集必點一妓，乃是各齋集正自出帖子，用齋印明書仰弟子某人到何處，祗直本齋宴集。」又說：「專有一等野貓兒等十餘人，專充告報，欺騙錢物，以為賣弄生事之地。凡外欲命妓者，但與齋生一人相稔便可出招呼之。此事不知起於何時。極於無義。乃所起多事之端也。」

看了以上所引，第一：太學各齋集正用齋印明書招妓侑酒，太學尊嚴，學生清潔，似都有污點了。第二：又有一等人專充報告，欺騙錢物頗近於招搖撞騙。第三：外方欲命妓與齋生一人相熟，便可借名招妓。古人說：「唯名與器不可以假人。」招妓已經不對，再借名打她們抽風，是更不對了。宋代太學中竟有這樣條規習慣。周密說：「此事不知起於何時」，想絕非一朝一夕之故，直污辱我神聖莊嚴的太學了。

《癸辛雜識》說：「林喬，泉州人頗有記問。初游京師，淳祐中宗學時芹齋與太學程身齋爭妓魏華。喬挾府學諸僕為助，遂成大鬨。押往信州聽讀，與時貴游從賡唱，放浪押邪，題詩茶肆云：『斗州無頓閒身處，時向梅花走一遭。』……」

兩學為妓女魏華爭風而打架，林喬為幫兇，簡直是上海灘流氓吃講茶析梢行為，竟出於宗學太學諸生，這尚說有書生本色嗎？

《深雪偶談》說：「許左之寓妓坊，欲狎之。妓密有歡所在矣。許賦詞云：『誰知花有主，誤入花深處。放直下酒杯乾。便歸去。』蓋紹興間籍太學休澣日，漫飲酒邊作也。」

照這樣看，宋代太學生治游宿娼，是極平常的一件事。「妓密有所歡」，不過作一詞以寓意。假使換別一個人，恐怕又有爭風毆打的事發生。許左之總算是個安分守己的學生罷。

宋代太學生也有與妓女互相戀愛，固結不解，甚乃終成配偶的。

「朱端朝肄業上庠，與妓馬瓊瓊者往來，久之情愛稠密，馬累以終身之託為言，端朝文華富贍，瓊瓊知其非久於白屋者，傾心事之。凡百資用，皆為辦給。時秋試獲捷，春闈省試復中優等，注南昌尉，朱為瓊瓊脫籍，挈之歸家。」（瞿祐〈寄梅記〉）

「元符中，饒州舉子張張游太學與東曲妓楊六者情好甚密。會張南宮不利歸，妓欲與之俱。張不可，約半歲必再至，若渝盟一日，則任其從人。偶以親命，後約幾月始至京師。至舊所其儌舍者，迎謂曰：『君非饒州張君乎？六娘每怪君失約，託我訪來期於學舍。其母痛折之，而念君益切。前三日母以歸洛陽富人張氏偕去矣。臨發猶多與我金錢，令候君來，引觀故居畢，乃儌他人。』生入觀，則小樓奧室，歡館宛然，几榻猶設不動，知所云初去，如所言也。生大感愴，不能自持，跡其所自去，計不能知矣。乃作〈雨中花詞〉，盛傳都下，或云：張即知常之子功斎也。」

（《玉照新志》）

亦有豪邁不羈揮金如土的。如前節所述，吳興沈偕家富於財，少游京師，入上庠狎游蔡奴事，即其例證。（《齊東野語》）

甚或有治游時以經典為戲的。

「霅川月河莫氏稱望族，嘗言某祖在大觀間在上庠，以春秋馳聲，嘗至一酒樓飲壁間有題。字云：『春王三月，王與夫人會於此樓。』蓋輕薄子攜娼妓館於此所題耳。莫即援筆題其下云：『夏大旱，秋飢，冬雨，雪公薨。』君子曰：『不度德，不量力，其死於飢寒也宜哉！』見者無不大笑。」（《行都紀事》）

宋代太學諸生，何以如此猖狂浪漫呢？原因蓋有二：

一、國家法令准許諸生狎娼

吳自牧《夢梁錄》說：「官府公筵，及三學齋會，縉紳同年會，鄉會，皆官差諸庫角妓祗直。」國家既對學生有公然狎娼規定，諸生年少氣盛，十百為群，當然得寸進尺，為所欲為。所以《武林舊事》敘官庫妓女說：「名娼皆深藏高閣，未易招呼。……往往皆學舍中人所據。他人未易登也。」是當時太學生對官庫妓女有「獨占」之權，如賣油郎獨占花魁一樣。風頭之健，可想而知。

二、權臣之威脅利誘

手段最高的要算賈似道。

《癸辛雜識》說：「似道誤國之罪，上通於天。然其制外戚，抑北司，戢學校等事，亦有不可及者。……學舍在當時最為橫議。而啖其厚餌，方且頌盛德贊元功之不暇，前廡得一罪，則黜決不少貸。而莫敢非之。」又說：「三學之橫。盛於景定淳祐之際，凡其所欲出者，雖宰相台諫亦直攻之，使必去。權力與人主抗衡，一時權相如史嵩之、丁大全不惜行之，亦末如之何也。賈似道作相，度其不可以力勝，遂以術籠絡，每重其恩數。豐其餽給。增撥學用，種種加厚。於是諸生啖其利而畏其威，目擊似道之罪，而噤不敢發一語。及賈惡君去國，則上書稱美極意挽留。今日曰師相，明日曰元老。無一人少指其非。」

《齊東野語》說：「賈似道欲借學校以要譽，乃以校尉告身錢帛等，俾京庠擬試。時黃文昌方自江閫入為京尹，益增賞格。雖未綴文，尤得數百千。於是群四方之士，紛然就試。時襄郢已失，江淮日以警告，有無名子作詩揭之試所云：『鼙鼓驚天動地來，九州赤子哭哀哀。廟堂不問平戎策，多把金錢媚秀才。』」你看賈似道對諸生威脅誘惑手段，何等高明！成效是何等偉大！但用各種方法，收買學生，在北宋已然。王安石、蔡京最為傑出。

《東軒筆錄》：「王安石在中書，作《經義》以授學者，故太學諸生幾及三千人。又令判監直講程第諸生之業，處以上中下三舍，而人間傳以為試中上舍者。朝廷將以不次擢升，於是輕薄書生，矯飾言行，坐作虛譽，奔走公卿之門者若市。」

《困學紀聞》：「崇寧以來，蔡京又群天下學者納之黌舍，校其文藝，等為三品，飲食之給，因而有差，旌別人才，止於魚肉銖兩間。學者不以為羞，且逐逐然貪之。」

照這麼看起來，賈似道不過承襲王安石、蔡京遺法，而手段較為靈妙。故其效力比王蔡為大。唉！太學諸生經權姦之籠絡，昔之攻擊者，變而為諂媚，終至行檢不修，人格墮落，雖有「干政」光榮歷史，究竟瑜不掩瑕，怎不令人歎士氣之衰，而國家興學育才之不易呢！

第十節　宋代娼妓與官賣酒制度

自漢以後國家對於酒稅有兩種辦法，一種是「官賣」，（《漢書‧食貨志》：「桑完羊建造酒之令，應劭注縣官自賣也。」）一種是「民買」而官收其稅。（《漢書‧昭帝本紀》：「始元三年罷榷酤酒，全民以律占租。劉攽曰：『令民賣酒以所利占而輸其租。』邱濬曰：『雖罷榷酤。猶聽民自釀而官收其稅也。』」）漢以後，列朝皆採漢法，一種或二種並用。北宋承五代歷朝重稅之後，太祖建隆二年，班造酒麴律。太宗太平興國二年，初榷酒酤。則係採用漢代「官賣」法了。法令雖累有變更，原則終宋世不改。但國家「官賣酒」法與「娼妓」發生關係，則始自神宗時之王安石。宋汪拯《燕翼謀貽錄》中曾說到這一樁事：

> 「新法既行，悉歸於公，上散青苗錢於民，設一廳而置酒肆於譙門。民持錢而出者，誘之使飲，十費其二三矣。又恐其不顧，則命娼女坐肆作樂，以蠱惑之。小民無知，競爭鬥毆，官不能禁，則又差兵官列架杖以彈壓之。名曰『設法賣酒』。今（指南宋時）官賣酒用妓作樂，無復彈壓之制，而『設法』之名不改。州縣不一釐正之者何耶？」

綜合南北宋官賣酒制度看來，北宋只叫「娼妓坐肆作樂」。方法設備，都很簡單。南宋則有妓女乘馬迎酒樣事情；有遊客到官庫點花牌招妓買笑事情，花樣翻新舖張揚厲，無非使用妓女益濫，而國家身分更外墮落而已。

耐得翁《都城紀勝》說：「天府諸酒庫，遇寒食前後開酤煮酒，中秋前後開酤新酒，各用妓女乘騎作三等裝束：一等特髻大衣者，二等冠子裙背者，三等冠子衫子襠袴者；前有小女童等及諸社會動大樂迎酒樣，赴府治呈，作樂，呈技藝雜劇。諸妓退出於大街諸處，迎引歸庫。」

又說：「官庫則東酒庫，南酒庫，北酒庫，上酒庫，西子庫，中酒庫，外庫，東外庫，每庫皆有酒樓。若欲美妓往官庫中點花牌，其酒家人亦多隱庇推托。須是認識其妓，及以利委之可也。」

《乾淳歲時記》說：「戶部檢點十三酒庫，例於四月初開者，一九月開清。先是提領所呈樣留嘗，然後迎引至所隸官府而散，每庫各用疋布書庫名，高節以長竿懸之，謂之布牌。以木牀鐵擎為神仙鬼佛之數，謂之台閣。雜劇百戲諸藝。各庫爭設新好。庫妓之錚錚者，皆珠翠盛繡，繡金紅背，乘繡韉，韉寶勒駿馬，少年狎客，往往擁簇持盃，爭勸馬首。所經之地，高樓邃閣，繡閣如雲。累足駢肩，蓋真所謂萬人海也。」

《夢梁錄》說：「南庫元名昇陽，官煮界庫，在社壇南。新界庫在清和坊南。酒樓和樂諸庫，皆有官名角妓，設法賣酒。此郡風流才子，欲買一笑，則徑往庫內點花牌，唯意所擇。」

又說：「自景定只來，諸酒庫設法賣酒，官妓及私名妓女數內揀擇上中甲者，委有娉婷秀媚。桃臉櫻唇，玉指纖纖，秋波滴溜，歌喉宛轉，道得字真韻正，令人側耳聽之不厭。『官妓』如金賽蘭，范都宜，唐安安，倪都惜，潘稱心，梅醜兒，錢保奴，呂作娘，康三娘，桃師姑，沈三如等；『私名妓』如蘇州錢三姐七姐，文字季惜惜，鼓板朱一姐，媳婦朱三姐，呂雙雙，十般大麗憐憐，婺州張七姐，蠻王二姐，搭羅邱三姐，一丈白陽三媽，舊司馬二娘，裱背陳三媽，屐片張三娘，半把繖朱七姐，轎香王四姐，大晷胡三媽，浴堂徐六媽，沈盼盼，普安安，彭新等。後輩雖有歌唱者，比之前輩，終不如也。」

以上都是就南宋官庫用妓情形說的。我們須知北宋置酒肆譙門，令妓女坐肆作樂，因為酒肆是公家經營。藉此多多招徠顧客，以期營業發達。不過如上海灘上各大店面用留聲機擺在櫃台上，引動顧客們是一樣情形，南宋則官庫內有酒樓。客人要買笑的，可任意選擇。名「點花牌」。又有使「妓女華妝乘馬游街迎酒」等等把戲，彷彿國家做了妓院老闆。這個是南北宋大不相同的地方，我們應當注意的。

王安石在神宗時大倡變法，其最要目的。在社會經濟生產消費方面之調劑。在「抑制豪強兼并」而使國家小民蒙其利，其道維何，在舉財政悉集於國家，然後由國家酌盈劑虛，以分配於國民，而各使其生活愉快。這就是近代所謂「國家專賣制度」。安石曾作詩發揮其主義曰：

「三代子百姓，公私無異財。人主操權柄，如天持斗魁。」

「賦予皆自我，兼并乃奸回。奸回法有誅。勢亦無自來。」

其均輸、市易、青苗、諸法，皆本此意做的。這個意思，極與近代社會主義家論調相合。實行起來就是盡籠天下之貨物，而由官司其買賣。就是以國家為大資本家，大企業家而人民不得有私財。誠如安石所說「賦予皆自我，兼并乃奸回」現象，安石是極端主張「專賣制」之一人。市易、均輸、青苗是安石創行的。「官酤」在北宋初實行，安石當然沿用其制度了。但專賣制行之而善，誠大同時代之復現。但實行時非常危險，如管理者之經營能力，官吏清廉之美德，皆成重要問題。稍一不慎，則殃民愈甚，而民眾無告訴之門。如現代蘇俄大革命後，厲行工商國營政策，然行之數年，工商衰敗，民不聊生，蘇俄當局，急急變計，於一九二一年採用「新經濟政策」，恢復財產私有國家之資本主義，而犧牲原來共產主張，即為明白之先例。以歐美諸邦今日行之而尚覺困難者，安石乃欲厲行之於八百多年前，其不能盡滿人意，當在意中。如酒官酤，熙寧二年始令官務增收添酒錢。又稅承坊場錢，社會進步，政費日繁，國家收入，當然應時勢而增加。安石素持「不加賦而國用足」之說，乃厲行官賣制之酒酤法。今酒價既高，買者當然稀少，政府收入，定受影響。乃令「妓女坐肆作樂」，其措置雖不免蔑視女子人格，但其目的僅在引起人民買酒興味而已。南宋變本加厲，而用「妓樂」，是出安石意料之外的。

安石又恐怕官吏遇事生風，借此打妓女抽風的日多，所以督責官吏甚切。「兩浙路監司張靚、王庭志等因閱兵赴妓樂筵席，侵夜，皆黜責。」（《東軒筆錄》）較其他時代官吏可以公然冶游，民眾狎妓則犯法，實行「只准州官放火，不許百姓點燈」政策者為何如？而且安石本身行檢，亦非常整潔。己必正然後正人。《侯鯖錄》說：「王介甫外除，自金陵過蘇州。劉原甫作守，以州郡禮邀，遂留營妓列庭下。介甫作色，不肯就坐。原甫辯論久之，去營妓，顧介甫曰：『燒卻車船』，延之上坐。」

你看宋代所謂名臣如歐、蘇、韓、范諸人，幾無一不隨意狎娼，安石獨擯之唯恐或後，似不失為大政治家的態度罷！

第十一節　唐宋時代之家妓

有唐士大夫蓄家妓之風，不減前朝，其豪侈放浪，亦覺駭人。

許敬宗營第舍華僭，至造連樓，使妓走馬其上，縱酒奏樂自娛。（《唐書‧許敬宗傳》）

周光祿諸妓，掠鬢用鬱金油，敷面用龍消粉，染衣以沉香水，每月人賞金鳳凰一雙。（《雲仙雜記》）

鄭注赴河中，姬妾百餘，盡薰麝，香氣數里外逆於人鼻，是歲自京兆至河中，所過瓜一蒂不獲。（《釵小志》）

唐申王每冬月苦寒，令宮女密圍而坐，謂之妓圍。（《釵小志》）

岐王少惑女色，每至冬寒，手不近火，惟納於妓懷中，揣其肌膚，謂之暖手。（《開元天寶遺事》）

南唐孫晟官至司空，每食必設几案，使眾妓各執一器，環立而侍。號肉台盤。（《釵小志》）

你看所謂「妓圍」、「暖手」、「肉台盤」等等把戲，固然不合人道，完全畸形生活。一個人簡直變成行屍走肉，真是荒唐之至。「自京兆至河中，所過瓜一蒂不獲。」就因鄭注姬妾麝香所致，小民何辜而遭此厄！真所謂城門失火，殃及池魚了。

唐代家妓有可以隨便贈送的：

兵部侍郎李風尚樂妓崔紫雲詞華清峭，眉目端正。李在洛為她宴客。杜牧輕騎而來，連飲三觥，謂主人曰：「嘗聞有能篇詠紫雲者，今日方知名，倘垂一意，無以加焉。」諸妓回頭掩笑，杜口占詩罷，上馬而去。李尋以紫雲送贈之。（《侍兒小名錄》）

韓翊少負才名，大實末進士，孤貞靜默，所與游皆當時名士。鄰有李將軍——失其名——妓柳氏。李每至必邀韓同飲。韓以李豁達大丈夫，故不避柳，既久愈狎。後李以柳贈，俄就柳居，來歲成名。（孟棨《本事詩》）

劉禹錫罷和州，為主客郎中，李紳罷鎮在京，慕劉名，常邀至幕中厚設飲饌。酒酣，令妓歌以送之。劉于座上賦詩有云：「司空見慣渾閒事，惱殺蘇州刺史腸。」李因以妓贈之。（孟棨《本事詩》）

郭曖宴客，有婢鏡兒，善彈箏，姿色絕代。李端在座，時竊寓目，屬志甚深。曖覺之，曰：「李生能以彈箏為題，賦詩娛客，吾當不惜此女。」李即席口號，曖大稱善，徹席上金玉酒器，並以鏡兒贈李。（《釵小志》）

你看劉禹錫、杜牧、李端等四箇人，以徒手得到人家贈送美妓，差不多都係以詩為媒介物。詩在唐代社會上的價值可知。郭曖對李端說：「李生能以彈箏為題，賦詩娛客，吾當不惜此女。」則詩當然為群眾所能欣賞。唐代詩知識之普及社會又可知。

但唐代權臣武夫，又可以隨便刦奪他人家妓的：

趙嘏家於浙西，有美姬，惑之。洎計偕，欲偕行，母命不許。會中元為鶴林游，浙帥窺姬色，遂奪而據之。（《全唐詩話》）

李逢吉聞劉禹錫有美姬，請攜來一見，不敢辭，盛妝而往。李見之，命與眾姬向面。李姬四十餘人，皆處其下。既入不復出。頃之李以疾辭。遂罷坐信宿，絕不復知。劉怨歎不已，為詩投獻，李但含笑曰：「大好詩！」遂絕。（《全唐詩話》）

唐右司郎中馮翊喬知之有美妾曰碧玉，知之為之不婚。武承嗣借以教諸姬，遂留不還知之作〈綠珠怨詩〉以寄之，碧玉赴井死。承嗣得詩於裙帶，大怒，諷酷吏羅告，族誅之。（《資治通鑑》）

以上三箇人，劉姬一去不回，趙嘏因逾年及第，浙帥遣介以妓歸還於嘏，但終以姬見嘏，抱嘏痛哭而死。但兩人風尚無後災，總算不幸中之大幸。知之因妾美而為人所奪，後因情不能忘作〈綠珠怨〉而致於族誅。古人說「象齒焚身」，這句話是真不錯的。

唐代武人又可以隨意自殺其家妓的：

臨淮武公業，咸通中任河南府功曹參軍，愛妾曰非烟，姓步氏，容止纖麗，若不勝綺羅，善秦聲，好文墨，尤工擊甌，其韻與絲竹合。公業甚嬖之。後與比鄰趙象者私，女奴乘間告公業，公業縛非烟大柱上，鞭楚流血死。（節錄皇甫權〈非烟傳〉）

蜀女伶孟思賢，甚巧黠，嘗為君侯王制寵貯焉。思賢有外遇，私奔後，失所，復投制。制命以短兵關思賢二脛。踣極捶之，再宿而死。（《續補侍兒小名錄》）

杜大中自行伍為相，與物無情，西人呼為杜大蟲，雖妻有過，亦杖之。有愛妾才色俱美，大中牒表，皆其所為。一日大中方寢，妾見几間紙筆頗佳，因書〈臨江仙〉一闋，有『彩鳳隨鴉』之語。大中覺而見之云：『鴉且打鳳。』於是掌其面，至項折而死。（《今是堂手錄》）

愛之則升九天，惡之則墜九淵，鴉且打鳳，視人命殆飛禽走獸之不如。吾于杜大中諸人見之。

又有因「家妓」而受累的：

韓熙載相江南，主即位，頗疑北人，有鴆死者。熙載懼禍，因肆情坦率，不遵禮法，破其家財，售妓數百人，荒淫為樂，無所不至。所受月俸，至不能給，遂敝衣破履，作瞽者持弦琴，俾門生舒雅執板隨之，隨房乞丐，以足日膳。後人因晝夜宴圖以譏之，然其情亦可哀矣。（《癸辛雜識》）

近代軍閥張宗昌者，蓄妾五六十人，資用頗足，亦已醜聲四播。熙載蓄妓數百人，月俸不能給，乃作乞丐以足日膳生涯，所以侍兒往往私客，賦詩有「最是五更留不住，向人枕畔著衣裳」的笑話。唉，祇是何苦來！

宋士大夫們大半是有家妓的。

王安國海外歸，出歌姬侍東坡酒，東坡作〈定風波詞〉。（《東皋雜錄》）

陸敦禮藻有侍兒名美奴，善綴詞，出侑樽，每乞韻於坐客，即刻成章。（《苕溪漁隱叢話》）

太守閭印公顯致仕，居姑蘇，坡公飲其家，出後房佐酒。有懿卿者，善吹笛，公賦〈水龍吟〉贈之。（《詞苑叢談》）

東坡有歌舞妓數人，每留賓客飲酒，必云有數個擦粉虞候，欲來祇直。（《軒渠錄》）

周平園堂出使過池陽，太守趙富文彥博招飲，酒酣，出家姬小瓊舞以侑酒。公為又賦一闋。……石湖云：朝士中姝麗有三傑。謂韓元咎晁伯谷家姬及趙彥博家妓小瓊也。禁中亦聞之，異時有以此事中傷者，阜陵亦為亦為之一笑。（《齊東野語》）

是宋代蓄家妓的風氣，成為公開的祕密，雖皇帝亦曉得，如同家常便飯一樣，但士大夫之豪俠好義的，又往往以家妓贈送他人。

故宋駙馬都尉楊震有十姬，皆絕色，名粉兒者尤勝。一日招詹天游飲宴。出諸姬佐觴。天游寓意粉兒，口占〈浣溪沙〉一詞，有「不曾真個也消魂」之句。楊遂以粉兒贈之。曰：「請天游真個消魂。」（《樂府記聞》）

小紅，范石湖青衣，有色藝。范告老，姜堯章詣之。一日投簡徵新聲，堯章製〈暗香疏影〉二曲，范使二妓肄習之，音節清婉。范尋以小紅贈之，……堯章每喜自度曲，吹洞簫，小紅歌而和之。故姜有「小紅低唱我吹簫」句。（《研北雜志》）

辛稼軒在上饒，屬其室病，呼醫對脈，吹笛婢整整者侍側，乃指以謂醫曰：「老妻病安，以此人為贈。」不數日果勿藥，乃踐前約。整整去，因口占〈好事近詞〉云。（《清波別志》）

寫到這個地方，對於「家妓」有感不絕於余心的兩件事：

一、蓄妓主人勢敗，或死亡，家妓出走或流落

王將明、蔡元房後房之出走，頗類現在的捲逃。

王將明後房田令人者，顏貌殊倫，真國色也。靖康改元，正月將明死。田自都攜一婢竄至亳州，居逆旅中，郡知之，為拘管數月，其家遣人迎歸。蔡元長後房曰武恭人，亦妙麗不凡。元長謫

嶺表，為一使臣孫姓者所蓄，乃攜孫竄至南京，亦為郡所拘七月。開封差人擒之，送入京師。時余適在二郡，皆見之。（《墨莊漫錄》）

韓侂胄敗後，家姬的流離瑣尾情形，真令人哭笑不得：

韓侂胄所幸妾最居首者為三夫人，號「滿頭花」。新進者曰四夫人，至通宮籍。慈明嘗召賜坐，以示優寵。四夫人者，即與慈明偶。……慈明心銜之。迨韓為鄭發所制，諸妾皆遣還其父母。慈明特旨令京尹杖四夫人遣之。又於群婢放逐時，至有三數輩皆稱為某妾某人父母者。宮中遂命私認者聽。除首飾衣服之外，不許以匳載出。金釵至滿頭，衣服至著數襲。市人利其物，因可以轉貿其身。故相競願為之父母。至有引群妾之裾，必欲其同歸者，亦可笑也。（《朝野聞見錄》）

徽宗宣和殿裡小宮姬乃淪落到人家充當「家妓」，執樽侑酒：

先公在燕山在北人張摠侍御家宴集，出侍兒佐觴，中有一人意狀摧抑可憐，叩之，乃宣和殿小宮姬也。坐客翰林直學士吳激賦長短句記之，聞者揮涕。（《洪邁容齋隨筆》）

你看王將明死後家妓現象則如此，韓侂胄、蔡元長失敗後家妓現象又如彼。貴為帝王的小宮姬，已淪落為人家侍兒了。賈似道敗後，有人題〈葛嶺〉詩云：「樓台突兀妓成圍，正是襄樊失援時。主氣已隨檀板盡江聲流入玉簫悲。姓名不在功臣傳；家廟徒存御賜碑。誤國誤民還自誤。渚庭秋草露垂垂。」（《山房隨筆》）

看了這首詩，再看韓侂冑諸人事情，真令我們生無限感慨

二一、遣妓或妓辭去

昔人蘇東坡、辛稼軒，對於遣去家妓，或家妓辭去，均不免形之歌詠。

東坡贈朝雲詩並引云：「世謂白樂天有〈鬻駱馬放楊枝〉詞，嘉其至老病不忍去也。然夢得有詩云：『春盡絮飛留不得，隨風好去落誰家。』又云：『病與樂天相伴住，春隨樊子一時歸。』則是樊素竟去也。余家有數妾，四五年相繼辭去。獨朝雲者隨余南遷。因讀《樂天集》戲作此詩。」

辛稼軒有姬曰錢二，年老遣去，為賦〈臨江仙〉贈之。（《後齋漫錄》）

秦少游遣妾時，至於去而復返，作詩贈別，依依不捨。

《墨莊漫錄》：「秦少游侍兒朝華，姓邊氏，京師人也。元祐癸酉歲納之。時朝華年十九。後三年少游欲修真，斷世緣，乃遣朝華歸父母家。朝華臨別泣不已，少游作詩……朝華既去，二十餘日，不願嫁，卻乞歸，少游憐而許之。明年，少游出倅錢塘，謂朝華曰：『汝不去，吾不得修真矣。』呼其父來遣朝華隨去。復作詩云：『玉人前去卻重來，此度分攜更不回。腸斷龜山離別處，夕陽孤塔自崔嵬。』時紹聖元年五月十一日，少游手書記此事。未幾，遂竄南荒去。」

白香山詩云：「駱馬楊枝都去也。」東坡贈朝雲詩：「不學楊枝別樂天，恰如通德伴伶元。」曠達如樂天東坡，床頭愛人，一旦離別，中心總不免耿耿。唐司空曙病中遣妓詩：「萬事傷心在目前，一生憔悴

對花眠。黃金用盡教歌舞，留與他人樂少年。」看完了這首詩，你看被家妓辭去的或遣妓人心裡，怎樣難受！

宋代蓄「家妓」風氣之盛，不亞於唐。但奪掠他人妓妾，或將自己家妓殺去，在唐代是尋常事，宋代殆將絕跡。這就是有宋士大夫人格高於唐朝的地方。就蓄家妓一樁事，就可觀察社會士風之優劣了。

第十二節　唐宋時代女尼女冠

「女尼」、「女冠」何以列在娼妓之班呢？因為唐宋時候的「女尼」、「女冠」，名為遁入空門，潛修淨業，實際行為，簡直與娼妓一樣。現在先考她的源流，再詳記她的事實，讀者便可明白。

我國女子做「女尼」、「女冠」始於何時呢？

《晉書．佛圖澄傳》：「石虎時著作郎王度奏曰：『漢聽西域人立寺都邑，漢人皆不得出家。魏承漢後，亦循前軌。』」

《唐書．傅弈傳》：「漢立胡祠，止西域桑門，自傳其教。西晉以上不許中國髠髮事胡。至石符亂華，乃弛其禁。」

晉桓元〈難王謐書〉：「曩者晉人略無奉佛，沙門徒眾，皆事諸胡。」

根據以上三說：是晉惠以前（公曆紀元後三一三年以前）本國人沒有捨身為「女尼」、「女冠」的，已確實無疑。

梁僧定唱《比丘尼傳》：「洛陽竹林寺民淨檢，晉建興（愍帝年號）中出家洛城東尼寺。尼道馨，宋泰始（明帝年號）中出家。比丘尼誦經，馨其始也。」

法瓊〈僧行篇〉載梁沈約〈淨秀狀〉云：「本於青園寺出家，宋大明（孝武年號）七年思別住處，初置精舍。泰始二年明帝賜號禪林。制龕造像，寫經集眾，招納同住十有餘人。」

據上引兩說，是中國有出家女尼始於淨檢，出家誦經，始於道馨，女尼出家，別立尼寺，始於淨秀。所以我國女尼出家事業，由萌芽至完備，大約由晉愍帝建興至宋明帝泰始一百二十五年中間。（公曆紀元後三一三至四六五年）道教大興於北魏，「女冠」興起當然後於「女尼」。考之隋書：煬帝出巡，嘗以僧尼女冠道士自隨，謂之四道場。（〈煬帝本紀〉）裴矩召江都境內寡婦及未嫁女，皆集宮監，又召將帥兵卒等，恣其所取，因聽自首。先有姦通婦女及「女尼」、「女冠」等並即配之。（〈裴矩傳〉）是此種制度，隋代業已盛行。大約「女尼」、「女冠」由北魏至唐初，已普及全國了。

但至南北朝時代，「女尼」荒淫事蹟，業已大著。

《洛陽伽藍記》說：「瑤光寺，世宗宣武皇帝所立。工作之妙，埒美永寧。講堂民房，五百餘間。綺疏連亘，戶牖相通珍木香草，不可勝言。牛筋狗骨鷄頭鴨腳之草，亦悉備焉。椒房嬪御，學道之所，掖庭美人，並在其中。亦有名族處女，性愛道場，落髮辭親，來依此寺。屏玲麗之飾，服修道之衣……永安（魏孝莊年號）中爾朱龍入洛陽，縱兵大掠。時有秀容胡騎數十人入寺淫穢，此後頗獲譏訕。京師語云：『洛陽女兒急作髻，瑤光寺裡奪女婿。』女尼寺院宏大，度捨女尼之多。均推北魏。」（詳《洛陽伽藍記》）但淫穢行為，已駭人聽聞，然猶可說爾朱氏作亂，乃非常變故，故演成此種慘劇。再拿南北史來看：

魏王文同巡察河北諸郡見沙門齋戒菜食者，以為妖妄皆收繫之。裸僧尼驗有淫狀，非童男女者數千人，將殺之，諸郡驚駭，各奏其事。（《北史・酷吏傳》）

梁郭祖深上封事：「都下佛寺五百餘所僧尼十餘萬道人又有白徒，尼則皆蓄養女。僧尼多非法，養女服羅紈。請加檢括。」（《南史・循吏傳》）

「僧尼驗有淫狀，非童男女者數千人」是何等現象？「尼則多蓄養女，僧尼多非法，養女服羅紈」，是又何等現象？乃知當時女尼淫穢之事，南北朝如出一轍，已昭然若揭了。

到了唐代「女尼」、「女冠」放蕩佻達尤甚。女冠常與士大夫往來酬搭，放浪不堪。其異於娼妓行為者，不能以寸。魚玄機、李秀蘭二人，就可做當時的代表。

《三水小牘》：「唐西京咸宜觀女道士魚玄機，長安里家女也。色既傾國，思乃入神。喜讀書屬文，尤致意於一吟一詠。破瓜之歲，志慕清虛。咸通（懿宗年號）初遂從冠帔於咸宜，而風月賞玩之佳句，往往播於士林。然蕙蘭弱質，不能自持，復為豪俠所調，乃從游處焉。於是風流之士，爭修飾以求狎，或載酒詣之者，必鳴琴賦詩，間以謔浪。女童曰綠翹，明慧有色。一日機為鄰院所邀，為女伴所留，適有客來。客乃機素相暱者，意翹與之私，笞女童數百而死。……為衛卒告發，為京兆溫璋所戮。」

《玉堂閒話》：「李秀蘭以女子有才名。初五六歲時，其父抱於庭，令〈詠薔薇〉云：『經時未架卻，心緒亂縱橫。』父恚曰：『此子將來富有文章，然必為失行婦人。』竟如其言。後為女冠，劉長卿諸人皆與往還。高仲武評其詩自鮑照以下，罕有其倫。然素行放浪，不能自持。」

魚李二人，俱是唐朝著名「女冠」兼著名詩人，行為已如此，其他更可類推了。唐宋兩朝貴族豪門的女子，往往出為「女尼」、「女冠」，其末流乃至放蕩不堪。

《柳亭詩話》：「李義山詩〈碧城〉三首，蓋詠公主入道事也。唐之公主，多請出家，義山同時，如文安、潯陽、平梁、邵陽、永嘉、永安、義昌、安康先後乞為女道士，築觀於外，頗失防閒。其以『碧城』為題者。用《集仙錄》王母所居玉樓十二事也。附鶴棲鸞，當窗隔座，皆來去無定之詞。故云：『若使曉珠明又定，一生長對水晶盤。』明以賣珠兒會葬灞陵之事以之。……次章云：『不逢蕭史休回首，莫見洪崖又拍肩。』如金仙玉真師，是道士史崇玄，皆不逢蕭史而拍洪崖者也。鄂君繡被，則暗用『心悅君兮君不知』語以證之。末章云：『武皇內傳分明在，莫道人間總不知。』如劉中山題〈九仙公主舊院詩〉，武皇曾駐蹕，親問主人翁也。」

《湘山野錄》：「申國長公主為尼，掖庭隨出者二十餘人。詔兩禁送至寺，賜傅齋傳。旨令各賦詩，唯文僖工彭喬年尚有記者云。」

後蜀淨德院尼八十餘人，皆宮人入道者。（見《十國春秋》）是貴族女子出家為「女尼」、「女冠」。五代割據時候仍沿襲此風。但以柳亭詩語所說推之，一般「女尼」、「女冠」蕩檢踰閒，恐終不能免罷。

唐宋時代「女尼」、「女冠」又可以隨時召入宮禁。

唐女冠李秀蘭亦曾召入宮禁。《全唐詩》載她於〈恩命召入留別廣陵故人詩〉云：「無才多病分龍鍾，不料虛名達九重。仰悅彈冠上華髮，多慚拂鏡理衰容。馳心北闕隨芳草，極目南山望舊峯。桂樹不能留野客，沙鷗出浦漫相逢。」這不是例證嗎？宋代此風更盛。

《朝野遺記》：「婕妤曹氏姊妹通籍禁中，皆為『女冠』，賜號自然先生者，左右街都錄者，皆厚於韓侂胄，或謂亦與之暱。」

《齊東野語》：「女冠吳知古用事，內宴演參軍，教坊請簽文書，參軍怒曰：『我方聽鶩栗！』請至再三，胥前擊其首，曰：『甚事不被鶩栗壞了。』蓋俗呼黃冠曰鶩栗。」

你看南宋女冠出入宮廷，已干預政治，故教坊演劇時用鶩栗做譏諷。甚至君臣同戀女冠，如宋寧宗韓侂胄對曹氏姊妹事情，真不成話說了。又五代時楚文昭王奢靡喜淫，先王媵竟多加無禮，又令尼僧潛搜士庶家女有容色者，強委禽焉。前後數百人，猶有不足之色。（見《十國春秋》）看了南宋五代「女尼」、「女冠」的行為，與娼妓有甚麼兩樣嗎？

因為「女尼」、「女冠」行動浪漫，故唐宋時代詩人，常常做詩調笑挑動他們。唐白樂天詠〈玉真觀女冠〉詩云：「綽約小天仙，生來十六年，玉山半峯雪，瑤水一枝蓮。晚院花留主，春窗月伴眠。迴眸雖欲語，阿母在旁邊。」宋代有女冠暢道姑，姿色妍麗，秦少游挑之不從，作詩曰：「瞳人剪水腰如束，一幅烏紗裹寒玉。超然自有姑射姿，回首粉黛皆成俗。霧閣雲間人莫窺，門前車馬任東西。禮罷瑤台春日靜，落花滿地晚鴉啼。」（見《桐江詩話》）宋女貞觀陳妙常尼年二十餘，姿色出群，詩文俊雅，工音律。張于湖授臨江令，宿女貞觀，見妙常，以詩調之，妙常亦以詞拒絕。復與于湖故人潘德成私通，潘密告于湖，以計斷為夫婦。即俗傳《玉簪記》是。（《古今女史》）假使「女尼」、「女冠」在當時果清真自守，這班詩人，誰敢做詩挑弄她們，大家爭想嘗方外風味呢？

唐宋以來，亦嘗嚴法禁止僧尼往來，結果而僧尼狎昵愈甚。

《五代會要》：「唐天成二年六月，敕官中告授齋會外，不計齋前齋後，僧尼不得輒相過。如敢故違，準姦匪例處斷，僧不得於尼寺內開講。如敢故違，僧徒三年，尼逐出城。或僧尼不辨宣傳法，曾重杖處死。」

《燕翼貽謀錄》：「宋開寶五年，十二月丁丑，詔尼合度者只許於本寺起壇受戒，違者重罪，許人告。」

是尼寺獨立及與僧人斷絕交游，久著法令。但日久禁綱廢弛。如南宋臨平明因寺本一尼剎之大者，往來僧官，每至必呼尼之少艾者偕寢，寺中頗覺不便，於是專作一寮，貯尼之嘗有違濫者以備不時之需，名曰「尼站」。（見《癸辛雜識》）僧尼專作一寮公然性交，與妓院娼寮有甚麼分別嗎？

自唐以後，女尼女冠，大半喜通賓客，又喜艷妝。《唐語林》說：「宣宗微行至德觀，有女道士盛服濃妝者，大怒。回宮立召宋叔康令逐去，別選男子主持其觀。」《清異錄》說：「范陽鳳陽院尼廉子年未二十，濃豔明俊，頗通賓游。創作新眉，不類時俗。人以其為佛弟子。謂之『淺文殊眉』。」你看「頗通賓游」，「盛服濃妝」，恐怕都是晦淫工具罷。

第十三節　唐宋時代南妓之勃興

《通典》敘揚州有幾句話：「永嘉之後，帝室東遷，衣冠避難，多所萃止。藝文儒術。斯之為盛。」我國文化由北移南，從這幾句話已經看出來了。自東晉後五胡亂華，中原塗炭，為我國歷史上種族大轉移時代，這個時候文化政治經濟中心，均由黃河流域移轉於長江流域。即前朝詩人所歌詠的「北方有佳人」，「燕趙多佳人」的話，已成過去陳跡。南國佳人，突然露其頭角。今就唐以後幾個重要都會，敘其聲妓之美，宴游之盛，以明變遷之跡罷。

一、成都

成都游宴風氣，至宋鼎盛。

宋費著《成都宴游記》：「成都宴游之盛，甲於西蜀。蓋地大物繁，俗好娛樂，凡太守歲時宴集，騎從雜沓，車服奢華，倡優鼓吹，出入擁導。四方奇技，幻怪百變，序進於前，以從民樂。歲率有期，謂之故事。及期，則士女櫛比，輕裘袨服，扶老攜幼，列道嬉遊，或以坐具列於廣庭，以待觀者，謂之遨牀，而謂太守為遨頭。……清獻公（趙抃）為記，乃曰：『曩時宴會，皆牙校掌之。蓋榷酤之利有餘，人樂於為役。公帑歲入，無慮千萬貫有奇。自新法既行，酒坊為官所鬻，牙校雖得募錢，不足自贍。乃提議設成都市務，方游觀時，人情瞿然減常歲之半。及院花開罷，朋聚游江，今公使歲僅三萬貫，常慮不足，全盤殆比舊從省，樂游之費，亦復過殺。設遂廢之，則非天子所以付畀一州，嘉惠遠人，而小民之鬻殺果者，但營慕供給以為養，此游宴之不可廢也。』」

又云：「正月二日出東郊，早宴移忠寺，晚宴大慈寺，清獻公記云：『宴罷妓以新詞送茶，自宋公祁（宋曾為蜀帥）始。蓋臨卬周之純善為歌詞，嘗作詞授妓首度之，以奉公。後遂因之。』」

不是成都地大物繁，俗尚娛樂，那得有如此盛況哩？游宴既盛，娼妓隨之以興。自唐代薛濤以容色才調馳名西川，於是有「蜀出才婦」之稱。（見《鑒戒錄》）宋人也說：「蜀娼能文，有薛濤遺風。」（見周密《齊東野語》）蜀娼風頭十足，一般士大夫戀愛她、羅致她的，不一而足。

張淵紹興（南宋高宗年號）中為江東副總管，居建康，每以高價往成都買美妾，列屋二十人，而御之甚嚴。（《夷堅志》）

陸放翁在蜀日有所盼，嘗賦詩云：「碧玉當年未破瓜，學成歌舞入侯家。如今憔悴蓬牕底，飛上青天妬落花。」出蜀後每憶舊游，多見賦詠。有云：「金鞭朱彈憶春游，萬里橋東罨青樓。夢倩曉風吹不斷，書憑春雁寄無由。鏡中額鬢今如此，席上賓朋好在否。篋有吳箋三百個，擬將細字寫春愁。」（《齊東野語》）

你看張淵以高價由建康至成都買妾，猶如現在一般闊官僚大資本家，要討小老婆，往往以重金到蘇州買小家碧玉來充下陳的，是一樣情形。又惹得我們大詩人陸放翁眷念流連若此。西川美人，你看她魔力是何等偉大！

二、杭州

杭州自唐代白樂天、元微之先後宦遊於浙，政事餘暇，頗事聲妓。而杭妓聲光，漸著於世。商玲瓏餘杭歌者，白樂天治郡日，賦醉歌示之。好好杭州官妓，巧於應對，善歌舞。白樂天嘗代好好答崔員外詩。陳寵沈平皆杭妓。樂天〈霓裳羽衣歌〉云：「移鎮錢塘第二年，始有心情問絲竹。玲瓏箜篌謝好箏，陳寵觱栗沈平笙。」（俱見《白香山全集》）這都是白樂天等流連聲妓情形。

到了宋朝，遊覽尤甚。《萍州可談》說：「杭州繁華部使者多在州置司，各有公帑。州倅久者廳公事分委諸曹倅，號無事。日陪使府外台賓飲。東坡倅杭，不勝杯酌。諸公欽其才望。朝夕聚首，疲於應接，乃號杭州為『酒食地獄』。」

所以東坡在杭，倚翠偎紅，豔史尤多，幾與樂天相埒。東坡詩：「休驚歲歲年年邈，且對朝朝暮暮人。」其風流可想了。

又《堅瓠集》說：「西湖之盛，起於唐，至南宋建都，游人仕女，畫舫笙歌，日費萬金，目為銷金鍋。元上元熊進德作〈竹枝詞〉云：『銷金鍋邊瑪瑙坡。爭似儂家春最多。蝴蝶滿園飛不去，好花紅到翦春蘿。』」

杭州繁華，由此可以想像了。

三、蘇州

蘇州自唐及宋數百年未遭兵燹，加以土地肥美，風景秀麗，故自古產生佳人，到唐時漸著。

《吳郡圖經續記》：「自本朝承平，民頗饒澤，垂髫之兒，皆知翰墨，戴白之老，不識戈矛。原野腴沃，常獲豐穰。澤地沮洳，寢以耕稼。境無劇盜，里無奸人。所謂天下之樂土也。」

《吳中紀聞》：「吳中自唐歷五代，數百年不見兵革。」

唐朝最著名的美人，就是真娘。《青樓小名錄》說：「真娘，吳國之佳人也，時人比於錢塘蘇小小。死葬吳宮之側，墓多花草。風雨之夕，時聞絃歌之音。行客慕其華麗，題詩墓樹。舉子譚銖書絕句於其處曰：『虎邱山下塚纍纍，松柏蕭蕭盡可悲！何事世人偏重色，真娘墓上獨題詩？』」（真娘事亦見《吳地記雲溪友議》），唐代詩翁白居易、李紳、張祜、李商隱都有詩贊美她。是真娘在唐朝，已傾動一時了。

又唐代白居易官蘇州刺史，眷戀蘇州娼妓形諸歌詠者最多。心奴，蘇州妓，樂天詩云：「真娘墓前春草碧，心奴頭上秋霜白。就中唯有楊瓊在，堪上東山伴謝公。」又詩云：「心奴已死胡容老，後輩風流是阿誰。」李娟、張態，蘇州妓。樂天〈憶舊游詩〉：「江南舊游凡幾處，就中最憶吳江隈。李娟張態一場夢，周五殷三歸夜台。」又云：「李娟張態君莫嫌，亦擬隨宜且教取。」因樂天之戀愛吳姬，吳姬美麗之名，乃大著於世，至今不衰，是值得我們注意的。

到了宋朝踵事增華，吳門畫舫制度，似已完備。

蘇學士九月五日夜出盤門，泊於湖間，促成密會，坐上書呈黃尉七古云：

紗油幞見黃金鈎，貝璣觀落不流流。澄澄媚影動波上，的的遠勢橫沙頭。
前山漸昏彈唱息，唯有疏葦迎窮秋。余方弭楫對此景，時欲乘興長城游。
青蛾落槳忽遠至，雖有雅約猶含羞。綠舟鮮明四牕闢，蘭酻辛浸嘉賓留。
歌餘清冽貫眾耳，笑動姿采生香構。玉盤膾鱸光一色，釘簇殽核隨所搜。
酒杯參倒氣逾洽，我起飲子子必酬。共知此會不易得，邂逅得此難再求。
區區方知自勞役，撲撲塵俗多悲憂。已醉更歌又起舞，明日分散空離愁。

詩中所云乘船，疑即後代燈船「青娥蕩槳」二句，恐怕就說的船娘。「歌餘清冽」二句，就說的船妓。「玉盤膾鱸」二句，就指的船菜罷。清代最著名的蘇州山塘畫舫，所謂梢婆船妓船菜，在蘇學士詩中，件件都描寫出來。蘇州在宋代聲妓游宴盛況，可以想見了。

四、揚州

揚州在唐朝，最為繁盛。

宋洪邁《容齋隨筆》：「唐代鹽鐵轉運使在揚州，盡幹利權，判官多至數十人，商賈如織。故俗諺稱為揚一益二。謂天下之盛，揚為一而蜀次之也。」唐于鄴《揚州夢記》說：「揚州勝地也。每至城向夕娼樓上常有紗燈無數，輝耀羅列空中。……九里三十步街中，珠翠填咽，邈若仙境。」唐代詩人歌詠揚州亦甚多。張祜詩云：「十里長街市井迷，月明橋上看神仙。人生只合揚州死，禪智山光好墓田。」王建詩云：「夜市千燈照碧雲，高樓紅袖客紛紛。為今不是承平日，猶自笙歌徹曉聞。」徐凝詩云：「天下三分明月夜，二分無賴是揚州。」

揚州聲妓繁華，既如此之盛，故一般詩人冶游於此者，豔史尤多。

牛僧儒鎮淮南，辟杜牧為書記。牧宴游無虛夕，每出游後有卒三十人，易服隨後潛護，僧儒之密教也。牧所至成歡，無不會意，如是者數年。（于鄴〈揚州夢〉）

溫庭筠在揚州冶游，乞食揚子院，犯夜，為虞候所擊，敗面折齒。（《舊唐書》本傳）

因為一般詩人在揚州冶游，形諸歌詠者日多。揚州乃成為歷史上烟花粉黛之地了。

宋代揚州，似已由極盛而漸衰。

王象之《輿地紀勝》說：「自淮南大江之西，南至五嶺，蜀漢十一路百州遷徙貿易之人，往還皆出揚州之下。舟車日夜灌輸京師者居天下十之七。」洪邁《容齋隨筆》又說：「揚州自畢師鐸孫儒之亂，蕩為邱墟，揚行密復葺之，猶成壯藩。又毀於顯德。（周世宗年號）本朝承平，百七十年，尚不能及唐十之一。今日真可酸鼻也。」依洪氏說，則揚州至宋時已衰敗。《輿地紀勝》所述盛況，大約是唐以來情狀。

唐代揚州，不僅為政治中心，（淮南節度使駐揚州）且為中外商業的中心。唐代揚州，常有波斯賈胡店。（見謝潮《肇五雜俎》）田神功兵至揚州，大掠居人。……大食波斯賈胡死者數千人。（《舊唐書・田神功傳》）當時外商群聚，揚州既多狹斜曲巷，賈胡流連亦不少。唐崔涯嘲妓詩曰：「雖得蘇方木，猶貪玳瑁皮。懷胎十個月，生下崑崙兒。」

近人陳裕菁說：「涯久游維揚，每題詩娼肆，立時傳誦。此詩蓋嘲揚妓之款接蕃客者。當時揚州為蕃客群聚之所，娼女貪其豪富，因而納款者，勢必有之。蘇方玳瑁，均番貨。崑崙兒言所生胡種也。今妓女多接西人為諱，當時妓女，計亦有此心理，故涯以此嘲之。」陳氏這幾句話，說得很對的。

第十四節　遼金元之娼妓

遼代內族外戚世官，犯罪者家屬沒入瓦里，即前朝官奴婢官妓之變相。《遼史・百官志》說：「某瓦里抹鶻。」《國語解說》：「抹鶻瓦里為官十二。」《官職名》云：「某瓦里內族外戚世官犯沒入瓦里。」《營衛志》說：「藉沒著帳戶給官皆充之。」《兵志》說：「官衛有瓦里七十四。」《刑法志》說：「首惡之屬，沒入瓦里。」

此後宋代娼寮，時有「瓦子」之名，見於記載，（《如武林舊事》、《夢粱錄》、《都城紀勝》諸書）就是沿用遼的名稱。而燕山娼妓，都以子為名，冬夏皆著棉裙，此風歷元明不衰。莊綽《雞肋篇》：「燕山娼妓。皆以子為名。若香子，花子之類。無論寒暑。必繫棉裙。」是遼也是有娼妓的。

金代有「監戶」、「官戶」，而各地娼妓亦多。

《金史・食貨志》說：「凡沒入官良人隸宮籍監為監戶。沒入官奴婢隸太府監為官戶。」又說：「本戶，漢戶，契丹戶，餘謂之雜戶」，無樂戶之目。而《百官志》說：「宮監掌內外『監戶』地土錢帛大小差。總其教坊提點自隸宣徽院。」金章宗皇后即監戶李湘之女。（《金史・后妃傳》）金代所謂「監戶」、「官戶」，猶如唐代罪人家屬沒入掖庭的一樣，亦即唐代之宮妓。《青樓小名錄》說：「青梅兒，通州妓，大定（金主亮年號）甲辰王寂馳驛過通守開東閣，出樂人宴席。梅兒明眸皓齒，非妖歌嫚舞者可比。怪其服色與噌等伍，或謂其占籍未久，不得峻極上游，寂因感其事，擬其姓名作長短句記之。」

照這樣看，金代官吏狎妓飲酒，也是一件很平凡的事了。

金劉祁《歸潛志》說：「御史大夫合住因事過宿州，牙虎忽帶鎮宿泗，飯之酒肉，使妓歌於前。及夜又使其妓侍寢。遲明合住將發，使妓徵錢，合住愕然。牙虎忽帶強發其篋，取繒帛悉以付妓。曰：『豈有官使人而不與錢者乎？』合住無以對而去。故司農御史，皆不入其境避之。」

又說：「宿州有營妓數人，皆牙虎忽帶所善者，時使一妓佩銀符屢往州郡取賄賂。州將夫人皆遠避。號『省差出行』。省厚贈之。」

「官使人不與錢」，大約在金朝狎妓官吏是常事。所以牙虎忽帶使妓徵錢。合住愕然，「強發六篋取繒帛悉以付妓」，免得下次再有同樣向妓女打抽風的事發生。這倒是一件很痛快的事。牙虎忽帶總算是一個忠實護花鈴了！「使妓女佩銀符往州郡取賄賂」，這倒也是一件空前的舉動。金代娼妓，總算很出風頭。但當時政治混濁，可想而知。是金朝京內外都是有娼妓的。

元代亦有官妓。蓋土娼流娼因籍之。（用清人俞理初說）京師娼妓仍沿前代制度，隸屬教坊。《灤京雜詠》注：「儀鳳司天下樂工隸焉。每宴教坊。美女必花冠錦繡，以備供奉。」不是明白證據嗎？《青樓集》說：「王金帶鄧州王司知娶之，生子矣，有讚之於伯顏太師者，欲取入教坊承應。王因一尼為介，近問太師夫人乃免。」是元代可以隨意取良家女子入教坊承應的。《箕谷筆談》說：「玉堂設宴歌妓羅列。

有名賢後，賣入娼家。姚文公遣使詣丞相三寶奴請為落籍，承相素重公，意欲以侍巾櫛，即令教坊檢籍除之。」是元代妓女從良，必定經過「教坊」落籍手續的。

元代妓女為尼入道者亦甚多。

活佛奴，歌兒也，姿色秀麗，嘉興富戶濮樂閒以中統一千錠，娶為妾。一日，濮語佛奴曰：「吾老矣，非久於人世者。汝宜善事後人。」佛奴亦泣下，誓無二志。既而濮死，佛奴獨居尼寺，操行潔白，以終其身。（《輟耕錄》）

汪憐憐，湖州名妓也，涅古伯經歷嘗屬意焉，……乃遣媒妁備財禮娶之。經三載死。汪髡髮尼寺。時公卿士大夫有往訪之者，汪故毀其身形以絕狂念。卒老於尼。（《輟耕錄》）

李真童，張奔兒女也，十餘歲即名動江浙，色藝無比。達天山檢校浙省，一見遂屬意焉。周旋三載，達秩滿赴都，且約明年相會。李遂為女道士，杜門謝客，日以梵誦為事，達備禮娶之。後達沒，復為道士，節行愈厲。（《青樓集》）

李當當，元教坊名妓，姿藝超入流輩。忽翻然有悟，遂著道士服。段天祐贈以詩曰：「歌舞而今第一流，洗妝拭面別青樓。便隨南岳夫人去，不為蘇州刺史留。譎館月明簫鳳下，吟窗雲散鏡鸞收。卻嫌癡絕潯陽婦，嫁得商人已白頭。」（《堅瓠集》）

連枝秀，京師名妓也。逸人風高老點化之，遂為女道士。（《青樓集》）

李翠娥淮揚名妓也。長道詩書，自以身隸樂籍，怨恨殊不聊生。束髮簪冠，披道士服，持疏謁揚州總管陸安之，懇賜一言為援軍。陸作檄文一道授之。李遂終其身於洞岳觀。（《覓燈因話》）

元妓亦有富於才情的：

梁園秀，歌兒也，才藝精妙，喜文墨，能作樂府詞，吟小詩亦佳。字書楷正。（厲鶚《玉台書史》）

羅愛卿嘉興名妓。郡中名士嘗以季夏望日會於鴛湖清虛閣避暑，玩月賦詩。愛卿先成四首，座間皆擱筆。（《剪燈新話》）

至元二年雲間陸安之為揚州總管，一日召名娼李翠娥至，命之歌，對曰：「幼時未習。」陸愕然：「然則所習何事？」曰：「學讀史漢等書。」陸曰：「汝能識字，必能賦詩。」指庭前梅為題。翠娥口占曰：「粲粲梅花樹，盈盈似玉人。甘心對冰雪，不管艷陽春。」陸奇之，乃賜之坐。後為女道士。（《覓燈因話》）

張玉蓮文雅彬彬，南北今詞，即席成賦。審知音律，時無比焉。（《青樓集》）

元代所謂才妓，僅此寥寥數人，擬之唐宋，真如小巫見大巫哩。

元代官吏，亦有因狎妓免職的。

金鶯兒，山東名妓。賈伯堅任山東僉憲，一見屬意。後除西台御史不能忘情，作〈醉高歌紅繡鞋曲〉以寄之。由是台端知之，被劾而去。至今山東以為美談。（《青樓集》）

而元代官吏奉迎娼妓之豪侈，亦頗駭人聽聞，

順時秀平生與王元鼎密偶，疾思得馬扳腸。王即殺所騎駿馬以啗之。（《青樓集》）

其尤令人失笑者，莫如倪瓚宿妓及楊廉夫妓鞋行酒。

明顧元慶《雲林遺事》說：

「雲林（倪瓚字）嘗眷趙買兒，留宿別業。疑其不潔，俾之浴，且捫且嗅。復俾浴不已。竟夕不交而罷。趙談於人，每為絕倒。」

「楊廉夫耽好聲色。一日與倪瓚會飲友人家。廉夫脫妓鞋置酒杯其中，使座客傳飲，名曰鞋杯。倪素有潔癖。見之大怒，翻案而起，連呼齷齪而去。」

倪瓚之「阿木林」行為，楊廉夫之「惡作劇」，吾儕生數百年後，尤為絕倒，何況當時呢？

元代又有不同於唐宋的，就是遊客狎妓純以歌舞為中心。試以《青樓集》所載妓女事實列舉如下：

曹娥秀——賦性聰慧，色藝俱絕。

劉燕歌——善歌舞。

喜春景——色不逾中人，而藝絕一時。

聶檀香——姿色嫵媚，歌韻清圓。

周人愛——色姿藝並佳。

王玉帶、馮六六、玉榭燕、王庭燕、周獸頭——皆色藝雙絕。

王金帶——色藝無雙。

王蓮兒——端巧慧麗，歌舞談諧，悉達其妙。

國玉第——尤善談謔，長於綠林雜劇。

賽簾秀——中年雙目皆無所覩，聲遏行雲，乃古今絕唱。
王巧兒——歌舞顏色，稱於京師。
樊秀歌——妙歌舞，善談謔。
楊買奴——美姿容，擅謳唱。
張奔兒——姿容豐格，妙於一時。
李嬌兒——姿容姝麗，意度閑雅。
賽天香——善歌舞，美風度。
趙梅哥——美姿色，善歌舞。
張繼娶、和當當——貌雖不揚，而藝甚絕。
陳婆惜——善彈唱，聲遏行雲。然貌微陋，而談笑風生，應對如流。
米里哈——回回旦色，妙入神品，貌雖不拘，而專工花旦雜劇。
顧山山——資性明慧，技藝絕倫。
李真童——十餘歲即名動江浙，色藝無比。
一分兒——京師名妓也，歌舞絕倫。
劉婆惜——頗通文墨，滑稽善舞，迥出其流。
事事宜——姿色歌舞悉妙。
般般醜——善詞翰，達音律。

從上面看來，滿紙都是「妙歌舞」、「善歌舞」、「歌藝絕倫」、「歌舞悉妙」等等字樣。又如楊買奴則姿容謳唱並舉，趙梅哥則姿色歌舞並列。又如完全以姿容稱的，李嬌兒、張奔兒皆善「花旦雜劇」，一名「溫柔旦」，一名「風流旦」。又如和當當則稱她為「貌雖不揚，而藝甚絕」。賽簾秀則稱她雙目皆無所覩，而「聲遏行雲，古今絕唱」。陳婆惜則稱她「貌微陋，而善彈唱，聲遏行雲」。米里哈則稱她「貌雖不拘，回回旦色妙入神品」。足見元人游娼，純粹側重「彈唱歌舞」。色藝無雙是再好沒有的。倘有藝無色，仍然可出出風頭。僅僅有姿色，在元朝是不配當娼妓的。又看這個表。「尤善談謔」、「談笑風生」、「應對如流」時時見於字裏行間，足見「談笑詼諧」，亦為元代所重的，我們可以斷定元代士大夫狎妓目的，以妓能彈唱歌舞為最上，善「談謔」者次之，僅有「姿容」者又次之。

又考遼金兩朝娼妓事蹟甚少。元代娼妓似較遼金為盛。擬唐宋則又不及。且「營妓」、「官妓」名稱，見於記載的甚少。初嘗不解其故，現在我以為與「奴隸制度」有絕大關係的。奴隸來源，大約不外「賣買」、「罪犯」、「俘虜」三種。我國「俘虜奴隸」最盛，大約在異族入主中原時代。遼金元不是異族嗎？

《中州集》說：「遼人擄中原人及奚渤海諸國人口，皆分賜親近或有功者。大至二州，少亦數百，皆為奴婢，輸租為官，且納課給其主，謂之二稅戶。」

《續文獻通考》說：「金制女真為本戶，漢人及契丹為雜戶。明安穆昆奴婢免為良者止隸本部為正戶。沒入官良人籍隸宮監者如監戶。沒入官奴婢隸大府監者為官戶。凡漢人渤海人不得充明安穆昆戶。」

是遼金二朝俘虜漢人為奴隸者當然很多。至元代奄有中國全部，其俘虜華人為奴隸，尤駭人聽聞。《元史‧張雄飛傳》說：「阿爾哈雅行省荊湖以降民三千八百戶沒入為家奴，自置吏治之，歲收其租賦，有司莫敢問。雄飛為宣撫使奏之，乃詔還籍為民。」

《元史．世祖本紀》說：「至元十七年詔覈阿爾哈雅等所俘三萬二千餘人，並赦為民。元初諸將莫不多掠人民為私戶，以阿爾哈雅為最甚。」（參看趙翼《廿二史箚記》卷三十）

《輟耕錄》說：「今蒙古色目人之臧獲，男曰奴，女曰婢，總曰驅口。蓋國初平定諸國日，以俘到男女匹配為夫婦，而所生子孫永為奴婢。又有曰紅契買到者，則其原主轉賣於人，立券投稅者是也。奴或致富，主利其財，則俟稍有過犯，杖而錮之，席捲其財而去：名曰抄估。亦有自願納其財，以求脫免奴籍，則主署執憑付之，名曰放良。私宰牛馬杖一百，毆死驅口比常人減死一等，杖一百七。所以視奴婢與牛馬無異。……」

你看蒙古色目人待遇驅口何如？驅口在社會上地位又何如？我華族當時受異族壓迫，其痛苦可想而知。我國娼妓來源，本有一部分是奴隸罪犯。到了遼金時代，奴隸盈千累萬，主人對奴隸有如牛馬，要怎樣便怎樣，盈天都是娼妓，妓已失地位。遼金時娼妓甚少，恐怕就是這個原因罷。但遼金僅佔據黃河流域，疆域與宋朝犬牙相錯的地方，如泗宿州等地，猶有營妓。（見劉祁《歸潛志》已見前引）元人統一中原，兵力國力，視遼金為強盛，驅口遍於中國本部。當時達魯花赤遍於路府州縣，蒙古色目人分佈中原。徐大焯《燼餘錄》說：「方元之定鼎也，編二十家為甲，以壯人為甲主。衣服飲食惟所欲，童男少女惟所命。自盡者不知凡幾。」

又《元典章》說：「蒙古打漢人不得還。」娼妓原有一部分是奴隸轉成的，本在社會上為最賤階級。今全國民在異族暴力之下。完全成為奴隸。當時全中國女子幾都變為娼妓，或且不如娼妓了。我的意思，當元代初入中國，奴隸最盛時期，所有唐宋「官妓」、「營妓」制度必已破壞無餘。當時我國民生息於鐵騎縱橫之下，中原幾化為游牧部落，憔悴憂傷。《燼餘錄》所說：「自盡者不知凡幾」，當係事實。娼妓受異族蹂躪，更不待言。故元代娼妓為「女尼」、「女冠」的很多。大家皆想遁入空門，避此慘劫。江浙號烟花繁盛之邦，元中葉以前，士大夫狎妓，亦為罕聞之事。到了後來顧仲瑛築玉山草堂，楊廉夫、倪元鎮、柯九思、張伯雨、于彥成嘗寓其家，流連觴詠，挾妓遨游。這時候已當元末。順帝荒淫無度，法綱漸弛，一般蒙古色目人居住中原者已為我所同化。娼妓事業，亦漸漸恢復到唐宋時代狀況了。

第十五節　元代妓女與曲

元朝可算是曲的時代。自元以前若宋之「雜劇詞」、「鼓子詞」、金之「諸宮調」、「搊彈詞」、「連廂詞」花樣日新，均不過為元曲之前驅。自元而後，最著名與元曲相抗衡者，有明代傳奇，表面上看來也曾轟動一時，與元曲分庭抗禮，實際亦僅為元曲之尾聲而已。明李開先、張小山《樂府》序說：「洪武初年親王之國，必以詞曲千七百本賜之。」姚士粦亦說：「湯海若藏有元院本千種。」是元代曲本流行於世的原來很多，以後逐漸散佚。現在元人北曲「雜劇」存者共一百十七種。（元曲選百種，近影印元劇三十種，中有十七本為臧選所無，故云一百十七種。）北曲院本存者一種，即《西廂記》。南曲院本不少，然有多數不知作者姓名。其有姓名者，亦多無事蹟可考。一班文人，落拓無聊，則寄興於「曲」，以發牢騷不平之氣。一時風尚所趨，作者踵起。其流傳者不過十之二三，湮沒的殆十之八九哩。總之元朝一代曲家最盛，上自宰相名儒，下至倡夫走卒，無不能曲的。

《太和正音譜》引吳興趙子昂說：「良家子弟所扮雜劇，謂之行家生活，娼優所扮謂之戾家把戲。蓋以雜劇出於鴻儒碩士騷人墨客所作，皆良家也。彼娼優豈有辦此？故關漢卿以子弟所扮，是我一家風月，雖復戲言，甚合於理。」

照這一段看來，當元時騷人墨客，良家子弟，都是自己撰曲，自己扮演的。但因為雜劇流行於娼優方面，日漸日多，娼妓一方面自行扮演，但耳濡目染，元妓能作「散曲」的很多。擅「雜劇」者亦有其人。如珠簾秀、順時秀、解語花等皆是表表者。促成元曲成為黃金時代，「戾家把戲」「行家生活」兩俱有功。這兩句話不能說沒有理由罷。現在略舉幾個善撰曲或歌曲的娼妓如下：

一、作曲的

一分兒姓王氏，京師名妓。一日丁指揮會才人劉士昌等於江鄉園小飲，王氏佐樽。時有小姬歌菊花會南呂曲……丁曰：「此〈沈醉東風〉首句也。王氏可足成之。」王應聲曰：「紅葉落如龍退甲，青松枯怪蟒張牙。可詠題，堪描畫。喜觥籌席上交雜答刺。蘇頻斟入禮廝麻。不醉呵，休扶上馬。」一座歎賞。由是聲價愈重焉。

劉婆惜，樂人李四妻也，避夫偕客宵遁，事覺決杖。劉負愧將之廣海居焉。道經贛州謁郡監全子仁時，賓朋滿座。全帽上簪青梅一枝行酒。全口占〈清江引〉云，「青青子兒枝上結」，令賓朋續之。眾未有對者。劉歛衽進前曰：「能容妾一辭乎？」全曰：「可。」劉應聲曰：「青青子兒枝上結，引惹人攀折，其中全子仁，就裡滋味別，只為你酸留意兒難棄舍。」全大稱賞。由是顧寵無間，納為側室。（以上《青樓集》）

朱簾秀，行第四，雜劇為當今獨步。盧學士疏齋送別時曾作〈雙調落梅風〉一闋……珠簾秀答之曰：「山無數，烟萬縷，憔悴殺玉堂人物。倚蓬牕，一身兒活受苦，恨不隨大江東去。」（《青樓集‧顧曲麈談》）

二、歌曲的

虞伯生集在翰苑時，宴散散學士家。有歌兒順時秀者唱〈折桂令〉云：「博山銅，細裊香風，兩道紗籠，燭影搖紅。翠袖殷勤，來捧玉鐘。半露春葱，唱好是會受用。文章鉅公，綺羅叢，醉眼朦朧。漏轉銅龍，夜宴將終，十六簾櫳，月上梧桐。」一句兩韻，名曰短柱，極不易作。（《顧曲塵談》）

姚牧庵燧在翰林承旨日，玉堂設宴，歌妓羅列。中有一人秀麗閒雅，牧庵命歌，遂引吭歌曰：「奴本是明珠擎掌，怎生的流落平康。對人前喬做作嬌模樣，背地裡淚千行。三春南國憐飄蕩，一事東風沒主張。添悲愴，那裡有珍珠十斛，來贖雲娘。」蓋解〈三醒曲〉也。牧庵感其詞之悲，益使之近前。問其履歷，泣而言曰：「妾乃建寧人真西山之後人，父官朔方，侵貸公款，無所償，遂賣入娼家，流落至此。」乃遣使白丞相三寶奴請為落籍，語一小史黃棣曰：「我以此女為汝妻，女即以我為父也。」小史忻然從命。後史亦至顯官，夫婦偕老。（《顧曲塵談》）

解語花，姓劉氏，廉野雲招盧疏齋、趙松雪飲於京城外萬柳堂。劉左手持荷花，右手舉杯，歌〈驟雨打新荷〉曲：「綠葉蔭濃，徧池亭水閣，偏趁涼多。海榴初綻，朵朵蹙紅羅。乳燕鷀鶯弄語，對高柳鳴蟬相和。驟雨過似瓊珠亂撒，打遍新荷。」此曲為元遺山所作，當時名妓多歌之。（《顧曲塵談》）

元代冶遊客人，完全注重是坊曲中娼妓「歌舞彈唱」。今試節錄青樓集所載者如下：

趙真真、楊玉娥——善唱諸宮調。
順時秀——雜劇為閨怨最高。駕頭諸旦本亦得體。
南春宴——長於駕頭雜劇，姿容偉麗。
秦玉蓮、秦小蓮——善唱諸宮調，藝絕一時，後無繼之者。
司燕奴——精雜劇。
天然秀——閨怨雜劇，為當時第一手。花旦駕頭，亦臻其妙。
國玉第——長於綠林雜劇。
天錫秀——善綠林雜劇。
王奔兒——長於雜劇，然身背微僂。
平陽奴——精於綠林雜劇。
趙偏惜——旦末雙全。
韓獸頭——亦善雜劇。
王玉梅——雜劇精致。
李芝秀——記雜劇三百餘段。
朱錦繡——雜劇旦末雙全，而歌聲墜梁塵。
小玉梅——女匾匾資性聰明，能雜劇。
趙真真——善雜劇。
李嬌兒——花旦雜劇特妙。
張奔兒——善花旦雜劇。
（時人目奔兒為「溫柔旦」，李嬌兒為「風流旦」。）

芙蓉秀——能雜劇。
翠荷秀——雜劇為當時所推。
汪憐憐——善雜劇。
米里哈——貌雖不揚，而專工花旦雜劇。
顧山山——花旦雜劇猶少年時體態，後輩且蒙其指教。
李芝儀、女童童——善雜劇。
張七樂——善雜劇。
簾前秀——雜劇甚妙。
燕山秀——旦末雙全，雜劇無比。
荊堅堅——工於花旦雜劇。
李定奴——歌喉宛轉，善雜劇。

——以上雜劇

解語花——尤長於慢詞。
小娥秀——能慢詞。
王玉梅——善唱慢詞。
李芝儀——尤善慢詞。
孔千金——善撥阮，能慢詞。

京繁庶，歌台舞席，競睹新聲。……其後東坡、少游、山谷輩，相繼有作。慢詞遂盛。」則慢詞是宋代產物了。王國維《宋元戲曲史》說：「其所以名諸宮調者，則由宋人所用大曲轉踏，不過一曲，其在同一宮調中甚明。唯此編（指董解元《西廂》）諸宮調中多或十餘，曲少或一二曲，即其他宮調，合若干宮調以詠一事，故謂之諸宮調。」又說：「董解元《西廂》，胡元瑞、施北研筆記中均有考訂，訖不知為何體。沈德符《野獲編》且妄以為金人院本模範。以余考之，確為諸宮調無疑。」依王說，則「諸宮調」確為金代產物。明祝允明《猥談》說：「南戲出於宣和之後，南渡之際，謂之溫州雜劇。」劉一清《錢塘遺事》說：「賈似道少時佻撻尤甚，自入相後猶微服閒行，或飲於妓家。至戊辰己巳間，王煥戲文甚行於都下，始自太學有黃可道者為之。」葉子奇《草木子》說：「俳優戲文，始於王魁，永嘉人作之。」王國維以為：「宋官本雜劇中有王魁三鄉題，其翻為戲文，不知始於何時。要在宋亡百數十年前。至以戲文為永嘉人作，亦非無據。」又說：「以余所考，則南戲出於南宋之戲文，與南宋雜劇無涉。唯其與溫州有關係，則不可誣也。」（《宋元戲曲史》）是「南戲」又源於南宋。觀「南戲」、「諸宮調」、「慢詞」元代娼妓猶能誦習，與「雜劇」並行於世，則元代戲曲界之兼容並包可知，其為戲曲燦爛之社會又可知。

第二，元代戲曲以「雜劇」為中心。王國維說：「雜劇之為物，合動作，言語，歌唱，三者而成。」又說：「元代雜劇，視前代戲曲進步有二：（一）每劇折數有定，每劇皆用四折，每折易一宮調，每調中之曲，必在十曲以上。比大曲宋大曲為自由，而較諸宮調為雄肆。金諸宮調，且於正宮〈端正好〉共十四曲，皆字句不拘，可以增減，此樂曲之進步。（二）由敘事體變為代言體。宋人大曲。就現存者觀之，皆為敘事體，金諸宮調雖有代言之處，而大體只可謂之敘事，而曲文全為代言。雖宋金時，或當已有代言體之戲曲，就現存者言之，則斷自元代始。不可謂非戲曲之進步也。此二者進步，一屬形式，一屬材質。二者兼備，而後我國之真正戲曲出焉。」

看了上面的表，「善雜劇」、「精雜劇」、「長於雜劇」、「雜劇特妙」、「雜劇為當時所推」、「雜劇無比」、「閨怨雜劇為當時第一」等等話頭，時時刺於吾人眼簾，則知當時娼妓幾無一人不通「雜劇」，又知元集宋金之大成，號稱戲曲黃金時代，實為「雜劇」。一般娼妓誦習傳播之功，絕不可沒。「戾家把戲」與「行家生活」，實有異曲同工之妙。當時娼妓能「度曲」、「歌曲」日多，「娼夫」亦染其流風，通詞藻的亦不少。如張國賓為教坊管勾，有〈汗衫記〉，〈衣錦還鄉〉，〈羅李郎〉，〈薛仁貴〉諸劇。紅字李二為教坊劉耍和之婿，有〈武松打虎〉，〈病楊雄〉，〈黑旋風〉諸劇。花李郎亦劉耍和之婿，（或云即李二，未知是否）有〈相府院〉，〈釘一釘〉，〈勘吉平〉諸劇。我看古今最不守舊，隨時代風氣為轉移者，莫如娼妓。時代尚詩，則能誦詩，作詩；時代尚詞，則能歌詞作詞；時代尚曲，則能歌曲作曲。我看了唐宋元詩妓，詞妓，曲妓，多如過江之鯽，乃知娼妓，不但為當時文人墨客之膩友，且為贊助時代文化學術之功臣。我們還忍心以賤隸婢子待遇她們嗎？

第十六節　明代初年之娼妓

明太祖設富樂院於乾道橋，以大火復移武定橋。又以各處將官妓飲生事，盡起妓女赴京入院。（見劉辰《國初事跡》）是為明代有官妓之始。其來源是怎樣呢？

祝明允《猥談》說：「奉化有所謂丐戶，俗謂之大貧，聚處城外，自為匹偶，良人不與接，皆官給衣糧。其婦女稍妝澤，業枕席，其始皆宦家，以罪殺其人而籍其牝。官穀之而征其淫賄，以迄今也。金陵教坊稱十八家者亦然。」

王漁洋《池北偶談》說：「金陵舊院有頓脫諸姓，皆元人後，沒入教坊者。順治初余在江寧，聞脫十娘者，年八十餘風尚在，萬曆中北里之尤也。」

《三風十愆記》〈記色荒〉說：「明滅元，凡蒙古部落子孫流竄中國者，令所在編入戶籍。其在京省謂之樂戶。在州邑謂之丐戶。」

看了以上所引，知明代「官妓」來源，為「罪犯」、「俘虜」二種女子無疑。我們再拿明初臣工奏章來看：

> 洪武初以旱求言，劉基奏言：「吳士卒物故者，其妻悉屬別營，凡數萬人，陰氣鬱結。吳將士降者皆編軍戶，足干和氣。」（《明史・劉基傳》）
>
> 洪武二十一年解縉上封事萬言：「……太常非俗樂之所肄，官妓非人道之所為。禁絕娼優，易置寺閹。……婦女非帷薄不修，毋令逮繫。今之為善者，妻子未必蒙榮，有過者裡胥必陷其罪。況律以人倫為重，而有給配婦女之條。取之於不義，則又何取夫節義哉。……」（《明史・解縉傳》）

是明初洪武時以「舊樂籍人」及「擒獲降附人」為「樂人」，已很明白。

至明成祖盡發建文諸忠，妻女親戚入教坊，荼毒衣冠最為野蠻殘酷。

《教坊錄》說：「永樂十一年本司鄧誠奏：有姦惡鐵鉉家小妮子，奉旨依都由他。」又《國朝典故》云：「鐵鉉妻楊氏年三十五，送教坊司，勞大妻張氏年五十六，送教坊司，張氏旋故。教坊司安政於奉天門奏：奉聖旨分付上元縣抬出門去，著狗吃了，欽此。」又《南京司法記》云：「永樂二年十二月教坊司題：卓敬女、楊奴牛、景劉氏合無照依謝昇妻韓氏例，送洪國公轉營姦宿。又永樂十一年正月十一日教坊司於右順門口奏齊泰婦及外甥媳婦又黃子澄妹四個婦人每一日夜二十餘條漢子看守著，年少的都有身孕，除生子令作小龜子，又有三歲女子，奏請聖旨。奉欽依由他。不的到長大便是個淫賤材兒。又奏：黃子澄妻生一小廝，如今十歲，也奉欽依都由他。」又《玉光劍氣集》云：「方正學家在雨花台下，以雙梅樹為記。其女流發教坊，遂隸籍焉。年年登台望酎，迨地入梅都尉家而酎絕。李道父為郎中落其籍，嫁商人湯若士，後訪其墓，購田祀之。」又《露書》云：「豬市伶人徐雲望善別古器，其祖牛某不從靖難之師，子孫發教坊。甲辰有詔（永樂二十二年仁宗即位時）許自陳，公望因得除籍，仍祖姓。」又《亘史》云：「林雲儀其先林某殉節建文之難，籍其孥入教坊司。今苗裔寢衰，淪於執巾司箧之流。」

清章學誠說：「前朝虐政，凡縉紳籍沒波及妻孥，以致詩禮之家，多淪北里。」（〈婦學〉）即是指的明朝這種事情。《弇州史料》所說：「仁宗即位御札，建文中姦臣家屬初發教坊錦衣衛浣衣局習匠功臣家奴，今有存在，並宥為民，給還田土。」然死者不可復生，墮落者難以挽回，事過情遷，恐亦無多補救罷。

明洪武時又有酒樓制度，類似宋代東南佳麗樓，而範圍又擴大。

> 明姜明叔《蓉城詩話》說：「國初於金陵聚寶門外建輕烟、淡粉、梅妍、柳翠等十四樓，以聚四方賓客。觀揭孟同詩可知國初縉紳宴集，皆用官妓，與唐宋不異。後始有禁耳。永樂中晏鐸金陵元夕詩：『花月春風十四樓。』今諸樓皆廢。南市樓風尚存。」

清甘熙《白下瑣言》說：「南市樓為前明十四樓之一，以處官妓，在斗門橋東北，今通太倉巷，尚呼其名，當街小樓一所，為守夜者所居，徒識舊跡已耳。」《金陵聞見錄》：「長沙陳太守鵬年拆毀南市樓，改講堂，命父老於朔望講孝、悌、忠、信、禮、義、廉、恥。今斗門橋東名講堂大街。」《二林居集》載：「康熙乙酉六月公（陳鵬年）以南河牘事被議落職，總督阿山必欲殺公，既捃摭無所得，則以公嘗逐群娼，建亭其上，月朔宣讀聖諭，為大不敬，獄成論死。聖祖一日問大學士李光地曰：阿山在官何若？對曰：廉幹果於任事。失民心，獨劾陳鵬年一事耳。聖祖頷之，遂從寬免死。」蓋即拆樓改堂之事也。

我們看了上面所引，第一：知道明代確有「十四酒樓」以處官妓的制度。第二：知道南市樓至明末尚存。第三：知道南市樓規模，至清朝康熙年間，尚宛然存在。至「陳鵬年逐群娼，建亭其上，月朔宣講聖諭」，始完全廢止。所以到了道光末年，甘熙有「徒識舊跡」之說。但是我們對於姜明叔的話，仍然不免有多少懷疑的地方：

一、姜氏說明初縉紳宴集用官妓事，頗有疑竇

談明初娼妓事，最詳實的，要算劉辰著的《國初事蹟》。他說：「太祖立富樂院，令禮房王迪管領，此人熟知音律，又能作樂府。禁文武官吏及舍人，不許入院。只容商賈出入院內。」是明初對於官吏「出入妓院」已明定限制了。又說：「太祖以按察僉事喜山言浙江及直隸府設官店，除官收課，可繼軍用，糾察奸細。後處州任滿拘分官馬合謀詣富樂院宿娼，有禁敗露。太祖曰：『錢穀官必侵盜課稅，所以有錢，查有一百餘名。』太祖曰：『發一半滁州守門。一半辰州參軍處隨軍。』」是官吏「宿娼」，明初又有極嚴厲禁令了。姜氏的話，究怎樣解？或者官吏只能宴集時「召妓侑觴」，而不能「入院宿娼」。則不得而知了。

二、姜氏說酒樓地址及數目，亦不十分正確

十四樓地址，姜氏以為皆在聚寶門外，但其中既有以清江、石城為名的，必定不是全在聚寶門。明周

吉甫《金陵瑣事》說得好：「有十六樓，在城內者曰南市北市，在聚寶門外之西者，曰來賓，門外東者曰主譯，在瓦屑壩者曰集賢曰樂民，在西門中街北者曰鳴鶴，在西街中街南者曰醉仙，在西關南街者曰輕烟曰淡粉，在西關北街者曰柳翠曰梅妍，在石城門外者曰石城曰雅歌，在清涼門外者曰清江曰鼓腹。」

照周氏的話看起來：第一，明初酒樓散佈，金陵城之內外，絕非衡宇相望，聚於聚寶門一處的。第二，酒樓數目，實有十六而非十四。則姜氏的話，不攻自破。其他與姜氏同調的楊用修《藝林伐山》遺南市北市，陳魯南《金陵世紀》遺清江、石城，都是曲就「十四樓」數目，因以致誤的。

第十七節　明中葉以後之娼妓

明代中葉以後，全國娼妓頗盛。謝肇淛《五雜俎》說：「今時娼妓滿佈天下，其大都會之地，動以千百計。其他偏州僻邑，往往有之。終日倚門賣笑，賣淫為活；生計至此，亦可憐矣！而京師教坊官收其稅錢，謂之脂粉錢。隸郡縣者，則為樂戶，聽使令而已。唐宋皆以官妓佐酒，國初猶然。至宣德初始有禁，而縉紳家居者，不論也。故雖絕跡公庭，而常充牣里閈。又有不隸於官，家居而賣奸者，俗謂之『私窠子』，蓋不勝數矣。」謝氏說明中葉娼妓很詳細。依他的話可以證實明代：第一，官妓以外有私娼；第二國家收娼妓稅號「脂粉錢」，有如後世之「花捐」；第三，京師有「教坊」，郡縣有「樂戶」，無形中似已恢復唐宋營妓官妓制度；第四，官吏狎娼有禁，而縉紳家居為例外。

按之實際，明代娼妓最盛的南北兩京，總在嘉靖萬曆以後。

清嚴思慎《艷囮》：「明萬曆之末，上倦於勤，不坐朝，不閱章奏。輦下諸公亦泄泄沓沓。然間有陶情花柳者，一時教坊婦女。競尚容色，投時好以博貲財。」潘之恒《畫史》說：「萬曆丁酉（二十五年），冰筆梅史以燕都妓曲中四十人配葉以代觥籌。東院十九人，西院四人，前門十三人。梅史者，浙水部某所托名也。」又新都梅史為之敘曰：「燕趙佳人，類美如玉，蓋自古艷之。矧帝朝建縣於今為盛。而南人風致，又復襲染薰陶。其艷驚天下無宜。萬曆丁酉（二十五）到庚子（二十八）年間，其妖冶已極。余自辛卯（萬曆十九年）出都，未及寓目。後得梅史葉子，猶可想見其一二人。此帙比金陵蓮台仙會而謔浪過之。此品題固不須莊語耳！萬曆二十八年花朝日敘。」

《畫史》又說：「京師妓女王雪簫號文狀元，崔子玉號武狀元。而薛素素才技兼一時，名動公卿。都人士或避席自覺氣奪。」

《甲乙剩言》說：「京師東院本司諸妓，無復佳者，惟史令吾宅後有薛五素素姿態艷雅，言動可愛。能書作黃庭小楷，尤工蘭竹。下筆迅掃，各具意態。又善馳馬挾彈，能以兩彈丸先後發，使後彈擊前彈，碎於空中。又置彈於地，以左手持弓向地，以右手從背上反引其身以擊地下之彈，百不失一。絕技翩翩，亦青樓中少雙者。」

李曰華題薛素素〈花裡九香〉說：「薛素能挾彈調箏。又善理眉掠鬢。人間可喜可樂以娛男子事種種皆出其手。」（見〈珊瑚網〉）當時北京妓曲中有素素其人，才情色藝，豈亞於南中名妓馬湘蘭、趙麗華、馬文玉諸人嗎？

《梅圃餘談》說：「近世風俗淫靡。男女無恥，皇城外娼肆林立，笙歌雜遝，外城小民度日難者，往往勾引丐女數人，私設娼窩，謂之窰子。室中天窗洞開，擇向路邊屋壁作小洞二三。丐女修容貌，裸體居其中，口吟小詞，並作種種淫穢之態。屋外浮梁子弟，過其處，就小洞窺，情不自禁，則叩門入，丐女隊裸而前，擇其可者投錢七文，便攜手登牀歷一時而出。」今人稱妓寮叫「窰子」，匆促行淫叫「打釘」，是明代已有這種風氣了。

《辛齋詩話》說：「萬曆間都中西山戒壇游女頗盛，鈿車不絕，茶棚酒肆，相挽於路。並有挾妓入寺者。有無名子嘲以詩云：高下山頭起佛庵，往來米汁雜魚籃。不同說法堅持戒，那得觀音處處參。」則萬曆中北都（今北平）狎娼風氣之盛可知。

大約明代中葉以後，娼妓事業，以南都（今南京）為中心。

錢牧齋〈金陵社夕詩序〉曰：「海宇承平，陪京佳麗仕宦者誇為仙都，游談者據為樂土。弘正之間，顧董玉、王欽佩以文章並壇，陳大聲、徐子仁以詞曲擅長。方俊歙集，風流孔長。嘉靖中年，朱子价、何元朗為寓公，金在衡、盛仲交為地主，皇甫子循、黃淳史之流為旅人。相與折簡分題，徵歌選勝。秦淮一曲，烟水競其風華，桃葉諸姬，梅花漾其妍翠。此金陵之始盛也。萬曆初年，陳寧鄉芹解組石城。卜屋笛步。置驛邀賓，復修青溪之社，於是在衡、仲交以舊老而莅盟，幼于、百穀以勝流而至止。軒車紛遝，唱和頻繁。此金陵之再盛也。其後二十餘年，閩人曹學佺、能始廻翔棘寺游宴冶城，賓朋過從，名勝延眺。縉紳則臧晉叔、陳德遠為眉目，布衣則吳非績、吳允兆、柳深父、盛太古為領袖。台城懷古，為文憑弔之篇，新亭送客，亦有僞離之作。筆墨橫飛，篇帙勝湧。此金陵之極盛也。余錄〈元夕詩〉，為之引其端，以志盛衰之感。」

明曹大章〈秦淮士女表〉：「國初女妓，尚列樂官。縉紳大夫，不廢歌宴。革除以後，屏禁最嚴。當時胭脂粉黛，翡翠鴛鴦，二十四樓，列秦淮之市，無有記其勝者。其後遂毀，所存六院而已。所艷稱者，舊院而已。……」

余懷《板橋雜記》：「洪武初年，建十六樓以處官妓，淡烟、輕粉、重譯、來賓，稱一時之盛事。自時厥後，或廢或存。迨至百年之久，而古跡寖湮，存者惟南市、珠市、及舊院而已。南市者卑屑所居；珠市者，間有殊色。若舊院則上廳行首在焉。……」

錢氏所說，是萬曆前後數十年間事。余曹二人則敘熹宗天啟至崇禎十七年間南都坊曲之概況。舉世艷稱名妓所謂朱無瑕、鄭無美、馬相蘭、趙令燕以及顧媚、董白、柳如是、李香諸人，皆這個時候白門翹楚。《板橋雜記》說：「金陵都會之地，南曲靡麗之鄉。紈茵浪子，瀟灑詞人，往來游戲，馬如游龍，車相投也。其間風月樓台，尊罍絲管，以及孌童狎客，雜妓名優。獻媚爭妍，絡繹奔赴。垂楊影外，片玉壺中。秋笛頻吹，春鶯乍囀。雖宋廣平鐵石為腸，不能不為梅花作賦也。」明季南都烟花盛況，可以想像了。

明代除南北兩都外，各地鶯花亦頗繁盛。如大同「婆娘」，揚州「瘦馬」均為舉世所豔稱。

《野獲編》口外四絕：「一曰大同婆娘，大同代簡王所封，樂戶較他藩多數倍。今在花籍者尚二千人。京師城內外，不隸三院者，大抵皆大同籍。中溢出流寓，古所謂『路歧散樂』者是也。」《五雜俎》說：「九邊如大同其繁華富庶，不下江南。而婦女之美麗，什物之雅好，皆邊寨之所無者。市款既久，未經兵火故也。諺稱『薊鎮城牆』、『宣府教場』、『大同婆娘』為三絕云。」

《五雜俎》：「維揚居王下之中，川澤秀媚，故女子多美麗，而性情溫柔，舉止婉慧。固因水澤氣多，亦其秀淑之氣所鍾，諸方不能敵也。然揚人習以為奇貨。市販各處童女，加意裝束，教以書算琴棋之屬，以邀厚值，謂之瘦馬。」

《思陵典禮記》：「皇貴妃為田宏遇女，生而聰慧。宏遇為揚州把總，覓善書畫者教之。欲為士紳側室，以為奇貨耳。充待選入，寵冠後宮。」又云：「宏遇之妻，乃娼也。」

《陶庵夢憶》：「廣陵二十四橋風月，邗溝尚存其意。渡鈔關橫亘半里許，為巷者九條。巷故九，凡周旋折旋於巷之左右前後者，什百之。巷口狹而腸曲，寸寸節節，有精房密戶，名妓歪妓雜處之。名妓匿不見人，非嚮導莫得入。歪妓多可五六百人。每傍晚膏沐薰燒，出巷口倚徙盤礴於茶館酒肆之前，謂之站關。茶館酒肆岸上紗燈百盞，諸妓揜映閃滅於其間。皰盭者簾，雄趾者閾。燈前月下，人無正色，所謂一白能遮百醜，粉之力也。游子過客，往來如梭，摩睛相覷，有當意逼前牽之去。而是妓忽出身分，肅客先行，自緩步尾之，至巷上有偵伺者，向巷門呼曰：『某姐有客了。』內應聲如雷，火燎即出，一一俱去，剩者不過二三十人。沈沈二漏，燈燭將盡，茶館黑魆無人聲。茶博士不好請出，唯作呵欠。而諸妓醵錢向茶博士，買燭寸許，以待遲客。或發嬌聲，唱〈劈破玉〉等小詞。或自相謔浪嘻笑，故作熱鬧以亂時候。然言笑啞啞，聲中漸帶淒楚。夜分不得不去，見老鴇受餓受笞。……」

這就是明代中葉後大同揚州各地娼妓的情形。揚州多好女子。崇禎田皇后亦「瘦馬」出身。揚州「瘦馬」之眾，可想而知。《陶庵夢憶》所說鈔關妓寮情形，似較諸現在上海四馬路青蓮閣、四海昇平樓現象，尤為野蠻黑暗。則明代各州縣「樂戶」之繁盛又可知。

明代娼妓事業，仍屬教坊。

《板橋雜記》：「樂戶統於教坊司，司有一官以主之。有衙署，有公座，有人役刑杖籤牌之類。有冠有帶，但見客則不敢拱揖耳。」又說：「從良落籍，則屬於祠部。」

《野獲編》：「禮部到任升轉，公費出教坊司。南禮堂司俱輪教坊直茶。無論私寓游宴，日日皆然。」是「妓女從良落籍」，「官衙承直祇應」，俱歸教坊司，終明不改，已恢唐宋舊規了。

又明代官吏狎妓有禁，頗襲宋制，而不若唐之放任。

《菽園雜記》：「前代文武官，皆得用官妓，今狎妓宿娼有禁，至罷職不敘。」

《野獲編》：「宣德三年八月巡按湖廣御史趙倫與樂婦姦，命戍遼東。」

《列朝詩集》：「常倫嘗為大理評事時，過倡家宿至日高春徐起赴朝參，長吏訶之。曰，故後時從燕姬飲，不欲居簿耳。遂中考功法，罷去，益縱自恣。」

亦有守土吏狎妓而漏法網者。

沈德符《敝帚齋餘談》：「今上辛巳壬午間（明神宗萬曆九年十年）聊城傅金沙光宅以文采風流，為政守潔廉，與吳士王百穀厚善，時過其齋中小飲。王因匿名娼於曲室，酒酣出以薦枕。遂以為恆。王因是居間請託，橐為充牣。癸未甲申間（明萬曆十一年十二年）臨邑邢子愿侗以御史按江南。蘇州有富民潘璧之獄，所娶金陵名妓劉八者，亦在議中。劉素有豔稱，對簿日呼之上，諦視之，果光麗照人，因屏左右密與訂，待報滿離任，與晤於某所。遂輕其罪，發回教坊。未幾邢去，令人從南中潛竄入舟至家，許久方別。二公俱東省人才，名噪海內。居官俱有惠愛，而不矜曲謹如此。」又說：「是時江陵甫沒，當事者一切以寬大為政，故吏議不見及云。」

又有以宰相之尊而挾妓侑酒者。

《堯山堂外紀》：「三楊（楊榮、楊士奇、楊溥）當國時有一妓名齊雅秀，性極巧慧。一日令侑酒，眾謂曰：『汝能使三閣老笑乎？』對曰：『我一人便令笑也。』及進見，問來何遲。對曰：『看書。』問何書，曰：『《烈女傳》。』三閣老大笑。曰：『母狗無禮。』即答曰：『我是母狗，各位是公猴。』一時京中大傳其妙。」

你看明代宰相可以聯袂狎妓，守土官吏也可以隨便宿娼，也不干吏議。宿娼而罷職遣戍也時時有的。這就叫做有幸有不幸，法律恐怕是一種具文罷。

明代妓曲中負俠義娼妓甚多。

馬姬字守真，小字元兒，以善畫，故湘蘭之名獨著。所居在秦淮勝處，喜輕俠，時時揮金以贈少年，步搖條脫，每在子錢家勿顧也。王伯穀敘其詩云：「輕錢刀若土壤，翠袖朱家。重然諾如邱山，紅妝季布。」（《列朝詩集》）

戴綸客京師，從娼邵金寶游。後為京營參將坐仇鸞事下獄。念家數千里外，獨身下獄，無可寄委，使人持橐中金三千委邵而囑之曰：「余生死不可知。顧獄中無以為衣食，惟子之所費。吾死，其贏者盡子金也。」邵策綸曰費，以其餘結交權門貴公子，益市少妓得錢，展轉佈置，貴公子得綸金貲，竟出綸系獄十餘年。後官建昌游擊而邵提金還綸更四千有奇。綸益德邵，與俱之官。綸妻來自家中，對邵委身下拜，語綸曰：「夫子陷於難，妾不能出力，為夫子出力。出力乃在游娼。妾不能為夫子妻，妾歸矣。……」垂涕而別。（《名山藏列女記》）

嘉靖間婁江有孫太學者，與妓某善，誓相嫁娶。為之傾貲。無何孫喪婦，家益貧落。親友因唆使訟妓，妓聞之以計致孫飲食之，與申前約，以身委焉。孫故不善治產，妓所攜簪珥，不久復費盡。妓日夜勤辟纑以奉之，饘粥而已。如此十餘年，孫益老成悔過。選期已及，自傷無貲，中夜泣。妓審其誠，于日坐群績處，使孫穴地得千金，皆妓所陰埋也。孫以此得縣尉遷按察司經歷。官橐稍潤，妓遂勸孫乞休歸。享小康終其身。（《情史類略》）

蘇妓某，當乙酉國變，語所善客以死事，俱狎笑之。中秋買棹召客泛太湖，皎月空明，觸鷁首甚適。忽顧影感歎，置觴投深流處不及救。（《譚遷棗林雜俎》）

你看邵金寶對待戴綸，婁江妓對待孫太學，這種毅力熱心，求之名門閨秀中恐亦不易得，即求之士大夫行中亦不易遇。戴綸妻子說：「出力乃在游娼。」古人說：「十步之內，必有芳草」，乃知「坊曲」中亦大有人在。有人說：「妓女無情，婊子無義」，這話是不十分的確的。

而文人豪客之放浪奢侈，亦駭人聽聞。

康得涵（康海字）落職家居，以聲妓自娛。間作樂府，使青衣被之管絃。嘗邀名妓百人為會。酒闌各書小令一闋曰：「此差勝錦纏頭也。」

楊用修謫滇南，縱酒自放，嘗敷粉作雙髻插花，諸妓擁之游行市中。夷酋以精白綾作裓，遺諸妓服之。酒間乞書，醉墨淋漓。諸酋購歸，裝潢成卷。（以上徐紈〈本事詩〉）

王幼于張孝資為儔侶，或歌或飲，或破衣狎妓。孝資生日自為尸，幼于率子弟緦麻環哭，上食設奠。孝資坐而享之。翌日行卒哭禮，設妓樂，哭罷痛飲，謂之「收淚」。又有劉會卿典衣買歌者，俄而疾卒。幼於持絮酒就其喪所哭之以詩，令會卿所狎吳姬為尸，仍設雙俑夾侍。使伶人奏琵琶，再作長歌酹焉。其放浪如此。（《靜志居詩話》）

瓜州蕭伯梁豪華任俠，傾財結客，好游狹斜，久住曲中，投轄轟飲，俾晝作夜。多擁名姬，簪花擊鼓為樂。

嘉興姚壯若用十二樓船於秦淮，招集四方應試知名之士，百有餘人。每船邀名妓四人，侑酒，梨園一部，燈火笙歌為一時之盛事。先是吳興沈雨若費千金定花案，江南艷稱之。

中山公子徐青君，魏國公介弟也。家貲鉅萬，性豪侈，自奉甚豐，廣蓄姬妾，造園大功坊側，樹石亭台，擬於平泉金谷。每當夏月，置宴河房，選名妓四五人，邀賓侑酒。木瓜佛手，堆積如山，茉莉芝蘭，芳香似雪。夜以繼日，把酒酣歌。綸巾鶴氅，真神仙中人也。

無錫鄒公履游平康，頭戴紅紗巾，身著紙衣，齒高跟屐，佯狂沉湎，揮斥千黃金不顧。初場畢擊，大司馬門鼓，送試卷大合樂於妓家，高聲自誦其文，妓皆稱快。或時闌入梨園氍毹，上為「参軍鶻」也。（以上《板橋雜記》）

祝允明為人好酒色六博不修行檢。常敷粉黛，從優伶酒間度新聲。是時海內漸熟允明名，索其文及書者接踵。或輦金幣至門，允明輒以疾辭不見。然允明多醉妓館中，掩之，雖累紙可得。（《花當閣叢談》）

大概娼妓負盛名的，固恃她自身才情色藝，而王孫公子之翩翩裘馬，一擲千金，文人學士的詩文酬答，標榜揄揚，亦大有影響。所謂美人名士，相得益彰。秦淮風月盛況，實此兩種人有以促成之。《板橋雜記》說：「紈袴少年，繡腸才子。無不魂迷色陣，氣盡雄風。」你看當時娼妓是何等魔力。這個時代產生了一個關係國家興衰政治消長的絕代佳人。李自成、吳三桂這班人都紛紛拜倒石榴裙下的陳圓圓，是最值得我們大書而特書的。

陸次雲〈陳圓圓傳〉：「圓圓陳姓玉峯歌妓也。聲甲天下之聲，色甲天下之色。崇禎癸未歲，總兵吳三桂慕其名，齎千金往聘之。已先為田畹所得，時圓圓以不得事吳，怏怏也。田畹者，懷宗妃之父也。甲申春流氛大熾。妃謀所以解帝憂者於父。畹進圓圓，圓掃眉而入，冀邀一顧，帝穆然也。旋命之歸畹第。時闖師將迫畿輔，帝急召三桂令守山海關……田畹迓吳觀家樂，強而後至，則戎服臨筵。畹累易席，至邃室。出群姬調絲竹，皆殊秀。一淡妝者統諸美而先眾音。三桂顧謂畹曰：『此非所謂圓圓耶？誠足傾人城矣。』畹前席曰：『設寇至將奈何？』三桂曰：『能以圓圓見贈，吾當報公家先於報國也。』畹勉許之。吳即命圓圓拜辭畹，擇細馬馱之去。畹爽然，無如何也。帝促三桂出關，三桂父督理御營名驤者，恐帝聞其子載圓圓事，留府第，不令往。三桂去而闖賊旋拔城矣。懷宗死社稷，李自成據宮掖。……是時驤降闖，闖即向驤索圓，且籍其家。而命其作書以招其子也。驤俱從命，進圓圓。自成甚嬖之。……三桂得父書，欣然受命矣，而一偵者至，詢曰：『吾家無恙耶？』曰：『為闖籍矣。』曰：『吾至當自還也。』又一偵者至，曰：『吾父無恙耶？』曰：『闖拘縶矣。』曰：『吾至當即釋也。』又一偵至，曰：『陳夫人無恙耶？』曰：『為闖得之矣。』三桂拔劍斫案曰：『果有是，吾從若耶！』因作書答父曰：『父既不能為忠臣，兒安能為孝子乎？兒與父訣。不早圖賊，雖置父鼎俎旁以誘，三桂不顧也。』隨效秦庭之哭，乞王師（指清軍）以剿巨寇。先敗之於一片石。自成怒，殺吳驤並其家三十餘口。……於是棄圓圓載輜重，狼狽西行。是時也，闖賊膽落，一鼓可滅。三桂復京師，急覓圓圓。既得，相與抱持，喜泣交集。不待圓圓為闖致說，自以為法戒追窮，聽其縱逸，而不復問矣。旋受王封，建蘇台營郿塢於滇南。圓圓專房之寵，數十年如一日。其蓄異志，作謙恭，陰結天下士，相傳多出於同夢之謀。而世之不知者，以三桂能學申胥以復若父之仇，忠孝人也。曷知其乞師之故，蓋在此不在彼哉？」

你看陳圓圓的妙舞清歌，纖柔婉轉，竟能使如許英雄顛倒。假使自成僅籍三桂家，縶三桂父，而不取圓圓，則三桂必無「拔劍斫案曰：吾從若耶？」的現象。三桂得吳驤書，必與闖合，必無乞師清廷舉動。清師亦不能長驅入關。中原鹿駭龍戰，尚未知鹿死誰手。東胡入主中夏，或許是不能成功的。吳梅村〈圓圓曲〉云：「痛哭三軍皆縞素，衝冠一怒為紅顏。」這兩句詩，摹寫三桂乞師舉動，是的確的，後來三桂於康熙朝又反抗清廷。陸次雲所謂「蓄異志，作謙恭。陰結天下士。相傳多出於同夢之謀。」則圓圓思想之高，謀畫之周，魔力之大，吾儕生於三百年後，猶不覺大呼曰，「娟娟此豸！」

方明朝末年，烟花繁盛，自數江南。除陳圓圓外，才情色藝，超出流輩的，不乏其人。而亮節高風，柔情俠骨，其可泣可歌舉動，真非晚近士大夫所能做得到的。現在舉董小宛幾個人做代表罷。

小宛是怎樣一個人呢？余懷《板橋雜記》曾記了一段：

「董白字小宛，一字青蓮，天資巧慧，容貌娟研。七八歲時，阿母教以書翰輒了了。少長，顧影自憐、針神曲聖，食譜茶經，莫不精曉。性愛嫻靜，遇幽林遠澗，片石孤雲，則戀戀不忍捨去。至男女雜坐，歌吹喧闐，心厭色沮，意弗善也。慕吳門山水，徙居半塘，小築河濱，竹籬茅舍，經其戶者，則時聞詠詩聲或鼓琴聲，皆曰，此中有人。已而扁舟游西子湖，登黃山，禮白嶽，仍歸吳門。喪母抱病，賃屋以棲隨如皋冒辟疆過惠山，歷澄江，荊溪，抵京口，陟金山絕頂，觀大江競渡以歸。後卒為辟疆側室。事辟疆九年，年二十七，以勞瘁死。（依孟心史〈董小宛考〉死年實二十八。）辟疆作《影梅庵憶語》二千四百言，哭之。同人哀辭甚多。」

這一段對於小宛才情色藝，已描寫得十分七八。而於小宛為人，猶未能儘量傳出哩。我們再拿冒辟疆的《憶語》來證明她。

《憶語》說：「姬在別室四月，荊人攜之歸。入門，吾母太恭人與荊人見而愛異之，加以殊眷。幼姑長姊，尤珍重相親，謂其德性舉止，均異常人。而姬之侍左右。服勞承旨，較婢僕有加無已。烹茗剝果，必手進。開眉解意，爬背喻癢。當大寒暑，必拱立坐隅。強之坐飲食，旋坐旋飲食旋起，執役拱立如初。越九年，與荊人無一言枘鑿。……」這是董宛侍奉辟疆家屬的事實。

又說：「余每課兩兒文，不稱意，加夏楚，姬必督改之。改削成章，莊書以進，至夜不懈。至於視眾御下，慈讓不遑，咸感其惠。……」這是董宛俯蓄子弟及僕婢的事實。

又說：「秦溪蒙難之後，僅以俯仰八口免。維時僕婢殺掠者幾二十口。生平所蓄玩物及衣具，靡孑遺矣。…且亂阻吳門，傳聞家難劇起。自重九後潰亂沉迷，迄冬至前僵死一夜後甦，始得間關破舟從骨林肉莽中冒險渡江，猶不克竟歸家園。暫棲海陵，閱冬春百五十日病方稍痊。此百五十日，姬僅捲一破席，橫陳榻旁，寒則擁抱，熱則披拂，痛則撫摩，或枕其身，或衛其足，或欠伸起伏，為之左右翼。……鹿鹿永夜，無形無聲，皆存視聽，湯藥手口交進，下至糞穢，皆接以目鼻，細察色味，以為憂喜。日食粗糲一餐，籲天稽首外，唯跪立我前，溫慰曲說，以求我之破顏，余病失常性，時發暴怒，詬誶之至，色不稍忤，越五月如一日。每見姬星靨如蠟，弱骨如柴，吾母太恭人及荊妻憐之感之，願代假一息。姬曰：「竭我心力以殉夫子，夫子生而余死猶生也。」」（此當是宏光乙酉清順治二年的事。）

又說：「丁亥（按為順治四年）讒口鑠金，…長夏鬱蟠，…血下數斗。…或數晝夜不知醒。醫者妄投以補，病益篤，勺水不入口者二十餘日。此番莫不謂其必死，余心則炯炯然，蓋余病不從境入也。姬當大火鑠金時，不揮汗，不驅蚊，晝夜坐藥爐旁，密伺余於枕邊足畔六十晝夜。凡我意之所及與意之所未及。咸先後之。」

又說：「己丑（按為順治六年）秋，疽發於背，復如是百日。余五年危疾者三，而所逢者皆死疾，惟余以不死待之。微姬力，恐未必能堅以不死也。今姬先我死，而永訣時惟慮以伊死增余病，又慮余病限伊以相待也。姬之生死為余纏綿如此，痛哉！痛哉！」這是小宛恩愛夫妻的事實。

又說：「姬之衣飾，盡失於患難，歸來澹足，不置一物。」

又說：「余出入應酬之費，與荊人日用金錯帛布，皆出姬手。姬不私銖兩，不愛積蓄，不製一寶粟釵鈿。死能彌留，…一身之外，金珠紅紫，盡却之不以殉，洵稱異人。」這是小宛賤視財寶衣飾的事實。

就拿所舉幾條看起來，小宛之情意何等纏綿，小宛之志趣又何等純潔！吾國相傳「賢妻良母」的言行，小宛以一身兼之。青樓中人而具此種美德，謂非尤物而何？

清世祖有董鄂貴妃，後人因「董」、「鄂」譯音，乃影射小宛，有入清宮之事。近人孟心史著〈董小宛考〉，力闢其誤。孟氏說頗翔實，累數千言，茲錄其大要於左：

一、陳其年〈冒巢民五十壽〉序記巢民夫人視姬董同於娣姒，姬沒而哭之慟，令兩兒白衣冠治喪。而《影梅庵憶語》記小宛死為元旦二日，並記其殉物及彌留之狀。則小宛為夭死於家毫無疑義。

二、世又傳小宛為清豫王多鐸兵間攜之入宮。多鐸下江南為順治二年乙酉，五月破南都，六月入浙，十月班師回京。小宛事巢民事蹟，則多在乙酉年以後。是二年入清宮說為無稽。

三、順治八年正月二日小宛死，年二十八歲。清世祖則猶十四歲之童子。小宛之年長以倍，絕無入宮邀寵之理。當是時江南軍事久平，亦無由再有亂離掠奪之事。可見八年入清宮說，亦不能成立。

四、小宛死葬影梅庵，墳墓俱在，見於陳其年詩注。小宛死後數年，其年曾偕巢民往弔並有詩存集中。且小宛死後，見而輓之者為吳次園，聞而唁之者為龔芝麓，都是小宛夭死如皐之確證。

照這麼看，小宛入清宮故後承恩之誤，亦不過小說家如《紅樓夢索隱》作者一流憑空結撰，海市蜃樓，自成一家言而已。

其次為柳如是。柳的事實，〈絳雲樓俊遇〉上說得很詳。說她：

「本吳江盛澤鎮名妓徐佛養女，原名楊愛，色美於徐，而綺淡雅淨亦復過之……竊自負，誓擇博學好古，為曠代逸才者從之。聞虞山錢學士謙益者為當今李杜，乃駕扁舟來虞，為士人妝，坐肩輿，造錢投謁。易『楊』以『柳』，易『愛』以『是』刺入，錢辭以他往。柳於詩內微露色相，牧翁得其詩大驚。訪柳於舟中，則嫣然一美姝也。因出七言近體就正，錢心賞焉。視其書法，得虞褚兩家遺意，又心賞焉。相與絮語終日，臨別錢語柳曰：『此後即『柳』姓『是』名相往復，吾且字子以『如』，為今日證盟，柳諾。』此錢柳合作之始也。」

又說：「時牧翁喪偶，庚辰冬月柳歸于錢。牧翁築一室居之，顏曰『我聞』。辛巳初夏，牧翁以柳才色無雙，小星不足以相辱，乃行結縭禮于芙蓉舫中。稱之曰『河東君』，家人稱之曰『柳夫人』。」

又說：「當丁丑之獄，牧翁侘傺失志。既得柳，有終老溫柔鄉之願。於虞山北麓構樓五楹，扁曰絳雲。牙籤萬軸，與柳日夕晤對。錢集中所云：『爭光石鼎聯名句，薄暮銀燈算劫棋』，蓋紀實也。牧翁披吟之好，晚而益篤。國史校讎，惟河東君是職。臨文或有待探討，柳輒上樓翻閱某書某卷隨手抽拈，百不失一。或用事微有舛訛，旋為辯正。牧翁悅其慧解，益加憐重。庚寅，絳雲災，後移居於紅豆山莊。」

又說：「牧翁晚年放情於聲色。柳姬如是，故娼也，性慧善詩，晨夕酬唱，倚以娛老。」

看了以上所引：柳如是才情色藝，直欲駕秦淮諸姬董白、顧媚諸人而上。但柳之令人傾倒者，尚不在此。柳事蹟最使人拍案驚奇者，則為明亡時勸牧翁全節，及牧翁死後之誓以身殉。

〈絳雲樓俊遇〉說：「乙酉五月之變，柳夫人勸牧翁曰：『是宜取義，全大節以副盛名。』牧翁有難色。柳奮身欲沈池中，持之不得入。其時長洲沈明倫館於牧翁家，其親見歸說如此。後牧翁偕柳游拂水山莊見石澗流泉清潔可愛，欲濯足其中而不勝前卻。柳笑而戲語曰：『此溝渠水，豈秦淮河耶？』牧翁有赧容。」

又說：「牧翁卒，柳留城居喪。初，牧翁與其族素不睦，乃托言牧翁舊有所負，聚百人交訟於堂。柳泣而言曰：『家有長嫡，義不受淩。未亡人奩有薄資，留固無用。』立出千金授之。詰朝，群凶喧集如故。曰：『昨所須者，夫人之物耳！未足以贍族。長君華館連雲，腴田錯綉，獨不可分其半以給貧族耶？』斯時孫愛（牧翁長子）聞而懼甚，匿不敢出。柳乃密召牧翁懿親及門人之素厚者，復糾家僕數輩，部署已定，立與誓曰：『苟念舊德，無逾此言。』咸應曰諾。柳乃出語族人曰：『妾資已盡，不足為贈。府君之業故在，期以明日，盃酒合歡，所須惟命。』眾始解散。申旦而群宗畢至。柳與列坐喪次，潛令僕鎬前扉，乃入室登榮木樓，久之不出。家人心訝，入視則已投繯矣。大書於壁曰：『并力縛賊黨。然後報之官。』孫愛哭之慟，家人盡出急縛族人。門閉，無一脫者。……柳女鳴之官，邑令某窮治得實，繫群凶於獄，以其事上聞，悉置於法。牧翁不致身死而家毀者，柳之力也。於是邑中能詩者作殉節詩以輓之。」

你看柳如是之通權達變，大義凜然，苟利家國，生死以之的精神，至今猶照人耳目。就這兩樁事柳如是尚不能名垂千古嗎？後人徐奎伯〈詠河東君〉詩云：「一死何關青史事，九原羞殺老尚書。」牧翁有知，難乎其為夫婿了！

其次為李香君。《板橋雜記》說：

「李香身軀短小，膚理玉色，慧俊婉轉，調咲無雙。人名之曰香扇墜。」又說：

「李麗貞者，李香之假母，有豪俠氣。嘗一夜博，輸千金立盡，與陽羨陳定生善。香年十三，亦俠而慧，從吳人周如松受歌，《玉茗堂四夢》皆能妙其音節。尤工琵琶，與雪苑侯朝宗善。閹兒阮大鋮欲納交於朝宗，香力諫止。朝宗去後，有故開府田仰，以重金邀致香，香辭曰：『妾不敢負侯公子也。』卒不往。蓋前此大鋮恨朝宗羅織欲殺之。朝宗逃而免。並欲殺定生也。」

清代雲亭山人撰《桃花扇傳奇》四十齣，離合悲歡，英雄兒女，全書實以李香為眉目。當有明北都淪亡，宏光踐祚，宵小弄權，朝野宴安，扼腕時艱，徒屬之一般白面書生。南朝興廢，遂繫之於《桃花扇》底，然李香一雛妓，竟演出「却奩」、「拒媒」等等趣劇，哀感頑豔，曲盡纏綿。吾儕生於數百年後，猶不覺大呼曰：「何物老嫗，生此寧馨兒！」

其次為顧媚。顧之才情色藝似尤在董白、李香之上。

《板橋雜記》說：「顧媚字眉生，又名眉。莊妍靚雅，風度超群，鬢髮如雲，桃花滿面，弓彎纖小，腰支輕亞。通文史，善畫蘭，追步馬守真而姿容勝之。時人推為南曲第一。家有眉樓，余嘗戲之曰：『此非眉樓，乃迷樓也。』人遂以迷樓稱之。當是時，江南侈靡，文酒之宴，紅妝與烏巾紫裘相間。座無眉娘不樂。而尤羨顧家廚食品，差擬郇公李太尉。以故設宴眉樓者無虛日。」顧媚隸籍秦淮時，聲華已如此。

又說：「未幾歸合肥龔尚書芝麓。尚書雄豪蓋代，視金玉如泥沙糞土，得媚娘佐之，益輕財好憐才下士。名譽盛於往時。客有求尚書詩文及乞畫蘭者，縑箋動盈篋笥，畫款所書橫波夫人者也。歲丁酉尚書挈夫人重游金陵。嗣後還京師以病死，弔者車數百乘備極哀榮。」其相佐夫君時之名譽成績又如此。

但眉娘為人，尚有其遠且大者。《菽園贅談》說：

「顧橫波詞史，自接黃石齋先生後有感於中，志決從良。後為明故兵科給事中龔芝麓所得。甲申流寇李自成陷燕京，事急，顧謂龔若能死，己請就縊。龔不能用，有愧此女矣。……」

即此一事，眉娘已足傳了。吾國數千年來，忠君愛國之教條，名教綱常之原理，深入人心，即坊曲中妓女，亦受其薰陶，服膺弗失，即知即行。吾於明季名妓董白、顧媚諸人見之。

至明代坊曲風氣，頗有推翻胡元而恢復唐朝北里現象。試舉其特徵如下：

一、崇尚文學藝術

寇白門能度曲，善畫蘭，粗知拈韻，能吟詩。

顧媚通文史，善畫蘭，追馬守真，而姿容過之。

李十娘性嗜潔，能鼓琴清歌，略涉文墨，愛文人才士。

卞賽知書，工小楷，畫蘭鼓琴，喜作風枝嬝娜。一落筆畫十餘紙。

范珏性喜畫山水。摹倣大癡顧寶憧，槎枒老樹，遠山絕礀，筆墨間有天然氣韻，婦人中范華原也。

頓文略識字義，唐詩皆能上口，學鼓琴，雅歌三疊，清冷之神與之浹，故又字曰琴心云。

沙才善奕棋，吹簫，度曲。

王小大涉獵文藝，粉掐墨痕，縱橫縹帙，是李易安之流也。（以上俱見《板橋雜記》）

看了上面所引，「略涉文墨」、「涉獵文藝」、「知書工小楷」、「通文史」、「能吟詩」等字句，又如「善畫蘭」、「能鼓琴」等字樣，皆累見。明代坊曲所以迎合遊客及士大夫冶游之所注重的物事釐然昭著。與元代娼妓專以「戲曲歌舞」為中心者，迴然不同。

二、房屋清潔幽雅

顧媚家有眉樓綺牕繡簾，牙籤玉軸，堆列几案，瑤琴錦瑟，陳設左右，香烟繚繞，簷馬丁當。

董白慕吳門山水，徒居半塘，小築河濱，竹籬茅舍。經其處者，時聞詠詩聲。

卞賽年十八，游吳門居虎邱，湘簾棐几，地無纖塵。

李十娘所居曲房密室，帷帳尊彝，楚楚有致，中構長軒，軒左種老梅一樹。花時香雪霏拂几榻。軒右梧桐二株，巨竹十餘竿。晨夕洗桐拭竹，翠色可餐。入其室者，疑非塵境。（以上《板橋雜記》）

馬湘蘭所居在秦淮勝處，池館清疏，花石幽潔，曲廊便房，迷不可出。（見《列朝詩集》）

看了上面所引，簡直是高人逸士，伏處山林，優游泉石者所托身之地。做倚門賣笑，朝秦暮楚的娼妓，有這樣居處，真是前代罕聞的。《板橋雜記》又說：「舊院人稱曲中，前門對武定橋，後門在鈔庫街。妓家鱗次，此屋而居，屋宇清潔，花木蕭疏，迴非塵境。」唐孫棨《北里志》也說：「二曲中居者，皆堂宇寬靜各有三數廳事，前後植花卉，或有怪石盆池，左右對設，小堂垂簾，茵褥帷幌之類稱是。」可見明代坊曲房屋，力求清潔，也是因襲唐朝的。

三、注重妓女風貌

李小大，頗若美名，聞其纖妍俏潔。

葛嫩長髮委地，雙腕如藕，眉如遠山，瞳人點漆。
顧媚鬢髻如雲，桃花滿面，腰支輕亞。
董白天姿巧慧，容貌娟妍。
沙才美而艷，豐而逸，骨體皆媚，天生之尤物也。
李香身軀短小，膚體玉色。
馬嬌姿首清麗，濯濯如春月柳，灩灩如出水芙蓉，不愧「嬌」之一字也。
卞玉京妹曰敏，頎而白，如玉肪，風情綽約，人見之如立水晶屏也。
李十娘生而娉婷娟好，肌膚玉雪。

看了上面所引，知道明代對於娼妓「色」是很重的。其側重之點有二：一、要天然美。如「雙腕如藕」、「膚體玉色」、「白女玉脂」、「肌膚玉雪」、「瞳人點漆」，皆是注重本色美的例證。二、要嬌小玲瓏如「纖妍俏潔」，如「腰支輕亞」，如「娉婷娟好」，如「容貌娟妍」等式樣的美人皆為當時走馬王孫所賞識，亦即著盛名於北里。大約自唐宋後，南國佳人的美已露頭角（見前節），到了明朝「江浙式」美人，風靡一世，北地胭脂，瞠乎其後了。

其他「花榜」之事，似始於明。嘉靖、隆慶（世宗穆宗年號）間金壇曹大章創蓮台仙會，集吳伯高、梁伯寵諸名流，品藻諸姬一時稱盛。是為「花榜」萌芽。嗣後萬曆中冰筆梅史以燕都妓女四十人配葉以代觥籌，曹大章復作〈秦淮士女表〉，判別諸妓才情色藝，分列品目。有女狀元，榜眼，探花，解元及女學士，太史之稱，至晚明而其風愈熾。嘉興沈雨花費千金，定花案，江南豔稱之。珠市名妓王月，字微波，桐城孫武公暱之，於牛女渡河之明夕，大集諸姬於方密之僑居水閣。四方賢豪，車騎盈閭巷，梨園子弟三班駢演，水閣外環列舟航，如堵牆。品藻花案，設立層台以坐狀元。二十餘人中考，微波第一，登台奏樂，進金屈卮，南曲諸姬，皆色慚沮逸去。天明始罷酒。次日各賦詩記其事。（俱見《板橋雜記》）這是崇禎年間事。未幾明社已屋，秦淮一片歡場，亦鞠為茂草了。

坊曲中崇拜白眉神，亦始於明。《棗林雜俎》引〈花鎮志〉云：「教場白眉神，朔望用手帕針線刺神面，禱之甚謹。謂之撒帕。看人面則惑溺不復他去，白眉神即古洪崖先生也。一呼袄神。」《野獲編》云：「坊曲白眉神長髯偉貌，騎馬持刀，與關像略同。但眉白眼赤，京師人相罵人曰白眉赤眼兒，即相恨成仇，妓女初薦枕，必同拜此神，乃定情。南北兩京皆然。」後代遊客宿娼，沒有偕妓同拜白眉神的事。坊曲中崇拜神明，名老郎神，或者就是白眉神的變相罷。

至明代兩京娼妓，都很隆盛。但是出風頭的半為南都妓女。北方佳人，反寂然無聞，其間亦有原因。

一、姿色妝束，遜於南都

《析津日記》說：「古詩『燕趙多佳人，美者顏如玉。被服羅衣裳，當戶理清曲。』然燕中婦女，雖曰窮麗，大約調朱敷粉，塗飾為多。十三輒嫁，至三十而憔悴矣。此如蕣華易落，何如玉之有？至於青樓之妓，多著窮袴，其被服羅裳者亦鮮也。」

看《析津日記》所說燕趙佳人的姿色妝束，擬之江浙等地，是真望塵莫及了。

二、崇禎時北京樂戶，幾於廢除

嚴思庵《豔囮》說：「明萬曆之末，一時教坊婦女競尚容色，投時好以博貲財。復且聯布羽黨，設局誆騙，妙選姿色出眾者一人為囮，名曰『打乖兒』。其共事者男曰『幫鬧』，女曰『連手』。必擇見影生情撮空立辦者，與之共事。事成計力分財，而為囮者獨得其半。於是構成機巧，變幻百出。有徐司空者死，其少子及妾家都中。司空家富，有沈嫗者乃用詐術往來徐家云：為其子與皇親鄭貴妃兄國泰女賽姑結婚，騙得徐家金銀古玩綵幣若干。復假託徐子名義往徐兄（時在原籍揚州）處，騙得玉獅一雙，銀五百兩。事敗後，諸樂戶有洩其事者。知此役也，主謀者樂戶婦駱四娘，其假賽姑則京師名妓羅小鳳，假鄭夫人則小鳳嫂羅二娘。沈姬沈瑞，及蒼頭婢婦等等，則所謂『幫連』人『連手』人也。至崇禎中，御史風聞其狀，奏請裁汰住京樂戶。于是散入各省，而流寓揚州者很多。」看了這一段，知道明崇禎朝，確有裁汰燕都樂戶的事情。

三、明律禁止官吏狎娼

有明一代，南北京均有教坊樂戶，規制大同，而秦淮風月，稱為慾界之仙都，昇平之樂國，號稱「上廳」、「行首」者，群萃是邦。燕都坊曲，則聲光寂然，烟花史中幾無位置。就是幾個緣故罷。

第十八節　明代之男色

男色由五代至宋，忽然興盛。

陶穀《清異錄》說：「四方指南海為烟月作坊，以言風俗尚淫。今京所鬻色戶將及萬計，至於男子舉體自貨，進退怡然，遂成蠭窠，又不只風月作坊也。」

宋朱彧《萍州可談》說：「至今京師與郡邑間，無賴男子，用以圖衣食，舊未嘗正名禁止。致和（徽宗年號）間始立法告捕，男為娼，杖一百，告者賞錢五十貫。」

周密《癸辛雜識》說：「……吳俗此風（指男娼）尤甚。新門外乃其巢穴，皆敷脂粉，盛裝飾，善針指，呼謂亦如婦人，比比求合。其為首者號『師巫』、『行頭』。凡官家有不男之訟，呼使驗之，敗壞風俗，莫此為甚。然未見有舉舊條以禁止之者。」

如上所引。則北宋南宋京師及郡邑，男色號稱鼎盛。元代此風似稍衰，至明復盛，上自天子下至庶民，幾無一不狎男娼。今分舉如下：

《暖姝由筆》說：「明正德初內臣最寵狎者，入『老兒當』，猶等輩也。皆選年少俊秀小內臣為之。」

是「天子」好男色例證。

《漁磯漫鈔》說：「海鹽有優童金鳳，少以色幸於分宣嚴東樓，晝非金不食，夜非金不寢。金既色衰，食貧里居。比東樓敗，王鳳洲〈鳴鳳記行〉。金復塗粉墨身扮東樓。以其熟習，舉動酷肖，復名噪一時。向日恩情，置勿問也。」

《耳談》說：「南京有王祭酒，嘗私一監生，其人夢鱣出胯下以語人，人為謔語曰：『某人一夢最蹺蹊，夢鱣鑽臀事可疑，想是監中王學士，夜來探訪貴相知。』」

《耳談》又說：「陝西車御史梁按部某州，見拽轎小童愛之，至州令易門子。吏目無以應，車曰：『途中拽轎小童亦可。』吏曰：『小童乃遞運所夫。』驛丞喻其意，進言曰：『小童曾供役上官。』竟以易之。強景明戲作〈拽轎行〉云：『拽轎拽轎，彼狡童兮大人耍。』末云：『可惜吏目卻不曉，好個驛丞到知道。』」

是明代「官吏」好男色的例證。

《敝帚齋餘談》說：「周用齋汝礪，吳之崑山人，文名藉甚，舉南畿解元，久未第，館於湖州南潯董宗伯家，賦性樸茂，幼無二色。在塾稍久，輒告歸。主人知其不堪寂寞，又不敢強留。微及龍陽子都之說，即恚怒變色，謂此禽獸盜丐所為，益生平未解男色也。主人素稔其憨，乃令童子善淫者乘醉納其莖，夢中不覺歡洽驚醒。其童愈嬲之不休，益暢適稱快。密問童子，知出主人意，為大呼曰：『龍山真聖人！』數十聲不絕。明日，事傳佈，遠近怪笑。龍山為主人別號。自是遂溺於男寵。不問姸媸老少，必求通體。其後舉丁丑進士，竟以暮年好外，羸憊而死。」

是儒生好男色的例證。

《柳南隨筆》說：「李二哇，獻賊嬖童也。美而勇，戰必突陣先出，鋒銳不可當。後為黃得功生擒，愛其美，欲與暱，不從而死。清初常熟陳祺芳詩云：『花底秦宮馬上飛，每番先陣入重圍。可憐拚得刀頭血，不向勤王隊裡歸。』」

是流寇好男色的例證。

《耳談》又說：「一市兒色慕兵子而無地與狎。兵子夜司直通州倉。凡司直出入門者，必籍記之甚嚴。市兒因代未到者名，入與狎。其夜月明，復有一美者玩月。市兒語兵子曰：『吾姑往調之。』兵子曰：『可。』往而美者大怒，蓋百夫長之子也。語鬥不已。市兒遂毆美者死，棄屍井中。兵子曰：『君為我至，義不可忘。我當代坐。』死囚二年，食皆自市兒所饋，後忽不繼，為私期招之，又不至，恚恨久之，訴於司刑者。司刑出兵子入市兒。踰年行刑。兵子復曰：『渠雖負義，非我初心，我終不令渠獨死。』亦觸木死屍旁。」

是市兒好男色的例證。

至明代男色繁榮狀況，以沈謝兩人說得最詳。

沈德符《敝帚齋餘談》說：「閩人酷重男色，無論貴賤妍媸，各以其類相結。長者為『契兄』，少者為『契弟』。其兄入弟家，弟之父母愛之如婿。弟後日生計及娶妻諸費，俱取辦於契兄。其相愛者年過而立，尚寢處如伉儷。至有他淫而告訐者。名曰『要奸』。」要字不見韻書，蓋閩人所自撰。其昵厚不得遂意者或至相抱溺波中，亦時時有之。此不過年貌相若者耳。近有稱兒者，則壯夫好淫，輒以多貲聚丰姿韶秀者，與講衾裯之好。以父自居，列諸少年於子舍，最為逆亂之尤，聞其事肇於海寇云。大海禁婦人在師中，有之輒遭覆溺，故以男寵代，而酋豪則遂稱契父。」

又說：「宇內男色，有出於不得已者數家。按院之身辭閨閣，闍黎之律禁奸通；塾師之客羈館舍；皆係托物比興，見景生情，理勢所不免。又如罪囚久繫狴犴，稍給朝夕者，必求一人作偶亦有同類為之講好，送入監房，與偕臥起。其有他淫者必相毆訐，告提牢官亦為分剖曲直。嘗見西署郎吏，談之甚詳，但不知外方獄中亦有此風否。至西北戍卒，貧無夜合之資，每於隊伍中，自相配合。其老而無匹者，往往以兩足凹代之，貧苦無聊，計遂出此，雖可笑亦可憫矣。至於習尚成俗，如京師『小唱』，閩中『契弟』之外，則得志士人，致孌童為廝役；鍾情年少，狎麗豎若友昆。盛於江南，而漸染於中原。乃若金陵坊曲，有時名者，競以此道博遊客愛寵。女伴中相誇相謔，以為佳事。獨北妓尚有不深嗜者。」

謝淛肇《五雜俎》說：「今天下言男色者動以閩廣為口實，然從吳越至燕雲，未有不知此好者也。今京師有『小唱』專供縉紳酒席，蓋官妓既禁，不得不用之耳。其初皆浙之寧波人，近日則半屬臨清矣。故有南北小唱之分，然隨群逐隊，鮮有佳者。間有之則風流縉紳，莫不盡力邀致，舉國若狂。此亦大笑事也。外之仕者，設有門子以待左右，亦所以代便辟也。而官多惑之，往往形諸白簡。至於媚麗儇巧，則西北非東南敵矣。」

看完沈謝二人所說的話，得到幾箇要點。一、男色以閩中「契兄弟」、「契父」為最甚。二、囚徒戍卒，俱不能免，知明代男娼嗜好，已普及於民眾。三、此風盛於江南，而漸染於中原。四、明代娼妓亦以雞姦行為，獻媚遊客。五、明代燕都男娼叫「小唱」，因寧波、臨清籍貫不同，遂有南北小唱之分。六、男娼媚麗、儇巧西北遜於東南。至明代男娼何以如此發達呢？《五雜俎》說得好：

「衣冠格於文網，龍陽之禁寬於狎邪。士庶困於阿堵，斷袖之費殺於纏頭。河東之吼，每未減於敝軒。桑中之約，遂難偕於倚玉。此男寵之所以日盛也。」

看了謝肇浙氏這番話，於明代男娼發達原因，已思過半了。

第十九節　明代娼妓與詩

明自嘉隆而後，南都坊曲中娼妓，能詩者接踵。所謂「十二金釵」，所謂「秦淮四美」，大都皆能吟風弄月對客揮毫。亦有名不在「十二釵」、「四美」之列，而文采斐然的，亦正不少。今據《列朝詩集》等書略舉其歷史詩篇如下：

一、趙燕如，名麗華，父銳，善音律，武皇徵入供奉。燕如年十三，錄籍教坊，容色殊麗，應對便捷，能綴小詞，即被入絃索中。性豪宕任俠，數致千金，數散之。與名士未射陂、陳治梅、王仲房、金白嶼、沈句章游。年既長，盡除粉黛杜門謝客。而諸君與之游，愛好若兄妹。句章為作傳曰：「不但平康美人，便使其具鬚眉，當不在劇孟、朱家下也。」錄詩一首：

金白嶼、王仲房、沈嘉則九日醵金會飲，賦詩見贈，即席和答。

少小秦樓學燕飛，楚雲浙水見應稀。忻逢此日重陽酒，還整當年舊舞衣。

結束自憐非趙俠。歌妝無復夢南威。勸君未醉休稱醉，但插黃花送客歸。

二、景翩翩，字三味，建昌青樓女也。與梅王子以風流志氣相許，有婚姻之約，而不果。久之，窮困以死。詩名〈散花吟〉。王伯穀有詩云：「閨中有女最能詩，寄我一部〈散花詞〉，雖然未見其女面，快語堪當食荔枝。」本家盱江，時時出游建安。故有傳以為閩中女子者。錄詩一首：

晏起

晨起茶香解宿醺，閑干花氣早氤氳。侍兒指點湘簾外，若個春山多白雲。

三、馬湘蘭，馬姓名守真，字玄兒，又字月嬌，以善畫蘭，故湘蘭之名獨著。姿首如常人，而神情開條，如春初早鶯，吐詞流盼，巧伺人意，見之者無不人人自失也。所居在秦淮勝處，池館清流，花石幽潔，曲廊便房，迷不可出。教諸小鬟學梨園子弟，日供張燕客。羯鼓琵琶聲與金縷紅牙聲相間。性喜任俠，時時揮金以贈少年，步搖條脫，每在子錢家弗顧也。常為墨池郎所窘，王伯穀脫其阨，欲委身事王，王不可。萬曆甲辰秋，伯穀年七十初度，湘蘭自金陵往，買酒為壽，燕飲累月歌舞達旦，為金閶數十年盛事。歸未幾而病，然燈禮佛，沐浴更衣端坐而逝。年五十七矣。有詩二卷，王伯穀為之序。錄詩一首：

愴別

病骨淹長晝，王生曾見憐。時時對簫竹，夜夜集詩篇。
寒雨三江信，秋風一夜眠。深閨無個事，終日望歸船。

四、趙彩姬，字令燕，南曲中與馬湘蘭齊名。張幼于中秋賦詩「試從天上看河漢，今夜應無織女星」之句。詩句留傳，膾炙人口。令燕亦用是名冠北里。冒伯麐云：「余從十二名姬中見令燕詩，故游秦淮知其尚在。屏居謝客，與吳伯熊訪之。容與溫文，清言娓娓，枇杷門下閉門居，風流可想。故為刻其詩附於湘蘭之後。」錄詩一首：

送王仲房歸長安

暮雪江南路，孤城尊酒期。殷勤折楊柳，還向去年枝。

五、朱無瑕，字泰玉，桃葉渡邊女子。幼學歌舞，舉止談笑，風流蘊藉。長而淹通文史，工詩善書。萬曆己酉秦淮有游會。集天下名士。泰玉詩出，人皆自廢。有《繡佛齋集》，時人以方馬湘蘭。今錄詩一首：

春閨怨

學語新鶯驚夢起，紅妝滿樹依桃李。年華不管是風情，十二闌干長獨倚。

六、鄭如英，字無美，妥小名，十二行也。金陵舊院妓，首推鄭氏。妥晚出。韶麗驚人，親鉛槧之業，與期蓮生者目成。寄〈長相思〉用十二字為目，酬和成帙。冒伯麐集妥與馬湘蘭、趙令燕、朱泰玉之作為《秦淮四美人選稿》。稱妥手不去書，朝夕焚香持課，居然有出世之想。有〈述懷詩〉。伯麐云：「浪說掌書仙，塵心謫九天。皈依元夙願，陌上亦前緣。」良可念也。今錄詩一首

雨中送期蓮生

執手難分處，前車問板橋。愁從風雨長，魂向別離銷。
客路雲兼樹，妝樓暮與朝。心旌誰復定，幽夢任搖搖。

七、馬文玉名珪善謳，善琴，善畫，庚戌春季游西湖作〈憶舊詩〉四章，武林詞客，屬和盈帙，皆莫及也。錄詩一首：

春日泛湖憶舊四首 錄一

自昔湖山羅綺春，客中君喜百花辰。開樽向午催開舫，問水臨沙解向人。
踏遍沙痕還碧嫩，眼餘柳色轉清新，獨憐車馬多非故，歌舞依然十里塵。

八、馬如玉，字楚璵，本張姓，家金陵南市，往居舊院。從假母之姓為馬。修潔蕭疏，無女兒態。凡行樂伎倆無不精工。熟精《文選唐音》。善小楷八分書及繪事，傾動一時士大夫。而閨秀女瑛與之婉孌至有截髮燒臂，抵死不相舍者。曲中諸媼咸以為異。受戒棲霞、蒼霞法師，易名妙慧，專功學佛，偏游太和、九華、天竺諸山。思結茅莫愁湖上，焚修度世，未果而卒。年三十餘，亘史曰：「北里名妓，多倩筆於人，唯如玉不肯，即倩人，亦無能及玉也。」詩六首錄一：

茅山道中送邢使君之西湖

郎趁仙槎趁晚風，妾乘油壁入雲中。尋常一樣天邊月，臨水登山便不同。

九、崔嫣然，字重文，小字媚兒，同母姊累文，字倩，曲中稱曰二文。嫣然少機警，知文史，所居有影閣，返照入牕，則庭柳扶疏，玉禽花鳥，影現壁間。房幃清朗，書帙橫陳。好與名人詞客游。程孟陽亟稱之，以為北里之女學士也。詩四首錄一：

別黃立龍絕句

九月江南似小春，園中疏柳一時黃。曉燈欲暗將離室，不道離人畏曙光。

十、郝文珠，字昭文，貌不拘而多才藝。談論風生，有俠士風。李寧遠大奴至白下，挾之而北。寧遠鎮遼東，聞其名召掌書記，凡奏牘悉以屬焉。馮祭酒開之，有酬郝姬〈文珠詩〉云：「虛作秣陵游，無因近莫愁。」其為名流契慕如此。詩四首錄一：

送張隆文還閩

一曲春風酒一卮，渡頭楊柳不開眉。從今海路三千里，有夢為雲到也遲。

十一、沙宛在字嫩兒，自稱桃葉女郎，有《蝶香集》〈閨情絕句〉一百首錄一首：

白燕雙雙入幕頻，梨花香遍雪為茵。夜來縱有游仙夢，不作烏衣巷裏人。

十二、楊玉香金陵娼家女，年十五，色藝絕群，與閩人楊景清題詩唱和，遂許嫁景清，訣別六年。景清後南游，舟泊白沙，日夜見玉香於舟中，歡好如平生。天將曙，不復見，景清至金陵訪，云已死矣！錄詩一首：

答林景陽

錦畫龍香獨掩門，琵琶聲下月黃昏。愁心正恐花相笑，不敢花前拭淚痕。

十三、薛素素，吳人，能畫蘭竹，作小詩，善彈走馬，以女俠自命。置彈於小婢額上，彈去而婢不知。少游燕中，與五陵年少挾彈出郊，連騎游觀，觀者如堵。為李征蠻所嬖，其畫像傳入蠻峒。彭宣府深慕好之。吳人馮生自謂能致素素，費金錢無算。久之，語不讎，宣尉怒羈留十餘年乃遣。北里名姬，至於傾動蠻夷，世所稀有也。中年長齋禮佛，數嫁皆不終。晚歸吳下富家翁，為房老以死。詩二首錄一：

懷人詩

良夜思君歸不歸，孤燈照客影微微。攜來獨枕誰相問，明月空庭淚濕衣。

十四、周文，字綺生，嘉興人，體貌閒雅，不事鉛粉。舉止言論，儼如士人。檇李縉紳通文墨者，每召綺生即席分韻，以為風流勝事。綺生微辭，多所譏評。有押池韻用習家池者。綺生笑曰：「無乃太遠乎？」諸公皆拂衣而起。綺生嘗有詩曰：「掃眉才子多相忌，未敢人前說校書。」蓋自傷也。新安王太古詞場老宿，見綺生詩擊節曰：「薛洪度、劉采春今再見矣。」李本甯流寓廣陵，與陸無從，顧所連結淮南社。太古攜綺生詩詫諸公曰：「吾能致綺生淮南，以張吾軍。」諸公大喜，相與買舟具裝。各賦四絕句以祖其行。太古比及吳門，松陵一元氏者已負之而趨。綺生既屬身養卒，潄衣毀容，重自摧殘。晨夕炷香於佛前祈死，不復為詩。作小詞寓意。一元以五七言迴環讀之，迄不能句。綺生開顏一笑也。無何鬱鬱而死。嘗有句云：「侍兒不解春愁，報到杏花零落。」知者咸傷之。詩十九首錄一首：（以上據《列朝詩集》）

中夜鴛湖泣別

泣別鴛鴦湖，湖流淚不竭。去住無兩心，水天有雙月。

十五、柳如是本吳江盛澤鎮名妓徐佛養女，曰楊愛。色美於徐，而綺淡雅淨，亦復過之。崇禎丙子，婁東張庶常溥訪佛於盛澤之歸家院，值佛他出，愛出迎，溥一見傾意，攜至垂虹亭繾綣而別。愛竊自負矣。聞虞山有錢學士謙益者為當今李杜，欲一見其豐裁，乃來虞造錢投謁。易楊以柳，易愛以是。刺入，錢辭以他往。柳於詩內微露色相，牧翁得其詩大驚，急登輿訪柳於舟中，則嫣然一美姝也。因出其七言近體就正錢心賞焉。視其書法，得虞褚兩家遺意，又心賞焉。相與絮語終日。錢謂柳曰：「此後即柳姓是名相往復。吾字子以如，為今日證盟。」辛己初夏（崇禎十四年）乃與柳氏行結縭禮於芙蓉舫中。家人稱之曰柳夫人。柳著詩甚多，附見牧翁《有單集》。（以上據〈絳雲樓俊遇〉）今錄一首：

和牧翁秋日攜內出游

秋水春山淡暮愁，船窗笑語近紅樓。多情落日依蘭棹，無藉浮雲榜綵舟。月幌歌蘭尋麈尾，風床書聽覓搔頭。五湖烟水常如此，願逐鴟夷泛急流。

明妓又有作詩以謝舊知的。

成化間妓林奴兒風流姿色，冠於一時。落籍後有舊知欲求見，因畫柳枝於扇，詩以謝之曰：

「昔日章台舞細腰，任君攀折嫩枝條。從今寫入丹青裡，不許東風再動搖。」（《無聲詩史》）

又有因定情不果寄詩與狎客的。

呼文如江夏營妓，能詩善琴，與邱謙之定情，謙之父不許。文如寄詩曰：「長門當日歎浮沈，一賦翻令帝寵深。豈是黃金能買客，相如曾見白頭吟。」

又有即席賦詩的。

沉純父林居，端午召客呼妓周綺生侑酒，不至。次日始來。問其故，曰：「偶賦詩未成耳。」純父曰：「爾能詩，試即景以五月六日為題。」綺生朗吟曰：「酒剩薄觴冷，門懸艾虎新。」坐客咸擊節。（以上《青樓小名錄》）

又能驅客贈詩的。

蘇州妓黃秀雲性慧，喜詩。陳體方以詩名吳中。秀雲謬謂曰：「吾必嫁君。然君家貧，乞詩百篇為聘。」體方信之，苦吟至六十餘章，神竭而沒。人多笑之。而體方欣然每誇於人，以為奇遇。（《花當閣叢談》）

明代娼妓能詩的人，怎這樣多呢？其原因大約有二：其一明代文壇上復古之影響。元代以蒙古族入主中夏，本不知文化為何物。他分全國人為十等階級，即一官，二吏，三僧，四道，五醫，六工，七獵，八民，九儒，十丐。（《鄭所南集》）《輟耕錄》亦說：「國朝儒者自戊戌選試後（元太宗十年當宋嘉祐二年）以論賦取士。（元好問〈楊文憲奐墓碑〉），所在不務存恤，往往混為編氓。」則其時輕視讀書人可想。所以元代散文詩因陋就簡，無甚麼重要價值。明太祖以漢族驅逐胡元於塞外，一切政事文章，皆推翻一切，極力恢復元以前狀態。自前七子李夢陽、何景明宣倡導於前，文必秦漢，詩必盛唐，風氣不一變。後七子李攀龍、王元美出，繼續前修，其勢益張。元曲為特殊文學，其價值頗可稱述。然元人所撰，大都北曲，且喜雜用方言，或參用胡語。明代崇尚南曲，以傳奇為盛，其結構詞采與元曲大異。李調元《雨村曲話》說：

「自梁伯龍出，始為工麗濫觴，蓋其生嘉隆間，正七子雄長之會，詞尚華靡。弇州於此道不深，徒以維桑之誼，盛為吹噓，不知非當行也。故吳音一派，竟為剿襲靡詞，如綉閣羅幃，銅壺銀箭，紫燕黃鶯，浪蝶狂蜂之類，啟口即是，千篇一律，甚至使僻事繪隱語，不惟曲家本色語全無，即人間一種真情話，亦不可得。……」

看了上面一段，知明中葉後南曲完全變為古典派，與元代北曲大異其趣了。一般文人學士即鄙視胡元文學，而大倡復古運動。坊曲娼婦本是極不保守的人物，極能迎合潮流的人物，耳濡目染，為獻媚遊客計，自高聲價計，不知不覺，遂群趨於吟詩或作詩之一途。而坊曲女詩人，乃多於過江之鯽了。

其二：士大夫因犯罪關係，其家屬沒入教坊者頗多，素有文學遺傳或修養。章學誠〈婦學〉說：「又前朝虐政，凡縉紳籍沒，波及妻孥以致詩禮大家多淪北里。其有妙兼色藝，慧傳聲詩，都人士從而酬唱，大抵情綿春草，思遠秋楓，投贈類於交游，殷勤於燕婉，詩情闊達，不復嫌疑，閨閣之篇，鼓鐘聞外，其道固當然耳。」就拿章氏這幾句話，做我這段結論罷。

第二十節　唐以後娼妓妝飾之變遷

聲妓繁盛，娼妓化妝技術，均推唐代。自唐以後，不過踵事增華而已。大概唐代女子妝飾，都創於「宮掖」，而民間效之，北里群花又效之。《西神脞說》說：「婦人勻面，古惟施朱敷粉，至六朝乃兼尚黃。」唐代女子及娼妓妝飾，大要亦不外乎此。但娼女對於唇眉及髮的化妝術，比較更為革新。此種時代奢侈之反映，很值得我們注意的，茲分述如左方：

一、髮

古代女子髮的美惡，與貌的姣好很有關係。前人讚美女子的話。所謂「秀如春雲」、「光可鑑人」、「長委於地」，都是指髮而言。漢代即有假紒（《後漢書・東平王憲傳》）、高髻（《後漢書・馬廖傳》）、墮馬髻（《後漢書・五行志》）等等名目。女子對於髮的修飾，自古已然。唐代娼妓是怎樣呢？該拿唐人詩來證明她：

「花映垂鬟轉。」——儲光羲〈夜觀妓詩〉。

「風流誇墮髻。」——白居易〈代書詩百韻寄微之〉。

「倭墮低鬟髻。」——溫庭筠〈南歌子〉。

「高髻雲鬟宮樣粧。」——劉禹錫〈贈李司空妓詩〉。

「髻鬟峨峨高一尺。」——元稹〈李娃詩〉。

看了以上所引，唐代娼妓頭上的髻，形式是兩種：一種是向下垂樣子，二十年前我國大都會最時髦女郎，多半是這樣；一種是高如牌樓似的，前清北京八旗女子的頭，就是這種遺製。娼妓要裝成花樣翻新的髻。天天必定要梳頭，則梳子一定是要考究的。唐末洛陽少年崔瑜，多貲，喜治游，嘗為娼家玉潤子造「紅牙五色梳」，費錢二十萬。（陶穀《清異錄》）當時嫖客對於娼妓髮的注意，可想而知。

二、眉

眉與女子面部的美，也是很有關係的。漢代張敞曾為他的夫人畫眉（《漢書・張敞傳》），漢代亦尚細長而曲折的眉，號曰「啼眉」（《後漢書・五行志》）。唐代娼妓對於眉的修飾，亦非常注意，再引唐人詩來證明：

「青黛點眉眉細長。」——白居易〈上陽白髮人〉。

「連娟細掃眉。」——溫庭筠〈南歌子〉。

「巧匀輕淡約殘粧。」——施肩吾〈妓人殘粧詩〉。

「輕鬢叢梳闊掃眉。」——張籍〈娼女詞〉。

「拂黛隨時廣。」——沈佺期〈李員外秦援宅觀妓〉。

「城中畫廣黛。」——法宣和趙王〈觀妓詩〉。

照以上所引，唐代娼妓眉的化妝亦是兩種：一種是細而長的，如現在大都會摩登女郎畫的眉毛一樣；一種是寬而廣的，現在平津各舞臺上花旦眉樣，就是這個形式。到了唐末，娼妓眉的妝飾，更外革新。陶穀《清異錄》載一段故事：

「瑩姐平康妓也，玉淨花明，尤善梳掠。畫眉目作一樣，唐斯立戲之曰『西蜀有十眉圖汝眉若是，可作百眉圖。一夕假以歲年。當率同志為修眉史矣。』有細宅眷而不喜瑩姐，目為『膠煤變相』，自昭哀以來，不用青黛掃眉，皆以善墨火煨染指，號『薰墨變相』。」後來一般文人們稱呼妓女叫做「眉史」，就是從這個故事起的。

二、唇

古代女子用胭脂做妝飾品，本來只施於兩頰，唐則並塗於唇。唇的化妝，至唐代又開一新紀錄了。唐有「烏膏注唇」的風尚。

《唐書・五行志》：「元和之末，奇異化妝流行，不施朱粉，唯以烏膏注唇，似悲啼狀。」

白樂天〈時事妝〉：「烏膏注唇唇似泥。」

唐末娼家爭妍鬥媚，「點唇」技術，日益工巧。

《清異錄》說：「僖昭時唐代都中娼家，競尚妝唇，婦女以此分妍否。其點注之工，名字差繁，其略有胭脂暈品，石榴嬌，大紅春，小紅春，嫩吳香，半邊嬌。萬全紅，聖檀心，露珠兒，內家圓，天工巧，洛兒殷，淡工心，朱龍格，雙唐媚，花奴樣子。」則唐末倡家唇的化妝，可謂盡態極妍了。

宋張子野詞：「垂螺近額，走上紅裀初趁相。」又晏幾道〈小山詞〉：「雙螺未學同心綰，已占歌名，月白風清，長倚昭華笛裡聲。」又云：「紅䗛碧玉新名舊，猶綰雙螺。一寸秋波，千斛明珠覺未多。」按「垂螺」、「雙螺」，宋時角妓未破瓜時髮總之名。（《詞苑叢談》）又宋代詩人以妓無顏色者叫做「鼓子花」，即「米囊花」。王元之謫齊安郡，時民物荒涼，營妓有不佳者，乃作詩曰：「憶昔西都看牡丹，稍無顏色便心闌。而今寂寞山城裡，鼓子花開亦喜歡。」張子野老於杭，多為官妓作詞，而不及龍靚〈獻詩〉云：「天與群材十樣葩，獨分顏色不堪誇。牡丹芍藥人題遍，自分身如鼓子花。」子野乃作詞贈之。（《山樵野語》）米囊花即罌粟花，濃艷異常，宋代娼妓姿容不佳者曰鼓子花（即米囊花），則又似當時妝飾崇淡雅一派之證。茲再就唐以後娼妓妝飾特點分別言之：

一、一般婦女及娼妓都以宮掖妝飾為標準

唐白樂天〈時世妝樂府〉云：「時世妝，時世妝，出自城中傳四方。時世流行無遠近，顋不施朱面無粉。烏膏注唇唇似泥，雙眉磕作八字伍。妍媸黑白失本態，妝成盡是成悲啼。圓鬟無鬢堆髻樣，斜紅不暈赭面狀。昔聞被髮伊川中，辛有見之知有戎。元和粧梳若記取，髻堆面赭非華風。」白氏所謂「城中」，即指京師宮掖，特委婉言之。《東南記聞》說：「宣和（宋徽宗年號）之季京師士庶，競以鵝黃為腰腹圍，謂之腰上黃。婦女便服不施衿紐，束身短製，謂之『不製衿』，始自宮掖，而通國皆服之。」這就是女子妝飾發動宮掖之證。

又《宋史輿服志》說：「權發遣提舉淮南東路提學事，丁瓘言：衣服之禁尤不可緩。今閭閻之卑，娼優之賤，男子服帶犀玉，婦人塗飾金珠，尚多潛侈，未合古制。……伏願明詔有司，嚴立法度，酌古便今，令以義起禮，俾閭閻之卑，不得與尊者同榮，娼優之賤，不得與貴者並麗。」（此北宋政和年間事），可知宋代娼優慕宮掖中貴人妝飾，丁氏所以建議改革的原因。

《釵小志》說：「唐崔樞夫人治家整肅，容儀端麗，不許群妾作時世妝。」

《新唐書・輿服志》說：「中宗後宮人胡帽，海內效之，衣丈夫衣而靴。」

《大唐新語》說：「天寶中士流之妻，或衣丈夫服靴衫鞭帽，內外一貫。元稹贈劉采春詩云：

『新妝巧樣畫雙眉，慢裹恆州透額羅。正面偷輸光滑笏，緩行輕踏皺紋靴。言辭雅措風流足，舉止低徊秀媚多。更有惱人腸斷處，選詞能唱望夫歌。』」

照以上所引話看起來，當時保持禮教舊家，是反對「時世妝」的。娼妓對於宮掖妝飾，是極端慕效的。元稹詩所謂「巧樣新妝」，所謂「緩行輕踏皺紋靴」與《大唐新語》說「士流妻，或衣丈夫靴」，《唐書》說「宮人衣丈夫衣而靴」的話，若合符契，不是顯然證據嗎？又司空圖詩云：「處處亭臺止壞牆，軍營人學內人妝。」軍營人即營妓，「內人」即宮中妃嬪。這又不是顯然證據嗎？娼妓慕效宮中裝飾，風氣至明代中葉猶然。

《湖海樓集》〈廣陵雜感〉云：「瀟灑風流漢武皇，鑾輿三月下雷塘。錦裘夜獵張公子，寶瑟晨彈古氏倡。已為微行營萬乘，還聞端拱賴三楊。隔江十四樓中女，多少珠簾學內妝。」此是武宗正德年間的事情，「內妝」即是皇帝宮內妃嬪們妝飾。「十四樓」即南都（今南京）官妓居留的地方。此後良家婦女，漸漸有倣效娼妓妝飾的習慣。

談遷《棗林雜俎》引安陽〈張氏風範〉說：「弘治正德初，良家妝飾，恥類娼妓。自劉長史更仰心髻效之，漸漸因襲，士大夫不能止，近時冶容猶勝於妓，不能辨焉。風俗之衰也。」這種風氣變更，很值得注意的。

二、娼妓樂人服色之特別規定。此種制度，元明兩朝最盛

《元典章》說：「至元五年中書省箚，娼妓穿皂衫，戴角巾兒，娼妓家長並親屬男子，裹青頭巾。」

> 《新元史・輿服志》說：「仁宗延元年定服色等第詔：娼家出入，只服皂褙子，不得乘坐車馬。」
>
> 《太和正音譜》說：「趙子昂曰：娼夫所作詞，曰綠巾詞。」這是元朝的事情。

《明史輿服志》說：「教坊司冠服，洪武三年定。教坊司樂藝青卐字頂巾，繫紅線褡膊，樂妓明角冠皂褙子，不許與民妻同。……教坊司伶人常服綠色巾，以別士庶之服。」劉辰《國初事蹟》說：「太祖（明太祖）立富家樂院於乾道橋，男子令戴綠巾，腰繫紅褡膊，足穿帶毛猪皮靴，不許於道中走，只於道邊左右行。或令作匠穿甲，妓婦戴皂冠，身穿皂褙子，出入不許穿華麗衣服。」這是明朝事情。又《輟耕錄》載〈人誚廢家子孫詩〉云：「宅眷盡為瞠目兔，舍人總作縮頭龜。」後代人以龜頭為綠色，遂目著綠頭巾的為龜頭。樂戶妻女大半為妓，故又叫開設妓院以妻女賣淫的人為龜，或叫當龜。又以官妓皆籍隸教坊，後人又呼妻女賣淫的人為戴綠頭巾，或叫戴綠帽子。實則碧綠青等色，自古為賤人之服。唐封演《聞見錄》說：「李封為延陵令吏人有罪，不加杖罰，但令裹碧頭巾以辱之。隨所犯輕重以日數為等，日滿乃釋。吳人著此服出入州鄉以為大恥。」宋沈括《夢溪筆談》說：「蘇州有不逞子弟，紗帽下著青巾。孫伯純知州判云：『巾帽用青，屠沽何異？』」皆為實例，不過至元明時專用為「樂人」、「娼妓」服色罷了。

三、娼妓裹足之風，宋元以後為盛

古代女子施朱敷粉外，又塗額以黃，畫眉以黛。大抵注重唇妝，眉妝，額妝，面妝及鬟髻妝。以「纏足」為一般婦女妝飾品的，則自宋以後，確有可徵。《侯鯖錄》說：「京師婦女妝飾與腳皆天下所不及。」《墨莊漫錄》說：「婦女纏足，起於近世。」《輟耕錄》說：「元豐（宋神宗年號）以前猶少裹足，宋末遂以大足為恥。」娼妓裹足，大約亦始宋代。作俑良家，而娼妓仿效。《藝林伐山》說：「諺言杭州腳者，行都妓女，皆穿窄襪弓鞋如良人。」這就是明白的證據。吳自牧《夢粱錄》說：「小腳船專載賈客小妓女，荒鼓板，燒香婆嫂」，是南宋時幾以為婦人通稱。

元伊世珍《琅環記》說：「吾聞聖人立女而使之不輕舉也，是以裹其足。故所居不過閨閣之內，欲出則有幃車之載，是以無事於足也。」看了這一段話，知道元代已視婦女裹足為聖經賢傳不可移易之信條了。

元白珽湛《淵靜語》說：「伊川六代孫淮咸淳間為安慶倅，明道年五十四卒，二子相繼早世，無後。淮之族尚蕃衍，居池陽。婦人不纏足，不貫耳，至今守之。」因當時纏足已成了天經地義，伊川族中女子不肯隨俗，白氏所以特別記錄這一樁事。元代婦女裹足既已盛行，所以到了元朝末年就有「鞋盃」事發生。

《輟耕錄》說：「楊鐵崖耽好聲色，每於筵間見歌兒舞女有纏足纖小者，則脫其鞵鞋，盞以行酒，謂之金蓮盃。余頗厭之。」閱《墨莊漫錄》：「王深輔道〈雙鳧詩〉云：『時時行地羅裙掩，雙手更擎春瀲灩，眾人都道不須辭，盡做十分能幾點，春柔淺醮蒲萄暖，和笑教人勸引滿。洛塵忽挹不勝嬌，剗踏金蓮行款款。』觀此詩則老子疏狂，有自來矣。」照這麼說起來，「鞋盃」宋朝已有人行過了。楊鐵崖不過奉行故事，並非自我作古。宋元時代，裹足風行一時，可想而知，明沈德符《野獲編》說：「明時浙東丐戶，男不許讀書，女不許裹足。」是裹足變成貴族婦人專有妝飾品，賤民階級女子，則政府以法令禁止其實行。明代裹足風氣之盛，可想而知。到了明朝末年，就發生了一件極悲慘事情。

彭遵泗《蜀碧說》：「張獻忠據蜀時，偶染瘧疾，對天曰：『疾愈當貢朝天蠟燭二盤。』眾不解也。比疾起，令斫婦女小足堆積兩峯，將焚之，必要以最窄者置於上，遍斬無當意者。忽見己之妾足最窄者，遂斫之，其臭達平政門為樂。……」

則明末婦女裹足盛行，及受殘殺痛苦，可想而知。

至明代坊曲中妓女，無不以小足為獻媚男子之具，試以明代娼妓足的妝飾列舉如下：

> 顧媚弓彎纖小，腰支輕亞。
>
> 張元清在少年場中，纖腰齲步，亦自楚楚，人稱為張小腳。
>
> 顧喜，趺不纖妍，人稱為顧大腳。（以上《板橋雜記》）
>
> 相傳馬湘蘭足稍長，江都陸無從戲以詩曰：「吉花屋角響春鳩，沉水香殘懶下樓，翦得石榴新樣子，不教人似玉雙鉤。」（周櫟園《書影》）

你看了上面，便知當時娼妓欲博得嫖客歡心，或憐惜心，故以小足為惟一的妝飾品。馬湘蘭足稍長，則陸無從譏之以詩。顧喜趺不纖妍，人稱為「顧大腳」。則小腳在娼門中貴重可知。又「鞋盃」惡作劇事情，在明代仍然風行。徐紈〈本事詩〉說：「何孔目、元朗至閶門攜榼夜集，元朗袖中帶南院妓王賽玉鞋一隻，醉中出以行酒。蓋王足甚小，禮部諸公亦嘗以金蓮為戲。王鳳洲樂甚。次日即以扇書長歌云：『手持此物行客酒，欲客齒頰生蓮花。』元朗擊節歎賞，一時傳為佳話。」又林若撫〈鞋盃行自序〉說：「余薄游秦淮，偶與一二勝友過朱校書櫻寧，飯酒間出錦鞋貯杯以進。曰此所謂『鞋盃』也。自楊鐵厓而後，再見於何孔目、元朗，才情正堪鼎足兩公。余聞之喜甚。不意風塵中人，博綜雅謔，有如此者。遂以筆蘸酒為賦〈鞋盃行〉云。」又明人徐渭〈美人纖趾調菩薩蠻〉云：「千嬌更是羅鞋淺，有時立在千秋板，板已窄稜稜，猶餘三四分。紅絨止半索，繡滿幫兒雀。莫去踏香堤，游人量印泥。」

你看明代女子的腳，小得可憐不可憐！又唐子畏〈詠纖足排歌〉云：「第一嬌娃，金蓮最佳，看鳳頭一對堪誇。新荷脫瓣，月生芽。尖瘦幫柔繡滿花。從別後，不見他。雙鳧何日再交加，腰邊摟，肩上架，背兒擎住手兒拿。」照此看來，小足對於性交時尚有特別快樂用途。無怪乎一般坊曲妓女，大家都裹三寸金蓮，以獻媚遊客。

第二十一節　花柳病起源之時與地

花柳病以楊梅瘡為最重，亦最晚出。蓋發生於明代中葉以後。但其原理，則我國古代醫書中已說過了。

隋巢元方《病源候論》〈二十四花瘻候〉說：「風濕容於皮膚，與血氣相搏，其肉突出，如花開狀」

又〈二十五反花瘡候〉說：「初生如飯粒，破則血出，生惡肉有根，肉出反散如花，諸惡瘡久不瘥者亦然。」又〈諸惡瘡候〉說：「風熱挾濕毒之氣浸淫。」〈瘡候〉說：「風熱發於肌膚。」〈無名瘡候〉說：「如惡瘡，或瘥或劇，風熱搏於血氣所生。」唐王壽《外台秘要》引《素女經》說：「七傷之情，不可不思。第六之忌，新息沐浴，頭身髮濕，舉重做事，流汗如雨。以合陰陽，風冷必傷。其腹急痛，腰脊疼強。四肢酸疼，五臟防響。上項頭面，或生漏瀝，云出《古今錄驗》二十五卷中。」唐孫思邈《千金要方》說：「交合事，蒸熱得氣，以菖蒲末白梁粉敷合，燥則濕痛不生。」又說：「治陰惡瘡，以蜜煎甘草末塗之。」宋竇漢卿《瘡瘍經驗全書》說：「徽瘡由於與生疳瘡之婦人交合薰其毒氣而生。」

看了上面所引諸書，所云「四肢酸痛，上攻頭面」。其發生時現象，頗似楊梅瘡。所云「惡瘡久不瘥」，恐怕就是楊梅瘡萌芽罷，是明代中葉以後之楊梅瘡，古代似已有之。但古代醫學，未受科學洗禮，對於疾病名目，亦未能分析清楚，所謂惡瘡者往往與風癘相混，試以事實證明之。

崔言得疾，眉髮自落，鼻樑崩倒，肌膚得瘡如疥，皆目為惡疾，不可救。有異人教以皂莢刺燒灰，大黃九蒸九曬為末，以大黃湯調服之。（《神仙感遇傳》）

北齊李庶無鬚，博陵崔諶調之曰：「何不以錐刺頤下作數十孔，拔左右好鬚者載之。」庶曰：「持此還施貴族。藝眉有益，然後藝鬚。」崔家時有惡疾，故庶以此調之。（《酉陽雜俎》）

齊武平（北齊後主年號）時，梁州薛河寺僧遠為，性疏誕，不修細行，好逐流蕩，歡讌為任。眼邊有烏點，洗拭之，眉毛一時隨手落盡。（《唐高僧傳》）

消渴連年，累有相如之患。迄於大漸，遂如范增之疾。桐君對藥，分闞神明。李柱倚醫，更無方技。銘云：「梧桐茂苑，楊柳娼家。千金迴電，百日流霞。凋零倏忽，悽愴榮華。河陽古樹，金穀殘花。」（周庾信〈鄭偉墓誌〉）

看以上所引，所謂「惡疾」，所謂「流蕩」，所謂「相如之患」、「范增之疾」，大約都是指花柳病而言。但實際是花柳病或為風癘卻不敢斷定了。又《苕溪漁隱叢話》說：「劉貢父晚年得惡疾，鬚眉墮落，鼻樑斷壞，愴感慚愧，轉加困劇而斃。」《東坡志林》說：「元豐六年十月十二夜，有得風疾者，口不能言，死生之爭，有甚於刀鋸木索者。知其不可救，默為祈死而已。」東坡所說，必是劉貢父的事情。貢父兄敞知永興軍，亦惑官妓茶嬌得驚眩疾。（《宋稗類鈔》）又《蜀檮杌》云：「潘炕嬖美妾解愁，遂風恙成疾。」這皆是古代花柳風病混合不清的證據。但楊梅瘡發生，吾國至明中葉以後，則確有可證。

俞辨《續醫說》（嘉靖二十三年西元一五四五年出版。）薢土茯苓條：「弘治末年（明孝宗年號）民間患惡瘡，自廣東人始。吳人不識，呼為廣瘡，又以其形似，謂之楊梅瘡。若病人血虛者，服輕粉重劑，致生結毒，鼻爛足穿，遂成痼疾，終身不愈云。」

李時珍《本草綱目》（萬曆十八年，西元一五八八年出版。）卷十八〈土茯苓條下集解〉說：「土茯苓楚蜀山菁中甚多蔓生，昔人不知用此，近世弘治正德（正德明武宗年號）間因楊梅瘡盛行，率用輕粉葉取效。毒瘤筋骨，潰爛終身。至人用此，遂為要藥。」又說：「楊梅瘡古方不載，亦無病者。近時起於嶺表，傳及四方。蓋嶺表風土卑炎，嵐瘴薰蒸，飲啖辛熱，男女淫猥，濕熱之邪，積蓄既深，發為毒瘡，遂致互相傳染。自南而北，遂及海宇云。」

吾國醫書，最初載楊梅瘡名目，及治法，當以此二書為權輿。而楊梅瘡始於宏治，至正德而盛，吾人亦於二書證明，實吾國花柳史上最重要之紀錄了。

再檢弘治正德前後醫書，有無楊梅瘡之記載？

《玉機徵義》，劉宋厚著。（洪武二十九年，西元一三九六年出版，正德元年，西元一五〇六年再印。）卷十五瘡瘍門有治下疳瘡及治便毒方。

《山居醫方便宜》，態宗立著。（正統六年，西元一四四一年出版。）卷七有諸淋，妬精下疳瘡，陰頭瘡。

《醫林集覽》，王爾著。（成化十八年，西元一四八二年出版。）卷十五有淋遺洩疳瘡，妬精瘡，便毒。

以上諸書，均無楊梅瘡之名。

《丹溪心法附錄》，方廣著。（嘉靖十五年，西元一五三六年著。）卷十六有楊梅瘡。

《外科心法良方》，薛立齋著。（嘉靖三十五年，西元一五五六年著。）有楊梅瘡名。

《古今醫統》，徐春甫著。（嘉靖三十六年，西元一五五七年出版。）有楊梅瘡。

《醫學綱目》，樓英著。（嘉靖四十四年，西元一五六五年出版。）十九卷有楊梅瘡。

《竇氏圖經瘡瘍經驗全書》，竇夢麟著。（隆慶三年，西元一五六九年著。）卷五楊梅瘡，一名廣東瘡，一名徽瘡。並附有詳圖。

《醫學入門》，李挺著。（萬曆四年（西元一五七六年）丙子出版。）卷七有楊梅瘡。

《萬病回春》，龔廷賢著。（萬曆十五年（西元一五八七年）出版。）卷八有楊梅瘡。

《瘍科證治準繩》，王肯堂著，（萬曆三十六年（西元一六〇八年）著。）卷五有楊梅瘡症狀治方。

《景岳全書》，張介賓著，清康熙庚寅（康熙四十九年）新刻本。本書為明張介賓輯，序文說：「庚辰歲外孫林日蔚始付剞劂。無年號，書中引用薛立齋朱丹溪李東垣諸家之說。（按庚辰為萬曆八年及崇禎十三年。）六十二卷有楊梅瘡狀。

《外科正宗》，陳實功著，（萬曆四十五年（西元一六一七年）著。）四十一卷有楊梅瘡。

《徽瘡秘錄》，陳司成九韶著，（明崇禎五年壬申（西元一六三二年）出版。）明代醫書，談楊梅瘡者以是書為最後出。但對於楊梅瘡狀歷史治法，亦以是書為最精。其〈自敘〉上說：

> 「往余弱冠，與友人某某者同試虎林。彼狎邪青樓，而余畏不敢從，彼以為迂也。北歸未幾，友臥病，心知有所中也，不敢彰其言，私倩余商榷。余發先王父遺書，及檢各家秘授合治之，乃瘥。居無何，余食貧，而家且圮，遂棄去經生，業長桑君之術。於是考難究鍼灸老人帶下嬰兒三科。既而浪游三吳間，參仿遇有剩病則搜奇別怪以瘳之，今二十年矣。無藥不癒，更見公子王孫，

一犯其毒，終為廢疾。嗟嗟，方書不言，言亦不悉，余甚愍之。因察天時，氣運，病原，傳染，嗜好，或問，爰及治驗方法，類成一帙，名曰《黴瘡秘錄》。非敢以立言自任，聊補後人所未發耳。（崇禎五年敘）」

又總說上說：「余家世業醫，自高祖用和公至不佞，已八世，方脈頗有秘授。獨見『黴瘡』一症，往往處治無法，遂令膏梁子弟，形損骨枯，口鼻俱廢，甚則傳染妻子，喪義絕育，深可憐惜。於是遍訪專門，亦無灼見。細考經書，古未言及。究其根源，始於午會之末，起於嶺南之地。至使蔓延通國，流禍甚廣。」又說：「或問黴毒為患自何時乎？曰嶺南之地，卑濕而暖，霜雪不加。蛇蟲不蟄，凡污穢蓄積於地，一陽來復，濕毒與瘴氣相蒸，物感之則黴爛易毀，人感之則瘡瘍易侵。更逢客火支煎，重虛之人，即得此病。故謂之楊梅瘡。」又說：「此症有謂楊梅瘡，有謂棉花瘡，有謂砂仁瘡，名狀不一者何也？曰：毒之相感者一氣也，臟之見證者各異也。如黴瘡有赤游柴瘡，如瘋，如疹，如砂仁，如棉花，如鼓釘，如爛柿，如楊梅，或結毒破爛孔竅，名狀不一。大約似楊梅者多半，故曰楊梅瘡。皆以形名，所以不一也。」

據上所述，吾國研究楊梅瘡，有系統敘述，蓋始自陳氏，無可疑問。

綜合以上各家學說，楊梅瘡於十五世紀始，發現於吾國醫書中。其流行蓋始自弘治末年（西元一四八八年—一五〇五年）至正德年間（西元一五〇六年—一五一一年）而始盛。且起源廣東，諸家學說一致。考歐洲人最先來華通商的為葡萄牙人。明正德六（西元一五一一）年，葡人亞寛伯基占嶺南洋麻六甲後設總督以掌貿易，拓殖事務。逾五年有伯斯特羅者，乃以航船來廣東，此為第一次之試航。翌年（正德十二年）葡人孚那安德來德復率葡船四艘，馬來船四艘，泊於澳門西南之上川島，要求通商。明政府許以率船二艘，航行廣東。是為現代歐洲國家與中國直接通商之始。（據武堉幹《中國國際貿易史》引摩西

〈中國國際關係論〉）再考歐洲古代在哥侖布發現美洲以前，歐陸似乎還沒有梅毒流行。這種花柳病，確是那時從海地傳到西班牙去的。（用《歐美淫業史》說。）我國「楊梅瘡」至明孝宗宏治時候發生，至武宗正德而鼎盛。或恐怕與葡人東來，不無有多少關係罷。

又吾國相傳最古花柳病，所謂「消渴」者，漢司馬相如有消渴疾。（《漢書．司馬相如傳》）魏卞蘭得消渴病。時明帝信咒水使人持水賜蘭。蘭曰：「治疾當有方藥，何信於此，」（《三國志》注引〈魏略〉）按「消渴」似即近世「糖尿病」。《醫賸》引王志懋〈二酉委譚〉說：「閩參政王懋德自延平歸，忽瘦甚，鬚髮皆枯。云乃消渴症。百藥罔效，先是延平一鄉官，潛謂人曰：『王公病曾有嘗其溺否？有此症者，其溺甚甜。此不治驗也。』王後聞之，初試微甜，已而漸濃，愈益甜。王亦自知不起。乃曰：『消渴病聞之，溺甜則未之聞也。』」是可為消渴病即糖尿病之確證了。

第六章　私人經營娼妓時代

第一節　清代中葉以前之娼妓

清初用明朝制度，順治元年設教坊司以掌宮懸大樂。（《欽定八旗通志》）順治八年，奉旨停止教坊女樂，用太監四十八名替代它。（《康熙會典》）但據《皇朝通考樂考》上說：「順治十二年仍設女樂。十六年後改用太監。遂為定制。」經過這二次革除，以後清代的北京官妓，似已消滅了。所以《雍正會典》有：「順治十六年裁革女樂後，京師教坊司並無女子」的話。至各省官妓，康熙後始次第廢除。

《雍正會典》說：「禮部進春儀，康熙十二年覆準直省府州縣拜迎芒神土牛，勒令提取伶人娼婦者，嚴行禁止。」

又說：「雍正三年律例館奏准：令各省俱無在官樂工」，都是顯然的證據。清初王士楨做揚州推官時，曾有關於官妓的一段掌故。他說：「揚州舊例，府僚迎春瓊花觀，以妓騎導，太守節推各四人，同知以下二人，歸而宴以侑酒。府吏因緣為姦利。余語太守罷之。」（見王著《香祖筆記》）但考王做揚州推官為順治十六年，康熙五年行取北歸，所說官妓，大約是康熙十二年以前各省還未奉令禁止現象罷。

又陳尚古《簪雲樓雜記》說：「順治壬辰（順治九年）禁良為娼。以喪亂後良家子女被掠。展轉流落樂籍。世祖特有是命，其誤落於娼家者，許平價贖歸，都下甚快。……史可法檄云：齊姜宋子，相率而入平康。乃軍市設教坊之流禍，致李闖施之明臣。」（呂毖《明朝小史》）是當日明代良家及貴族婦女墮落而為娼妓，蓋不可勝計。雖有順治禁良為娼之令其不能歸還者，蓋又不可勝計。壬辰之令，亦僅亡羊補牢而已。

如上所述，清順治八年十六年，兩次裁革京師教坊「女樂」。康熙十二年，復重申禁令。蓋最遲至康熙十二年以後，京師及各省由唐歷宋明的官妓制度似宜掃地無餘了。

清初娼妓群居地方，大約外城內之東西，及外城外之南，都為香巢。

《析津志》說：「京師皇華坊有東院，有本司衚衕。本司者，教坊司也。又有勾欄衚衕，演樂衚衕。相近後有馬姑娘衚衕，宋姑娘衚衕，粉子衚衕，迷樓曲巷，蓋直至總鋪衚衕。出城則有南院，皆舊日之北里也。」

燕都妓女自遼以來，多以子為名，粉子亦妓女名字。民國後勾欄衚衕改內務部街，粉子胡同為農商部衙署所在地。一般士大夫不知昔日曾為紙醉金迷之地了。

清代由順治歷康熙，雖用國家命令法律，消滅了歷代相傳的官妓制度。雍乾以後娼妓則依然存在。我們拿日本人著《唐土名勝圖》看：

是書標題，故兼葭堂本世肅先生遺意編述。法橋岡田、玉山尚友、岡熊岳、文暉大原、東野民聲同畫。前有皆川原心、橫塘有則、奥田元繼三序。序署享和文化年號，則當吾嘉慶九年十年間（西元一八〇四—一八〇五年）。

其卷帙次第，首大內，次皇城，次內城，次外城，次園囿郊坰，而終之以直隸各府。其編制先之以總圖，而後及於典章文物，風景名勝，繫之以說明，而參引名人之題句。……至於各衙署，寺院，壇囿，苑籞，或其名僅存，或其地已泯，覽其圖繪，皆宛然如見。數百年來，經營締構之功。猶得長存於吾人之想像。斯誠圖籍之瓌寶也。……古今風土變遷，最可玩味者，莫如「戲樓」與「妓館」。其所載〈東西青樓之圖〉，是在今燈市口之東一帶。妓皆長袍盛妝，彈箏侑酒，繡簾紅燭，迥非今世所見。……（以上用瞿宣穎〈北京建置談薈說〉）

〈唐土名勝圖〉為吾嘉慶初年所著，敘述當然為乾隆時代狀況。〈東西青樓圖〉地望，與《析津志》所說相同。則清代雍乾時燕京娼妓，仍然作賣笑生涯，昭如星日。但清代中葉前，北方娼妓雖多，很少艷史流傳，赫然露其頭角者。擬之南方南京揚州等處，反有遜色，是甚麼緣故呢？其原因蓋有二：

其一：禁止官吏士人狎娼。清沿明制，律凡文武官吏，宿娼者杖八十。（挾妓飲酒，亦在此例。）媒合人減一等。監生生員……狎妓賭博……者，問發為民。褫革治以應得之罪。

其二：燕京婦女容色裝束習慣。都不如南人。

陳大聲〈嘲北地娼妓曲〉上說：「門前一陣騾車過，灰揚。那裡有踏花歸去馬蹄香？棉襖棉褲棉裙子，膀脹。那裡有春風初試薄羅裳？生葱生蒜生韮菜，腌臢。那裡有夜深私語口脂香？開口便唱冤家的，不正腔。那裡有春風一曲杜韋娘？舉杯定吃燒刀子，難當。那裡有蘭陵美酒鬱金香？頭上鬏髻高尺二，蠻娘。那裡有高髻雲鬟宮樣妝？行雲行雨在何方，土坑。那裡有鴛鴦夜宿銷金帳？五錢一兩等頭昂，便忘。那裡有嫁得劉郎勝阮郎？」（見《長安客話》。陳雖為明人，但清初娼寮情形，與明不異，陳氏話並未失時代性。）你看陳氏所做曲子，寫得何等透切，何等頑艷。北地胭脂。當然不如南朝金粉了。

當時如廣州，南京，蘇州，杭州，寧波，潮嘉等地，裙屐聲歌，都非常繁盛，試略述之：

嶺南烟花，非常繁盛。娼妓區域有南濠，大小揚幫，沙面，穀埠，而以穀埠規模為最大。

明末清初，廣州青樓，設在南濠。相傳南園五子雅集，多在於此（老城南濠街，即其故址）。當時城內娼寮，除南濠外為小東營（在小東門）。清初有詩妓名紅豆的居此。乾嘉時為繆蓮仙賞識的名妓沈秀英，亦在小東別墅。今其地已湮，不過留一點流風餘韻罷了。清初妓館，設於沙面，即今之鬼基。其地積沙而成，妓女以板築屋，與茅寮等，故名曰寮。蛋戶在水邊築板屋的叫蛋家寮，即本此意。沙面有帆影閣，為當時諸妓宴客地方，頗為繁盛。咸豐六年火災，南海令華樵雲、廷傑不准恢復。乃由陸而水，變為現在的鬼棚尾了。（現在約數十艘，分兩行排列，與大沙頭東西排列，在城外水面。）

大小揚幫乃流娼，與沙面土妓不同。妓從揚州來，故叫揚州幫。「大揚幫」故址在河南福仁里河旁。其後來者日多，由陸居而變為水居，號「小揚幫」。好南詞者多趨之。太平軍一役，英兵入省城，大小揚幫俱星散，以後乃改為南詞。

珠江花舫。乾隆以後業已繁盛。自大小揚幫消滅，冶游者咸萃於海珠。最盛為道光中末葉時代。是時珠江花舫環海珠而自成一家者，分為數處：

1、**穀埠**

2、**迎珠街**：

花舫舊泊於迎珠街凡十餘隻，有頭廳而無尾廳，局面小於穀埠。冶遊客多商人。

3、**合昌**：

原水寮名。花舫亦有二十餘隻，合掌平排。遊客登舟選艷，有當意者，即夕可成好事。妓女身分，遜於穀埠迎珠。

4、**水鬼氹**：

即萃貴潭，以字音相同，俗人訛傳，乃叫水鬼氹。妓女多蛋戶，以「住家艇」為藏眷所。妓女聲份，與合昌等。

就中以穀埠為上乘。穀埠花舫，以艇肚住妓女。各有房艙，名叫白鴿籠。艇面有廳，前有前廳，尾有尾廳。舵尾有房，名叫櫃底房。頭尾廳為宴客之所，陳設華麗，一入其中，幾不知為浮家泛宅了。花舫一字排連，兩行排列。中離三丈許，可容「沙艇」往來。花舫外泊「紫洞艇」數十隻，大的紫洞艇有內外廳，隔以錦帳，分別男女內外，陳設與花舫等，艇頭置睡椅一，圓桌一，以備遊客納涼或賞月之用。紫洞艇頭泊沙艇無數，以渡客來往。穀埠艇大小不下三百餘艘，有上中下三檔之分。下檔最佳，上檔次之，中檔為「烟緣艇」。妓女留髡的即以此艇為陽臺，所以叫烟緣艇。在廣州冶游。到了穀埠已經嘆觀止了。（據《珠江花史》）

但當時一般文人。對於粵妓均有菲薄之辭。

> 袁枚《隨園詩話》說：「久聞廣東珠娘之麗。余至廣州，諸戚友招飲花船，所見絕無佳者。故有『青唇吹火拖鞋出，難近都如鬼手馨』之句。相傳潮州綠蓬船人物殊勝。猶未信也。……」
>
> 趙翼《簷曝雜記》也說：「廣州珠蛋戶不下七八千，皆以脂粉為生計。……蛋女率老妓買為己女，年十三四即令侍客，實罕有佳者。晨起面多黃色。敷粉後，飲卯酒，作微紅。七八個船，每日皆有客。……蛋戶例不陸處。脂粉為生者，亦以船為家。」

而粵妓聲光，亦僅為嶺南一隅所限，這是甚麼緣故呢？

一、因主觀力量太強

審美本是主觀的。袁趙均江浙人，看慣了嬌小玲瓏式江浙美人，一日驟易以習慣言語性質妝飾絕異的珠娘，雖如花玉貌，亦視若無鹽。

二、因對於廣東，一切事物無深切感情

任何人久住在一個地方，無論殊方絕域，久之不免同化自表同情。前人所以有「卻憶并州是故鄉」之感。趙翼氏在廣東做官，袁為游歷性質：均暫時。僑人對廣東乏深切印象。故東粵美人，被二公一筆抹煞。

三、因當時廣州遊客，除一部分官僚幕客外，半為市儈及紈袴兒

此等人都胸無點墨，沒有屈宋詞章，為美人鼓吹，所以當時粵妓名聞海內的寥若晨星。吳樹珠《壁紅餘話》說：「珠江襟帶羊城。……中央海珠石，隨波上下，勢欲浮去。……其間帆檣如林，青雀黃龍之舫，集於州渚。別有花艇藏嬌，靚妝炫服，照臨波鏡，乃水上平康里也。每當夜靜月明，皓腕當窗，絳樹之清歌競奏，絲珠之玉笛橫飛。雖竹西歌吹，何以加茲？然綺羅絃管，大抵長鬚奴大腹賈，徵逐其中。若杜樊川書記風流，百無一焉。此則烟花減色，而亦珠江之辱矣。」這幾句話是很對的。

其實各地方美人，都因風土氣候不同，而各有其特徵。如吾國燕趙佳人，以壯邁勝。吳姬越女，以婀娜勝。粵東珠娘，以剛健勝。十步之內，豈無芳草？歷史上艷稱墜樓的綠珠，即為粵產。其聲價亦不在真娘、蘇小以下。且審美觀亦因時代而變更。袁枚固以粵妓醜陋，形諸吟詠。他的孫子袁翔甫〈滬北竹枝詞〉咏粵妓云：「輕綃帕首玉生香，共識儂家是五羊。聯袂拖鞋何處去，膚圓兩足白於霜。」

你看他這首竹枝詞，頗足為粵妓生色，與袁枚極力詆毀者不同。因翔甫生於清末（同治光緒）間又流寓在五州異國雜處的上海，審美觀因時代而變更，因此就與他的乃祖大異其趣了。

南京為明代陪都，烟花極盛，清代申丙之交，（順治元年二年）一片歡場，化為瓦礫。至乾隆末年復

興，當時本幫——即南京幫——揚幫，蘇幫妓女，都聚於此。士大夫讌集，皆在秦淮畫舫中。真所謂戶戶皆花，家家是玉，幾於恢復明代末年的盛況了。

珠泉居士《續板橋雜記》（乾隆四十九年出版）說：「聞之金陵父老云：秦淮河房，向為妓者所居，屈指不過幾家。開宴延賓，亦不恆有。自十餘年來，戶戶皆花，家家是玉，冶游遂無虛日。丙申丁酉（乾隆四十一二年間）夏間尤甚。由南門橋迄東水關，燈火游船銜尾蟠旋，不覩寸瀾。河亭上下照耀如晝。諸名姬家，廣筵長席，日午至酉夜，座客常滿，樽酒不空。大約一日之間，千金靡費。真風流之藪澤，烟月之作坊也。」又說：「前明河房文人讌游之所，妓家則鱗次。舊院在鈔庫街與貢院隔河遙對。今自利涉橋至武定橋兩岸河房，麗姝櫛比。俗稱本地者曰本幫，來自姑蘇者曰蘇幫，來自維揚者曰揚幫。」又說：「自利涉橋以東為釣魚巷，迤邐至水關臨河帶，亦麗者所居。地稍靜僻，每有名妓，心厭城市，擇此居之。然自春初水長以迄秋中，游艇往來，亦復絡驛不絕。由文德橋而西為武定橋，迤西至新橋，亦有河樓。地處西偏游踪暫至，故卜居者少。至白培巷王府塘諸處，室宇湫溢，類皆卑屑所居，不敢與水榭頡頏。聞亦間有麗人，余則未之見也。」又說：「秦淮河鑿自祖龍，水由方山來，西流沿石城達於江。常春夏之交，潮汐盛至，十里盈盈，足恣游賞。迨秋季水落，舟楫不通，故泛舟者始於初夏，訖於仲秋，當夫序居天中，日逢竹醉，游船數百，震盪波心。清詞南曲，十番鑼鼓，騰騰如佛，各奏爾能。薄暮須臾，燭龍炫耀。簾幕畢鉤，清妝倚欄。聲光歷亂，雖無昔日燈船之盛，而良辰美景，樂事賞心，洵昇平氣象也。」

捧花生《花舫餘談》（嘉慶十三年出版）說：「凡有特客，或他省之來吾郡者，必招游畫舫以示敬。先數日即擘小紅箋貯以小紅封套，牋上書某日買舟候教，某人拜訂，命僕送至客所，客如不到，隨即以小紅箋上書辭謝，下書某人拜手字樣，仍貯送去之封套內，並原請之箋還之，是日不擾。否則主人預計客之多寡，或籐棚，或走艙，賃泊水次，臨時速客共登。大半午後方集，早則彼美朝酣，梳掠未竟，無可省覽。另以小舟載僕輩於後，以備裝烟問話。盤餐或從家庖治成，用硃紅油盒子擔至馬頭，伺船過送上。或擇名館如便宜、新順之類代辦，以取其便。又或傭外間庖人載以七板兒兩隻，謂之火食船。一切盤盂刀砧醋鰾醬、烏銀瓊屑，以及僵禽斃獸，果蓏椒豉葱薤之屬，堆滿兩臘，燒割烹調，唯命是聽。獻醻既畢，人倦酒闌。回顧篗筍燈籠，早經陳列岸上，主客歡揖而散，亦已斗轉參橫矣。」

你看乾嘉年間，秦淮游讌之樂，其繁盛狀況，視前明末葉更覺變本加厲。承平日久，風月撩人，不得不如此嗎？

揚州娼妓事業，自唐以來即號稱繁盛。清初即有「私窠子」、「半開門」、「蘇浜」、「揚浜」諸種名目。

吳蘭茨〈揚州鼓吹詞〉序：「郡中城內裡城妓館每夕燃燈數萬，粉黛綺羅甲天下。吾鄉佳麗，在唐為然。國初官妓謂之樂戶。土風立春前一日，太守迎春於城東蕃釐觀。令官妓扮火春夢婆一，春姐二，春吏一，皂隸二，春官一，次日打春官給身錢二十七文，另賞春官通書十本。是役觀前里正司之。至康熙間裁樂戶，遂無官妓，以燈節花鼓中色目替之。揚州花鼓扮昭君漁婆之類，皆男子為之。故俗語有『好女不看春，好男不看燈』之訓。官妓既革，土娼潛出。如『私窠子』、『半開門』之屬，有司禁之。泰州有漁網船，如廣東高桅艇之例。郡城呼之為『網船浜』，遂相沿呼蘇妓為『蘇浜』，土娼為『揚浜』。一逢禁令，輒生死逃亡，不知所之。今所記載，如蘇高三、珍珠娘之類，尚昔年佚事云。」

據吳氏所說，揚州自官妓革除，蘇浜揚浜娼妓，並不十分興盛。但此為清初順康年間事。一則喪亂初平，瘡痍未復。一則官司禁令森嚴，娼妓難以託足。至乾隆末年，海內昇平，揚州烟花復盛。小秦淮瘦西湖繁華，直駕金陵而上。

李斗《揚州畫舫錄》（乾隆五十八年出版）說：「自龍頭至天寧門水關，夾河兩岸，除有可記載者，則詳其本末，若歌喉清麗，技藝可傳者，則不勝枚舉。……如趙大官趙九官……諸人，皆色技俱佳，每舟游湖上，遇者皆疑為仙。至麵店王三官者，則又開揚州蘇浜之鼻祖者矣。其妾五官娟好，然冶游者詢其年齒姓字，則面紅潛遁，此又蘇浜中奇人焉。若高小女子本係揚人，豐姿絕世，而才藝一時無兩。許九官與齊名，其實則遜之甚遠也。」又說：「小秦淮妓館嘗買棹湖上，妝掠與『堂客船』異。大抵梳頭多『雙飛燕』、『到枕鬆』之類。衣服不著長衫，夏多子兒紗，春秋多短衣，如翡翠織絨之屬。冬多貉覆額蘇州勒子之屬。船首無侍者，船尾僅一二僕婦。游人見之，或隔船作吳語，或就船拂鬢握手。倚欄索酒，傾卮無遺滴。甚至湖上市會日，妓舟齊出，羅帷翠幕，稠疊圍繞。韋友山詩：『佳話湖山要美人』，謂此。」

又袁枚《揚州畫舫錄》序（乾隆五十八年作）說：「記四十年前，余游平山，從天寧門外桉舟而行。長河如繩，闊不過二丈許。旁少亭台不過匽潴細流，草樹葉歙。而自辛未歲（乾隆十六年）天子南巡，官吏因商民子來之意。賦工屬役，增榮飾觀。……其壯觀異采，顧陸所不能書，班揚所不能賦也。」阮元亦說：「揚州全盛，在乾隆四五十年間。」（《揚州畫舫錄跋》）

看了廣州揚州南京娼妓狀況，則清朝乾隆時南部烟花，直有令蕩子魂消，羈人心醉的。其他蘇州杭州潮嘉諸地稱是。茲再以當時冶游風風尚及特質，分別言之：

一、坊曲中妝束摹倣吳門，及其變遷之迅速

娼門中時世妝變換得最快。這個時代，大約以吳門為典型。

《續板橋雜記》：「院中衣裳妝束，以蘇州式，而彩裾廣袖，兼效維揚。」《畫舫餘談》說：「姚家巷、利涉橋、桃葉渡頭多蘇州人開列星貨鋪。所鬻手絹風兜，雨繖，棠木屐，重台履，香裹肚，洋印花巾袖，顧繡花巾袖，妝花邊，繡花邊，金彩鬼子欄杆，貉勒，緞勒，義髻鬧妝，步搖，流蘇，裊朵之類，炫心奪目，閨中之物，十居其九。故諸姬妝飾，悉資於此。固由花樣不同，亦特視為奇貨矣。」《吳門畫舫續錄》：「時世妝大約十年一變。余弱冠時（《吳門畫舫續錄》作於嘉慶十八年）見船娘新興緩鬟高髻，鬟如張兩翼，髻則疊髮高冠，翹前後股，簪插中間，俗呼元寶頭，意仿古之芙蓉髻。後改為平二股，直疊三股，盤於髻心之上，簪壓下股，上關金銀針，意仿古之四起髻。今又改為平三套，平盤三股於髻心之外，意仿古之靈蛇髻也。鬢則素尚鬆緩，若輕雲籠月然。……」

婦女妝飾，競尚吳門，實始自明季。《燼宮遺錄》說：「周后籍蘇州，田貴妃籍揚州。（周、田俱崇禎帝后妃）皆習江南服飾，謂之蘇樣。」余懷《板橋雜記》說：「南曲衣裳妝束，四方取以為式。大約以淡雅樸素為主。」則娼妓妝束，取法吳中，已非一朝一夕之故了。娼妓是最不守舊的人物，是最講時髦的人物。她的妝束時時刻刻變遷就是這個道理。

二、坊曲中賭博漸盛行

這個時代，賭博已流行娼門中，遊客以此為唯一消遣品。娼妓藉此為博取纏頭之資，幾成為副業。

《畫舫餘談》（嘉慶二十三年戊寅捧花生著）說：「曲中習風尚葉子戲，曰成坎玉，曰碰十壺，姊妹往來，每多為此。後又為投瓊，有趕洋，跳猴，擲八叉，奪狀元，諸名色。行之既久，又生厭，乃興壓寶。壓寶者，豫以青蚨一枚，藏小方盒中，平放案上，前後左右，任人射之，但得寶字方者勝。其局則曰寶局，盒則曰寶盒。別將作過之寶字方向錄於片紙，以為比對。則曰寶篇，窮日繼夜，其風甚行。近又有所謂搖攤。法用玲瓏骰子四顆，覆於器而搖之，計其點數，定青龍，白虎，朱雀，玄武四門。一日之間，輸贏無算。蓋因有如清游，假此為買笑地者。嗚呼，家無儋石儲，而一擲百萬，世豈鮮牧豬奴哉！花骨頭之為禍，烈於水火，顧安得鐵蒺藜碎之！」

《揚州畫舫錄》：「畫船多牙牌葉格諸戲，以為酒食東道。……」

賭博流行民間，實盛自明季。《日知錄》說：「萬曆之末（明神宗年號），士大夫有相從賭博者。至天啟中（明熹宗年號），始行『馬弔』之戲。而今之朝士，若江南山東，幾於無人不為。」但坊曲為此遊戲，風尚未見諸記載。乾嘉承平日久，六博風氣，漸傳播於歌樓畫舫間，很值得我們注意的。

三、鴉片烟漸流行於曲中

到了乾隆時候，沿江沿海坊曲中，已漸漸拿鴉片烟來供給嫖客。

《畫舫餘談》（嘉慶十三年）著說：「今所行鴉片烟，……不知何時流入中國。價值昂貴，嗜之者謂可助精神，利百疾，呑吸無饜歷三二年後，聳肩伸頸，面若死灰。……屢奉嚴禁，買賣均有科條，其實私相受授者。殆終不免。少年子弟，流戀平康珍如慎卹。諸姬亦間以娛客，罔知利害。……」

俞嘉《潮嘉風月》說：「鴉片烟出外洋諸國，色黑而潤。凡游粵者無不領其旨趣。……友人姚春圃嘗為余道鴉片之美。……余曰：『其然。豈其然乎』然近日四民中，唯農夫不知其味，即仕途中亦多有耽此者。至於娼家，無不設此媚客。然嗜好過分，受害亦甚酷。……」

愚意鴉片烟輸入中國，當始自有明。

俞理初《癸巳類稿》說：「明四譯館同文堂《外國來文》八冊，有譯出暹羅國文云：那侃進皇帝鴉片二百斤，進皇后鴉片一百斤，此不知何年。」

又徐伯齡《談精雋》說：「成化癸卯（明憲宗十九年），令中貴人收買鴉片，價與黃金等，其國自名合浦融。」

是成化年間市上已有鬻賣鴉片的。成化後約百年之萬曆時代（明神宗年號），李時珍著《本草綱目》記阿芙蓉事甚詳。但內云：「阿芙蓉前代罕聞，近方有用者。」則當時服用鴉片尚未普及可知。沿及清代，鴉片流毒已遍全國，其患則甚大。

《海東牘語》說：「雅片出咬嚁巴、呂宋、爪哇。烟筒以竹為管，側開孔，以黃泥做葫蘆，空其中，以火煆之。」是明清間南洋已變生食為吸食。其烟槍烟斗，與今製無異。李圭說：「康熙二十年後，海禁弛。沿海居民，得南洋吸法而益精。不數年流行各省，競開烟館賣烟。」（詳李圭《鴉片事略》）此後鴉片普及全國。道光中，上自官府縉紳，下至工、商、優、隸，以及婦女，僧尼，道士。隨在吸食，（黃爵滋〈奏疏〉）道光十二年廣東奏猺事言：連州軍營戰兵多食鴉片。兵數雖多，難於得力。

此皆鴉片烟遺害之確證。《畫舫餘談》說：「不知何時流入中國。」是真不學之過哩。又考清至康熙時已知其弊害，雍正時已發禁令，乾隆時累下嚴令而不行。乾隆中葉以前，由鴉片重要產地輸入吾國者為葡萄牙人，年約二百箱。最多時候沒有超過千箱的。到了乾隆二十二年（西元後一七五七年）英破印度聯軍，占加爾各答。英在印度勢力大張。同三十八年（西元後一七七五年）鴉片輸入中國利權，乃為英人所獨占。嘉慶五年以後（西元後一八〇〇年。）平均每年輸入四千箱。供給愈多，則消耗者亦愈眾。所以乾隆時代近海潮嘉，長江內地的金陵。坊曲中嫖客妓女，都以阿芙蓉為唯一消魂蕩魄之具了。

四、坊曲中歌舞戲樂用崑曲的盛衰

崑曲在明代已盛行於坊曲中，到了清朝崑腔勢力仍大。娼妓以用崑腔娛客為上品，其他各地方小調次之。故當時稱崑腔為「雅部」。

《吳門畫舫續錄》說：「未開讌時，先唱崑曲一二齣，合以絲竹鼓板，五音和協。豪邁者令人吐氣揚眉，淒婉者亦足消魂蕩魄。其始也好整以暇，其繼也中曲徘徊，其終也江上峯青，江心月白，固已盡其技矣。……客有善歌者或亦善繼其聲，不失其為雅會。今則略唱崑曲，隨續以馬頭調倒板槳諸小曲，且以此為格外殷勤，醉客斷不可少。聽者亦每樂而忘返，雖繁絃急管，靡靡動人而風斯下矣。」

二石生《十洲春語》（道光二十一年辛丑出版）說：「院中競風尚小曲。」又說：「數年以來，如雙珠之崑腔，潤寶之絃索，並有盛名。今已成廣陵散矣。惟許福之妹雙桂字月舲能撫絃歌鸞鳳簫。每一發聲，令人低回欲絕。」

李斗《揚州畫舫錄》說：「兩淮鹽務，例蓄雅花兩部，以備祝釐大戲，『雅部』即『崑山腔』。『花部』為京腔，秦腔，弋陽腔，梆子腔，羅羅腔，知簧腔。統謂『亂彈』。」

清康熙乾隆兩帝累次南巡，兩淮鹽商迎鑾演劇，爭妍鬥媚。現在知道的如康熙時京師內聚班之演長生殿，乾隆時淮商夏某家之演桃花扇，與明朝末年南都演燕子箋盛況，可相頡頏。故乾隆朝尚為崑曲鼎盛時代。坊曲中從風而靡，當然奉為唯一消遣品。道光朝崑曲漸式微。《金台殘淚記》說：「今（指道光八年）都下徽班，皆習亂彈。偶演崑腔亦不佳。」《天咫偶聞》說：「道光末，二黃盛行。其聲比弋腔則高且急，無復崑弋之雅。」道光朝雅部崑曲地位，漸為亂彈諸腔所奪。始於梨園，而波及於勾欄。故道光末年，二石生有「雙珠崑腔，潤寶弦索，今成〈廣陵散〉」之歎。咸同後，崑曲更趨於衰歇了。

五、小腳之風，仍然盛行

明代民間坊曲，均尚小足。清代入關下令，順治二年以後所生女子不准裹足。康熙六年又弛其禁。故一時坊曲中仍以小腳為爭妍鬥媚之具。試略舉例如下：

王小荇蓮瓣纖纖，花鬟裊裊。
楊多子六寸圓膚，春光緻緻。
曹鳳品新聲則朝朝瓊樹，衡逸態乃步步金蓮。
王岫雲纖腰微步，羅韈生塵。
蔣玉珍全身之勝，尤在裙下雙鈎。
（以上《秦淮畫舫錄》）
徐二雪膚花貌，豐若有餘，而裙底弓彎，却又瘦不盈握。
郭心兒頎而婉，豐而逸，素肌纖趾，溫乎如瑩。
施四唇一點小於桃英，趾雙翅瘦於蓮瓣。

馬四明眸善睞，膚如凝脂。惟雙趺不甚纖妍，常靸小方鞋（俗名拖鞋）作忙促裝，揜其微疵。

金二明眉慧眼，纖趺柔腰。幾欲傾其流輩。

（以上《續板橋雜記》）

小輿化姓李，色中上。豐肌弱骨，霧鬢烟鬟。足下不及三寸，望望亭亭，疑在雲中。

（以上《揚州畫舫錄》）

你看以上所述，「馬四雙趺不甚纖妍」，便說她「常御拖鞋作忙促裝，揜其微疵」。則乾嘉時遊客及妓女心理，皆以「金蓮纖小」為唯一的美品。「雙趺不甚纖妍」則為女性的絕大憾事。其他部分雖美，總覺白璧有瑕。蓋自清初以來，一般「變態性慾」的拜小腳狂文人，都極力提倡「小足」。

李笠翁說：「選足一事，如俱求窄小，則可一目了然。倘有粗以及精，盡美而思善。使腳小而不受腳小之累，兼收腳小之用。……其用維何？瘦欲無形，越看越生憐惜，此用之在日者也。柔若無骨，愈親愈耐撫摩，此用之在夜者也。」（《笠翁偶集》）

笠翁說小足效用「在日間憐惜，夜間撫摩」。已經思想入微，鈍根人所萬不及的。而研究小足體大思精的仍要算方絢。方氏在他《香蓮品藻》上說：「香蓮有三貴：肥軟秀。香蓮有三上、三中、三下：掌上、肩上、秋千板上、被中、鐙中、雪中、簾下、屏下、籬下。香蓮有二幸：醜婦幸小足，邀旁人譽；猥妓幸小足，得眾人憐。香蓮有四忌：行忌翹指、立忌企踵、坐忌落裙、臥忌顫足。香蓮有六不幸：不幸嫁村郎，終身延俗手把握；不幸墜落風塵，終夜受醉漢肩架；不幸俗尚高底，終朝踹蹺；不幸生長北地，終歲褰裳。不幸身為侍婢，終日奔馳；不幸貧為丐婦，終年踵決。」

你看研究「小足」到了方氏，真可謂前無古人，神妙欲到秋毫顛了。妓女本是人們玩好品，完全迎合人們嗜好。文人學士，文章詩歌，在那個時候，代妓女宣傳力量很大。一般坊曲中娼妓安得不大家爭先恐後，毀傷肢體，獻媚這一班「假斯文」的朋友哩？

六、賤民階級仍營娼妓事業

清以東胡入主中原，雍正帝本係奸雄，毅然下令免除前明遺流下來「惰民」、「蛋戶」、「九姓漁戶」等世為娼妓的賤民階級，復為良民。表面上看似一種深仁厚澤。實際亦僅玩弄漢族，籠絡人心一政策罷了。

《皇朝通志・食貨略》說：「雍正元年時，山西省有曰樂籍，浙江紹興府有曰惰民，江南徽州府有曰伴儅，寧國府有曰世僕，蘇州府常熟、昭文二縣有曰丐戶，廣東省有曰蛋戶。該地方視為卑賤之流，不得與齊民同列甲戶。上甚憫之。俱令削除其籍，與編氓同列。而江西、浙江、福建又有所謂棚民，廣東又有所謂寮民，亦照保甲之法，按戶編查。」

《皇朝文獻通考》〈王禮考泰陵聖德神功碑〉上（泰陵雍正帝）說：「自明初紹興有惰民，靖難後諸臣有抗命者，子女多發山西為樂戶。數百年相沿未革，一旦去籍為良。令下之日，人皆流涕。」

《癸巳類稿》引〈京報〉：「乾隆三十六年夏六月庚辰，禮部議覆陝西學政劉墫山陝之樂戶浙江之丐戶，雖編籍由來，無可確據，而其相承舊業，實屬卑污，應請以報告改業之人為始，下及四世，清白自守，方許報捐應試。其廣東之蛋戶、浙江之惰民，九姓漁戶，及各省凡有似此者，均照此辦理。」

我們看了上面的話，知道自明洪武後一為胡元種族，一為靖難忠臣家屬後裔，都被政府貶為樂戶，惰民，蛋民，九姓漁戶等等名目，大半操娼妓事業。其野蠻政策，真前代所未有。但看上面所引各書，似由雍正至乾隆，表面上已革除淨盡，按之實際，則不然。道咸後，江山船眷屬，仍然蔫寢侑觴。名滿天下。

戴槃《兩浙宦游紀略》（同治五年出版）說：「嚴郡建德之漁課，始自明洪武年間。九姓則陳、錢、林、李、袁、孫、葉、許、何，相傳為陳友諒抗明師後的後裔，及臣屬子孫，被貶入舟居，使身為賤役，無異教坊。其家屬隨船者，皆習絲絃大小曲，以侑觴薦寢。名為眷屬，實則官妓。日久年深，九姓之名，已難遍考。至今船隻名為江山。由錢江而上至衢州為八省通衢，富商大賈非此船不坐，豪宦亦然。沈游傾覆，迷而不悟，耗費資財，誠不可以數計。道光咸豐間，尚存船一千數百隻。船以奉官為名，官吏既徵課銀。即有不能禁止之勢。……漁課一項，徵銀九十四兩五錢五分八釐，皆屬可裁之款。九姓之課可裁，九姓之人可以改業。」

嘉道後廣州蛋戶皆以脂粉為生計。潮嘉曲部中，半皆蛋戶女郎。

趙翼《簷曝雜記》說：「廣州珠蛋船不下七八千。皆以脂粉為生計。猝難禁也。其人例不陸居。脂趙粉為生者，亦以船為家。故冒其名，非真蛋戶也。……余守廣州時，制府常命禁之。余謂此風由來已久，每船恃以衣食。一旦絕其生計，令其七八萬人，何以得食。且纏頭皆出富人，亦衰多益寡之意。事遂已。」《潮嘉風月記》：「潮嘉曲部中半皆蛋戶女郎。而蛋戶惟麥、濮、蘇、吳、何、顧、曹、七姓，以舟為家，互相配偶，人皆賤之。……生女則視其姿容之妍媸，或留養撫，或賣鄰舟，反稍長勾眉敷粉，擫管調絲，相沿之習，有不能不為娼者。……廣東蛋戶，與浙江惰民，承蒙諭旨，准其為良，……此真胞與為懷，……無如結習莫除，甘於下賤，亦可哀也已。」

照此看來，雍正乾隆間所謂解放賤民階級，不過是一種具文罷了。

第二節 清代末葉之娼妓（咸豐以後）

清代北京為政治中心，衣冠文物，咸萃於斯。廣州在唐宋已與波斯賈胡通商。鴉片戰爭以後，上海廣州都首先開港，商務冠全國。吾國地形，黃河、長江、粵江，橫貫全部。三地又居江海要衝，故考究清中葉後娼妓，以北京代表黃河流域，上海代表長江流域，廣州代表粵江流域。而研究其變遷，反覺能得到綱領哩。

乾嘉時，京師東西青樓，似在今東城燈市口一帶（見日本人著《唐土名勝圖》）。咸同間京師三曲，多在城外（見王韜《燕京評春錄》上）。光緒初又移於西城內磚塔胡同（俗呼口袋底）。《骨董瑣記》引《塔西隨記》云：「曲中里巷，在西大市街。西自丁字街迤西磚塔胡同，磚塔胡同南曰口袋底，曰城隍菴，曰錢串胡同，錢串胡同南曰大院胡同，大院胡同西曰三道柵欄，其南曰小院胡同，三道之南，曰玉帶胡同，曲家鱗比，約二十戶。初時共三五家，多京畿人。今則半津門人矣。初有而今仍有者，天喜三喜。初有而今無者，天順三寶。初有而今易名者，雙盛之舊為聚鳳，萬升之舊為西連升也。」又云：「雙順天喜、天順所居，為其世產。餘皆賃之德小峯、明芝軒、車四，租資特昂。餘所說甚詳。大約始於光緒初葉，一時宗戚朝士，趨之若鶩。後為御史指參，乃盡數驅逐出城。及今三十餘年，已盡改民居。話章台故事者，金粉模糊，尚一一能指點其處。」（按《塔西隨記》萍跡子作，卷末有光緒庚子自跋。）據《塔西隨記》所說，京師平康，光緒中葉已被逐居於城外。從此鶯鶯燕燕乃遷地為良。直至清亡是未嘗變更的。

至北京娼寮狀況是怎樣呢？《清稗類鈔》說：「道光以前，京師最重像姑，絕少妓寮。金魚池等處，與隸群集之地耳。咸豐時妓風大熾，胭脂、石頭胡同，家懸紗燈，門揭紅帖。每過午，香車絡驛，遊客如雲，呼酒送客之聲，徹夜震耳。士大夫相習成風，恬不為怪。身敗名裂且有因此褫官者。」是京師娼妓，至咸豐時一大解放。其原因有二：

一、帝主沉迷女色，無暇管理臣工

清文宗末年，憂心焦慮，傷於禍亂。然後稍自抑解，寄於文酒。以宮中行止有節。尤善園居。冬至入宮，正月方出。園中有漢人女子「四春」，最得寵愛就是杏花春、武陵春、牡丹春、海棠春四位。（見鉢提〈記圓明園〉）帝王唯知婦人醇酒，日肆沉酣終至釀成英聯軍火燒圓明園，北走熱河的慘劇。

二、承平日久，法令漸弛

《燕台評春錄》說：「嘉道中六街禁令嚴，歌郎比戶，而平康錄事，不敢僑居，士大夫亦恐罹不測少昵妓者。至咸豐初年，有蘭仙、竹仙、蕙仙，一時名噪都下。朝紳爭聯鑣以詣之，金吾令亦少弛矣。」這幾句話說得很對的。

至咸同時京師娼妓狀況，可約舉之：

一、京師娼妓多北地佳人

《燕台評春錄》說：「都中妓多皖、齊、燕代產。蓮涇、竹西，絕無僅有。至珠江春色，亦於此一見云。」這就是說當時曲中娼妓，蘇州、揚州、廣東人，都是很少的。

二、當時娼妓擅長歌曲的甚少

《燕台評春錄》說：「雅仙能唱南曲，彈琵琶，此他處所弗能及也。蓋南中妓悉能刻宮引徵，竹肉相宣，令人聽之忘倦。都下多不知歌管，余（九洞天樵自稱）初至時，寘酒尚有肴饌，使出局承應，尚繫裙侍飲，尚行令拇戰。近概蠲免。余戲曰：『實事求是，悃幅無華。……』然多見士大夫，舉止大方，是其所長。」又云：「都中妓近日尠解音律，獨丁月卿以簫稱，李竹仙以箋，高三以阮咸，蓮仙以琴，蓉卿、雅仙俱以琵琶得名。蓋所謂庸中佼佼者，餘多肉屏風矣。」蓋北妓專承侍寢，注重「實事求是」的工夫。咸同時候久已如此了。

三、清光緒朝京師妓女仍甚惡劣

徐珂《清稗類鈔》說：「丁酉，戊戌間（光緒二十二三年），南城妓館頗卑劣，視韓潭伶館，弗如遠甚。其規則大抵一果席二金，又當十錢四緡。其次則不設宴，不歌曲，儘可留宿。費當十錢二十緡。花費既少，妓之程度亦甚卑下。僕御走卒，得一金即可強邀一宿。群妓亦願就之。蕭龍友所謂黠卒里胥，窟穴其中。」看了徐氏的話，則故都光緒年間妓女之卑劣，可想而知了。

至光緒庚子，拳匪變亂，京師化為邱墟。光緒壬寅（光緒二十八年）清帝自西安回京，百務競尚改革，而妓寮風氣亦一變。先是，光緒丁酉戊戌間（光緒二十二三年），合南北幫計之，僅三十七家。每家不過十人。少僅三五人。生客以挑果席為相見禮，一次給現金。此後則皆記之於簿，以故逃債者甚多。掌班者虧累不支，側閒相屬。庚子變亂，改絃更張。此輩乃藉以自存。而娼寮章程亦略有變更。（以上略本《清稗類鈔》）清末及民國後，半沿其制。其最大變遷有二：

一、法律之變遷

清康熙十九年律：夥眾開窰誘取婦人子女，為首照光棍例斬決，為從發黑龍江等處，給披甲人為奴。

嘉慶十六年修訂〈大清律〉：「京城內外拏獲窩娼至開設軟棚，日月經久之犯，除本犯照例治罪外，其租給房屋房主，初犯杖八十，徒一月。……知情容留者，……鄰保杖八十，房屋入官。」

再查清光緒三十四年憲政編查館〈考核違警律摺〉第三十一條：「凡犯左列各項者，處十五日以下十日以上之拘留，或十五元以下十元以上之罰金。」第五項：「暱娼買姦或代媒合及容留止者。」

自清光緒三十一年設巡警部後，復設內外域巡警聽，抽收妓捐月繳妓捐者為官妓，反是者為私妓。京師官妓，已為法律所默許。康熙嘉慶間處置開設娼寮，及冶游娼寮重典，已不適用了。

二、南妓之勃興

從前北京所謂妓館，所謂女相公者，皆庸脂俗粉，不足當走馬王孫之一顧。三四十年前，貂裘夜走者，都不屑問津，自光緒庚子後而風氣一變。蘇台鶯燕，聯袂偕來，以北地胭脂，雜廁於南都粉黛中。驟覺相形見絀。於是所謂「南班子」之門，輦下貴人，趨之若鶩。著名南妓，首先北來者，為賽金花。

樊樊山〈彩雲曲序〉說：「賽金花原名曹夢蘭又名傅彩雲，本蘇州名妓，年十三依姊居申江。洪學士鈞銜恤歸一見悅之。以重金置為簉室。攜至都下，寵以專房會學士。持節使英，萬里鯨天，鴛鴦並載。既至英六珈象服，儼然敵侍。英故女王年垂八十，彩雲出入椒風，獨與抗禮。嘗與英皇並坐照像，時論奇之。學士代歸，從居京師。與小奴阿福姦，生一子。學士逐福留彩雲，寢與疏隔。俄而文園消渴，竟夭天年。彩雲故與他僕私，至是遂為夫婦。居無何，私蓄略盡，所歡亦殂。返滬為賣笑生涯，改名曰賽金花。」

花史〈賽金花傳〉：「……尋附輪至天津，再入平康。此光緒戊戌年事也。迨庚子七月，西兵由天津陷京師，北地香巢，都付一炬。亦莫知傅之所在。相傳當聯軍入都時，傅以能操德語，故有為西兵所侮，而欲愬於瓦德西帥者，輒浼傅為介。傅甚工詞辯，所言瓦帥無弗應。由是所保全甚多。及和議成，瓦帥尚遲遲。李文忠與諸大臣惶迫無所為計。有謂傅能辦此者，乃召至許以厚酬，被以華服，遣之。傅入宮面瓦帥請並轡北游，瓦帥欣然曰諾。傅後佯訝曰：『君所部風尚淹留於此耶？盍攜以俱出。』瓦帥復欣然諾。即日宮禁肅清。無何，清帝還京。諸公使夫人入覲，或以傅充舌人。由是傅出入禁園，聲勢頗張。迨甲辰夏（光緒三十年），以虐斃假女事，對簿南衙。大銀台某公本洪鈞懿親，嘗諷傅南歸，傅弗聽。至是欲按律論抵，京朝官為傅緩頰者積函盈篋。乃減死遞原籍。傅既返滬，重張旗鼓。令其假女小金花等應客。不一年又以他事為人奸控歸吳門。余於乙巳年元夕後曾一面之，（光緒三十一年）見其容色昳麗，不異少年時。不知從何處得駐顏術也。」

平等閣主人〈詠賽金花詩〉云：「任意輸情本慣家，聯歡畢竟賴如花。銀驄擁出宜鸞殿，爭認娉婷賽二爺。」賽於庚辛間嘗作男子裝，偕瓦德西騎怒馬出入各處。此詩純為紀實。又聞老北京者談：賽於光緒己亥，開金花班北京「南妓小班」，自她開始。庚子後，北京南城外胡同窰主，重新開張，清吟小班各種條規，都是她手創。到了民國後大家都遵守著。照此看來，賽金花不獨為北里之尤物，又為北京娼界之元動，而且為外交壇坫上名流。真娼妓中的出群人物哩。

清季南妓北來的，除賽金花外，最著盛名的要算謝珊珊及蘇寶寶。

「珊珊善歌，與振貝子暱。一日，招至東城餘園侑酒，備極媟褻。御史張元奇專摺參之，謂其為珊珊敷粉調脂，失大臣體。摺上，慶王奕劻為掩飾耳目計，下令盡封閉南城妓館，逐珊珊南旋，一時鶯鶯燕燕紛紛逃暱，亦小劫也。」（《清代聲色志》）

蘇寶寶者浦東人。幼時恣睢放蕩，倜儻不羈。及長，與無賴少年伍。凡達官巨商，縱揮巨金不與交一語。嘗告姊妹行，謂頃來狎客，亦太不自量不自省。面目何狀，即欲向美人作種種醜態，誠天下之恨事。客微聞之，均自慚形穢而去。未幾生涯日趨冷淡，而寶寶落落如故。會海上老妓梁溪李寓歸自都門，素契寶寶，謂是兒終必貴顯惜非其地。商諸寶寶及其母，攜之北上。會有浙人黃三者，充役於某洋行能結交權貴，奔走邸府，遂以寶寶介於慶摟二爺。並語寶寶曰：「此貴人汝能籠絡之，富貴且立致。」寶寶欣然曰：「今而後遂吾初志矣。」遂曲致其流目倩笑之技。摟二爺大喜，及夕定情。翌日即令黃於原價一千二百金外，另加千金，由梁溪攜之登車載往蘇州胡同黃三宅內暫住。事為《燕報》揭載哄動一時。某二爺懼商諸黃三及寶寶，為暫避耳目計，移寓天津，寓中和旅館，醜聲載道。老慶嚴責數次，不准入邸。摟竭力辨保外間謠傳，左右亦為之掩飾，慶曰：「此刻我不管，倘有甚麼參案發現，我再與你計較。」摟大懼，初匿妓於西河沿客棧。後匿於城北某宅，均為各報登載。摟恐蹈乃兄振大爺覆轍，連累乃父，商之劉十，代為劃策。劉為樂亭巨富，與摟為嫖友，因允將蘇妓暫寄劉宅。蘇妓乘京奉車，赴樂亭，摟送之登車蘇妓盈盈含淚，亦泣下沾襟。（以上據《清代聲色志》、《都門識小錄》）

其他南妓北來者甚多。其實當時命駕北來的鶯燕，非半老徐娘，即上海野雞淌白之流。蔣芷儕《都門小識錄》說：「都門花事（指北京）匪特北班不堪屬目，即南班亦無美材。而王公貴游，日夕結駟連騎於其間。蛣羌轉丸。可厭亦復可笑矣。」這幾句話，倒能描寫清季北京妓寮實況哩。

三、清朝親貴官僚狎女娼風氣特盛

帝城春色，偏嗜餘桃。但至晚清，則風氣忽變。先是，清同治帝好冶游。與貝勒載澂尤善。二人皆好著黑衣，娼寮酒館，及攤市之有女子者偏游之。其後得病死，實染毒瘡，頭髮盡脫落。（見王无生《述庵秘錄》）這就是北京由狎昵，男色轉到女娼的先機。延及清末，貴胄大僚，舉狎女娼。最著的如載振之暱謝珊珊，二爺之戀蘇寶寶。這個時候，北地胭脂如三鳳、萬人迷等，其色藝傾動京師。一般王公大人，豪商鉅賈，拜倒旗袍下的爭先恐後，也算是北妓中很出風頭的。

京妓三鳳本官家女，父故家中落，遂展轉為妓。烟行媚視，綽約可人，又工於談吐言論。一時京師狎客，靡不為之傾倒。以是芳名大噪，顧性極風騷，於客無所抉擇。京師坊間舊例，凡遇令節，必張盛宴。編饗與有密切關係之客，名曰「會靴子」。某節鳳循例舉行，面首至者五十餘人，其淫濫可想。有司警務之某邸，尤與鳳狎，愛之甚切。因慮招物議，不便時臨鳳所，乃以侑酒為名，嘗呼之萬義飯莊藉圖幽會。萬義設於東華門外二條胡同，為某國買辦李姓所開。本備有特別室，專為男女待合之所。後某邸欲納為外室，不果。終歸於滿員某。脫籍之費，計七萬金云。

又有所謂萬人迷者，京諺有曰：「六部三司官，大榮、小那、端老四；九城五名妓，雙鳳、二姐、萬人迷。」榮，謂榮銓，那那桐，端端方。雙鳳大金鳳、小金鳳。二姐未詳。萬人迷本名不知云何。初為某副都統婢，與僕私通，事覺，都統並逐之。萬聞南城勾欄有百順班者，其掌班甚良善，乃驅車自投，鬻身於百順，得價四百金，以百金與僕曰，以此為絕，以三百金飾妝容，購衾枕，陳設華麗。數日，萬人迷名大噪。海某內務府郎中以暱萬人迷傾其家。其魔力可想。又有某公爵狎雙喜班姜寶玉的事情。雙喜班妓姜寶玉，有「白面張飛」之稱，最為某公爵所賞識。三月念八日，召飲於煤市街酒樓密室，秘談三小時，即跟局之大丫，亦屏去不使與聞。樓上有飲者聞得其事，編舉以告人。而謚某公爵為「單料陽虎」。蓋謂其僅盜寶玉也。以野蠻之張飛，遇奸詐之陽虎，當為新今古奇觀中添一段材料。（以上見《都門識小錄》、《清代聲色志》）

看了上面所引，便知道，晚清一般親貴官僚，狎昵女娼，相習成風。從前士大夫「掛像姑」、「逛下處」習慣，忽然一變。從前以狎女娼為傖夫俗子行為的觀念，又忽焉一變。這時候北京男堂子仍然存在，但因女娼聲勢猖獗，一般嫖客，厭故喜新，男娼已漸趨於衰微狀態。道種社會好風尚變遷，很值得我們注意的。

至北京娼寮、區域、等第、是怎樣呢？《京華春夢錄》說：

「京師教坊約分四等，上者為小班，次為茶室，再次為下處，最下者為老媽堂。考小班名始於清光緒中葉。斯時歌郎像姑之風甚熾，朝士大夫均以狎妓為恥。而內城口袋底塼塔胡同等處，均有蓄歌妓者，名曰小班。以與外城歌郎劇園某班略示區別。……至於今日則小班之上冠以『清吟』二字，揆其意若以地位聲價，高於儕輩。清吟鬻藝，非專作夜度娘博纏頭歌資者。核其實，則各艷姝手不能彈，口不能唱，捨皮肉生涯外，無一技足顯者，比比而然。以名清吟，得毋弗倫。然天下事往往名不副實，我於此輩又何責焉？若茶室以次，則自劊以下，高人君子所不屑道。但此中亦大有人在，非盡嫫母、無鹽者流。間亦綽約娟好，不減上林群花，第橫陳無檢，慣以色相示人。取資既廉，流品至雜，方寸之區，遂有不堪設想者。下處老媽堂品更卑下，游者多與隸走卒。羅刹叢視作群玉山，未嘗非苦力之消魂窟，若論個中人物妍媸，則老媽兩字，顧名思義，可以得之。」

按自茶室以次娼妓，注重實行，專備人們宣洩獸慾之地，而北方一般遊客，盡講漢儒實事求是之學。此等地方，所費無多，咄嗟間便可消魂真個。故茶室等處。至萬家燈火時，生涯鼎盛，呼茶喚客之聲，不絕於耳，就是這個道理。

又清代末年，有自署南腔北調人，戲作〈北京清吟小班竹枝詞〉二十首，詩云：「長林富貴松瀛墅（皆班名），為訪名花鎮日過。個個大人充都（去聲）少。韓家潭畔馬車多。辰光轡好是新年，恩客來哉開酒盤。喜聽阿姨解頤語，果然蜜蜜又甜甜。擅香瓜子碟裝來，敬客香烟三炮台。自撥琵琶自家唱，一聲聲是呀都歪。茶圍日日攏朋友，去去來來總一淘。臨出門時呼走好，丁寧相會是明朝。春宵一刻原無價，破費千金也便宜。只要消魂果真箇，洋錢念塊倍稀奇。怪煞宵來發異香，夢中驚醒好鴛鴦。羅襦襟解聞薌澤，頭上芳隣馬子房。迎賓門面對金台，更有中西旅館開。喊得東洋車一部，阿儂要好自家來。幾花家具皆洋式，該搭房間色色新。弗許碰和許吃酒。擺來牌飯更開心。短衣窄袖時髦樣，天足蹁躚踏軟塵。出局今朝倌場合，上林春及勝瓊林。清倌阿是普通名，真個消魂豈未曾？勿要當心防鼠疫，大人原本是瘟生。」（以上〈南班〉）「佳人燕趙古來多，餘韻流風今若何。八大胡同閒走遍，幾回慷慨發悲歌。坎肩馬褂套長袍，三尺橫拖白札腰。小小坤鞋尖又瘦，行來一步一魂消。乾媽大丫又跟媽，枯瘦痴肥黑且麻。堪嘆扶持無綠葉，枝枝辜負牡丹花。跑廳喊道幾爺來，款步相迎笑靨開。打罵真成見面禮，暗中上勁要人猜。住局八元盤子一，北洋不及站人優。若干牌子親查過，算到明天是賬頭。縱非小白也多情，缺德何妨竟碰釘。外臉子恁那禮罷，嬌喉如囀上林鶯。姑娘要菜客心歡，紙片飛來叫過班。唱罷二簧還打鼓，老師多賺兩元錢。幾幫茶客紛紛去，一點鐘敲半夜過。換上座燈落保險，圓成好事要張羅。開銷處處要洋錢，端午中秋又過年。生客偏多熟客少，下車容易上車難。南朝金粉野鷄窩，北地胭脂喚奈何。霧裡看花雲裡說，賈家妹妹勝哥哥。」（以上〈北班〉）（均據《都門小錄》）看了這兩首詩，清代光宣間南北班狀況，及治例，均能得其大概。所以把他寫在上面，做一個小小結束。

上海青樓之盛，甲於天下。十里洋場，釵光鬢影，幾如過江之鯽。每逢國家有變故，而海上北里繁盛，益倍於從前。貴游豪客之徵逐於烟花場中者，肩摩轂擊。一歲所費金錢，殆難數計。自道光二十二年末與外人通商之先，上海僅海濱彈丸小邑。一八二四年後，其娼妓事業與工商業有駢進之勢。茲綜其開港前後變遷述之：

道咸之交，妓寮皆在城中。虹橋左側，鱗次以居，其中粉黛雜陳，妍媸畢具。無不各分門戶，以蘇常為最佳，土著次之，維揚江北又次之。唐家衖有二為唐瑜之故宅，在魚行橋南為東衖，在闆水橋西為西衖，悉麗人所居。每至更闌人靜，琴韻簫聲，猶徹牆外。閩粵大腹賈，擁厚資者，遨遊其間，意有所屬，輒張夜宴，鬥酒藏鈎，樂無逾此。

梅家衖以梅宣使得名，地頗幽僻。每有麗姝避喧就寂，僦居其中，靚妝雅服，位置既高，羞與坊曲中伍。惜以時有鋤蘭惡客，摧折百端，致一月數遷，不遑安處。

鴛鴦廳側，地亦幽深。十餘家相連屬，每有闤闠豪家，一月出數十金以供美人揮霍，自此置閉閨房，他客不得見矣。然間多黠婢，俟其他出。則竊召所歡，以啗重金，甘為野鴛，恥作家鷄，烟花本質，往往然矣。

咸豐癸丑（咸豐三年）以後，妓院漸移城外，環馬場既建，闤闠日盛，層樓複閣，金碧巍峨，又得名花以點綴其間，於是趨之者若鶩。庚辛（咸豐十年十一年）之交，江浙淪陷，士女自四方至者雲臻霧沛，遂為北里鉅觀。

同光間滬城之妓，皆在老北門一帶，沉香閣東。最著為朱家莊。過小石橋為季家衖，晝錦坊，西為薛衖。深衖曲巷，別有洞天。循徑而行，菜畦數弓，柴扉雙板，自覺幽致冷然。每至薄暮，紅裙綠袖，歷亂簾前，令人目不暇給。是時公共租界大馬路亦為冶葉娼寮之所。然大半鳩盤荼，無足當雅人一盼。

光緒初，租界工商日益發展，繁華景象日盛一日。各種娼妓，遂群居於租界了。同治初元，東南兵亂，僦居者眾，貿易繁盛，利市三倍，以故貲郎游冶，動擲千金。丙丁以後，（同治五六年）亂既底定，富商殷戶，各回鄉里，而闤闠遂為減色。擲纏頭有吝色，而青樓營業為之小挫。

上海娼妓差等，輒曰書寓，長三，么二。但在同治初，書寓自書寓，長三自長三。書寓先生身分在長三之上。其後二者混而為一，長三都稱書寓，長三已變成普通娼妓。長三為最上等之妓，以待召侑酒例則取銀幣三元，故名。通稱曰先生。

客人對於長三，非由書場點曲相識，亦必有人為之介紹。往其家作茶會，曰「打茶圍」，不須給錢。有水菓瓜子鴉片等相餉。新年第一次（元宵前第一次）往妓家，妓出果盤相餉，曰「開果盤」，客出二十元或六十元，最少亦須十元。

置酒於妓家，每席銀幣十元，下腳五元。新歲元宵以前，及冬至夜酒，下腳雙倍。酒局錢隨後計數，下腳飲畢即付。在打唱日（如佳節，及壽日等，妓家具有打唱），每席點曲三齣，另賞二圓。如遇清明、立夏、端午、七夕、重九，均有燒路頭（即接財神），宣卷（延道士誦經）等。及生日，客例以和酒為報，每酒一席，謂之一抬，兩席曰雙抬，四席曰雙雙抬，如招友於妓家叉麻雀，曰「碰和」。碰和日，妓家例有四盤四碗之和菜餉客，由客點菜亦可。長三無夜合之資，有客留宿，不書於簿。

光緒初年，青樓咸聚於公共租界，如兆貴，兆華，東西書錦里，教坊咸萃於此。此外如日新、久安、同慶、尚仁、百花、桂馨各里，亦悉上等勾欄所居。俗稱「板三局」，未幾而廢。同光間，廿四間樓亦皆妓館，開設最早，旋居次等勾欄。俗稱「二三局」，就是以「么二」排場而收「長三」身價者。光緒中已沒有了。

此等娼妓曰「么二」，或稱曰「堂名」，亦叫「堂子」。同光間城中不滿十家。以出局必銀幣二元，故名。從未貶價。不似「長三」出局已由三元減至一元。無人介紹，亦可往打茶圍。光宣間，「么二」生涯銳減，以出局資昂於「長三」，且朔望必裝乾溼，故望望然去之。有「六跌倒」之說，謂整付銀幣六元，即可留宿，不使之立而使之倒了。

同光間有曰「草台」者，房櫳深邃，被服麗都，客至則調片芥供瓜果。茗杯甫進，而粉黛雜陳於前。客意有屬，即可定情。其夜合之資及他事，率遞減於「堂名」一等。冶游而惜費者，往往捨彼就此。

「私局」亦同光間所有，雖不能與「堂名」、「草台」比肩，然嫻靜則過之。不能家有廚娘，每逢讌宴，輒取諸外肆。帷帳衾裯，必務清潔。最盛時城中多至三百餘家。

滬城於旅邸藏置麗姬，若愜客意，即薦枕席。故賓至如歸，有室家之樂，謂之「花寓」。上海商業中稱營業之不入行者曰「野雞」，久之而娼妓中亦得是稱。以其卑劣於「長三」、「么二」之故。自光緒中葉後，此輩日漸其多，以漢口路、南京路、福州路之西為最多。群雌粥粥，蹀躞路隅，漏已三下，猶彷徨歧路，與《陶庵夢憶》所說揚州「歪妓」，情形相似。

滬上名媛閨秀，賃居僻地，自稱「住家」，俗稱「住家野雞」，同光間已有之。……至光緒甲辰後（光緒三十年），有人介紹即可得門而入，其規則與普通野雞略同。所異的就是不上茶樓，不裝乾溼。

同光間各烟館以售鴉片烟為名，用女子調食。至光緒中葉則唯南市沿黃浦江之鴻昇碼頭一帶有之。福州路、北海路、寧波路亦不少。俗稱「過夜烟間」。開一燈銀幣三角，錢二十文。無家流氓，輒開燈以待天明。女子不為客調烟，輒周旋其間。亦有留客者，自清末明令禁烟，大半歇業。

「花烟間」以蕩溝橋為最多，同光時已甚多。至光宣間則公共租界、法租界無不有之。而山東路、城河浜、十六舖尤為群居之地。日暮輒聞喚客之聲。開燈吸烟一次，佐以茗及瓜子一小碟，銀幣一角錢六十文。禁烟後僅有茗及瓜子而已。夜度資一元三角。

滬之妓女最下等者，為「釘棚」。出銀幣三角於光天化日下，即可求歡。俗曰「打釘」，生涯之盛氣者，日可十餘次。

廣州妓女之於上海者，在光緒中葉，南京路、五昌里有三四家，皆曰某樓。樓各十餘人。應酬華人的曰「老舉」，至其家茶話，曰「打水圍」，即「打茶圍」，不給錢。唯生客不能往，必先招之侑酒。始能相識。如可入門，設宴於其家，曰「開廳」，夜中小喫曰「消夜」。

同光以來，洋涇橋北多粵東女子。招待洋人水兵者，曰「鹹水妹」。光宣間皆聚於司考子路、有恆路。列屋而居，門皆樹柵。且有穴門為牖者。（以上據《清稗類鈔》、《海陬冶游錄》）

看了上面所引的話，我們第一，知道上海娼妓區域，由虹橋，魚行橋，南唐家弄，梅家弄，沉香閣，而至四馬路，東四薈芳里，萃秀里，三四五馬路，跑馬廳，質言之，就是由城內漸移至法界及公共租界。現在時髦倌人，都住在小花園，民和里，新會樂，三元坊，群玉坊一帶。城內虹橋已為提菜負薪者徵逐之地，真令人不勝滄桑之感了。第二，知道清末上海娼妓等第，有書寓長三，么二，二三，堂名草台私局，野鷄花烟間，釘棚粵妓，鹹水妹等等名目。草台私局，頗似現在韓莊及淌白中之碰和檯。書寓身分。從前比長三高貴，現在二名混而為一，長三都稱書寓。真正書寓先生現已消滅。從前以么二排場收長三身價的二三，現在不諳花叢掌故者，多半不知這種名目，已成歷史上名詞，花烟間亦成過去。僅法界小東門及褚家橋，尚有存者，已為強弩之末。這都是上海花界最顯明的變遷。

廣州自清咸同以後直至光緒中葉，穀埠花事繁盛如故。至光緒甲辰（三十一年）粵督興築長堤，下令所有穀埠，迎珠，合昌，水鬼氹，一切大小花舫，悉移歸於海珠下游，貼近大沙頭，乃有「大沙頭」之名出現，即穀埠之化身。甲乙丙丁戊五年中，繁華不異往日。丁未冬（光緒三十三年），《天趣報》開花榜，醵金為會。以積分考，分色藝兩榜，珠江有「花榜」自此始。戊申七月（光緒三十四年）颶風成災，白浪滔天，大沙頭當其衝，花舫被毀壞者已大半。自風定後，各妓盡寄藉於陳塘。及花舫恢復，返大沙頭的僅十之六七。宣統己酉（元年）正月，財記艇大火，瞬息蔓延鄰舟大小艇數百一炬成灰，能倖免者十不二三。穀埠艇此後乃成為歷史上名詞。

代穀埠而興起的為陳塘、東堤。

陳塘興盛於清光緒年間，初分數處：一、大巷口；二、新填地；三、陳塘南；四、隆吉里。新填地、大巷口、陳塘南，相隔一涌，妓女往來以小舟渡之。內中大寨僅五七間，大局一兩，酒局五錢以視穀埠迎珠，僅得半數。陳塘冶客，大都商界中人。自光緒甲辰（三十一年）後，嶺南第一樓等偉大酒樓崛起各妓酒具加份一元。與穀埠等。

戊申風災起，大沙頭諸妓悉徙陳塘，人滿為憂，陳塘龜公添築大寨。是時陳塘有大寨三十五，大小娼凡二千餘人。是為陳塘全盛時代。雖有宣統庚戌之大火，而不減其盛況。辛亥革命，東堤駐民軍，陳塘烟花如故。未幾，陳炯明下令禁娼，陳塘荒廢者二年。龍濟光入粵，娼妓復來，繁華景象，已不如昔。

東堤創始於清宣統庚戌（二年）廣州長堤築成，李世桂乃與資本家及龜公等，於東濠橋外建洋樓兩座，高四層，平排十六間，又於橋腳建戲台，叫廣舞台。台後餘地闢馬路設商鋪又建園叫東園。於是設移娼之策，悉將城內妓院如金花巷、清源里等處各寨，徙於東堤後面沙地。水上大沙頭妓艇，亦勒令陸居。

以新建洋樓作勾欄海肆，其時東堤妓院有十二所，連南詞、天香綺翠兩院，共十四院，妓女千餘。庚辛二載最盛，與陳塘東西成對抗之局。

辛亥革命，民軍入城，東堤各香巢，盡為武裝同志佔據。群雌亂飛。繼以陳氏禁娼，東堤自此不振。今則各寨花枝飄零殆盡，陸地反不如水上繁華。諸妓又由陸地而復返於艇居了。

此外風尚有流娼二種：

一、南詞班

即「大小揚幫」的支流派別。此種盛於清光緒中年，以來自江西福建為多，借度曲為生，名曰賣歌不賣身，實則予以多金，移之別館，則無不如意。南詞妓侍酒，每局五金，茶會局例給一金。多居大巷口。現在已分隸各大寨，與土娼混而為一。

二、檔子班

即今之外江女伶。其不入班的或三人兩人，夜則挾烏師登酒樓，賣歌為活，例一金三曲。有叫她的，乃出摺扇請點曲。長堤各酒家，多有此種歌女在此討生活的。

至於廣州治例，有可以述其大概的：

粵妓所居，陸地曰寨，曰寮，水上曰艇。寨有大小，頭等妓曰大寨，中等妓曰細寨，亦名二四寨，下等曰炮寮。大寨妓女分三種：一、鷄仔，即正經琵琶仔。二、半掩門，即尖先生，不大不小，亦大亦小的。三、大老舉（舉妓一聲之轉），諺稱她為牛白腩。鷄仔長成，覓客為之開苞，叫「擺房」，代價多以四五百金，少亦一二百金。二四寨亦有擺房，代價不過二三十金。擺房後充半掩門。……接客須另給纏頭，名叫「白水」，多則百十，少亦三五十。從前穀埠例，白水數目有「十兩頭一匹綢」之說，亦有未留髡而先給「白水」的。凡呼妓侑酒，既給「白水」，則為恩客。……所享權利，則妓女令傭婦出毛巾給客使用，叫毛巾客。未給白水，雖極熟客，入席時妓女必向東主問坐何處。已給白水則不問，以示區別。凡與「琵琶仔」商量度夜者，名叫「借房」。故有借房不借人，名曰「借乾鋪」。於是借房一事，頗成問題。如客人非妓女所願，為鴇母所迫，往往同牀各夢。夜間頻聞「米米」之聲。「米」為「勿」字轉音，叫客人勿動手動腳之意。如是的叫「打瀉米」，又叫「托米」。客人不悅，致生吵鬧，叫「炒米仔茶」。若借房而不借人，叫「乾煎石板」。唯半掩門「琵琶仔」有之。大老舉則以住宿為條件，名為牛白腩。就是說她目的在於煲。間有「託米」，不過略施手段，為開刀（索白水之意）地步而已。

二四寨因銀兩而得名。前清用銀兩時，妓女日夜接客，夜則四錢，日則二錢。所以叫二四寨。呼妓住夜，叫「點牌」。客人點牌時，「事頭婆」（即女寨主，男寨主曰事頭）手持大厘戥權銀輕重。既收銀，則於粉牌某妓名下，用墨筆點點，名叫點牌。點牌後，客即出資，預備宵夜，名叫「買菜」，否則叫「乾屍收殮」。

二四寨守衛最嚴，有守更，有看鷄佬，（即男傭看守妓女者）妓女入寨後，不准出街。街頭街尾，設木閘企棟，僅容一人出入，與山寨等，故妓館叫做寨。其有不稟命於事頭婆，獨自一人行出閘外有罰。（現在二四寨，寨例稍寬，街閘已拆，然門籠常鎖。妓女仍不能自由出入。）妓女由二四寨再降則至砲寨，再老則傭於盲妹家。夜持白鐵手鈴，背琵琶扶師娘出街。妓女末路如此。

遊客在舫中飲宴名曰「艇局」。艇上廳事，例招妓二十人侍酒，謂之「廳躉」。各大寨至今仍沿襲之。飲宴時客齊開晚膳，夜宴分先後兩筵，曰頭尾度。精饌俱在頭度，尾度則不堪下箸。筵分兩度，歌者亦分兩度奏曲。曲罷飲酒，酒罷聽歌，循環再四，不知東方之已白。妓女應客招侑酒，名曰「出飲」。東道主人的妓女侍立行觴，初簋魚翅，用箸勸客，名曰「挾翅」。酒樓紫洞妓得白水則飭傭嫂（即女僕，亦曰寮口），出新毛巾供客，名曰「出毛巾」。客至妓寨遊戲，名曰「打水圍」。接連往數家，曰「通天水圍」。客人與妓女在房中私語喁喁，名曰「屈房」。妓女嫁人名曰「脫殼」，又曰「上街」，因妓女舟居，故謂之「河下」，脫籍曰「上街」，又叫「吃井水」。嫁人復出的，名曰「番閣」。妓女姘看鷄佬的（即妓院中夫役名）曰「開豆粉水」。（據《珠江花史》）

看了上面所說，第一，知道廣州妓女居地，有水陸之殊，陸上曰寨，曰寮，水上曰艇。第二，知道廣州上等妓院遊客豪邁異常，揮金如土，如大寨上廳之飲宴，艇局的飛觴，歌舞終宵，水陸並進，以及白水之豪侈，擺房之闊綽，各省冶游家都望塵莫及。第三，知道艇為舟的通名，分析之則有住家艇，姻緣艇，紫洞艇，飲艇，沙艇，蘭撓畫揖，綺麗丹青，其盛況較之秦淮、吳門畫舫，有過之無不及。第四，知道二四寨防衛妓女私逃，街頭尾設木閘企棟，妓女不得私行出外，（詳情見前文）亦各省妓院所無。此等監獄式的娼寮，真令人觸目傷懷，廢娼之心益堅。

今再以上海為中心，以沿江沿海各地為附庸，考查咸同後變遷狀況如左：

一、鴉片烟之盛行

這個時候江海內地，娼寮中都以鴉片為嫖客唯一應酬品。

周生《揚州夢》（同治年間著）說：「至游狹斜。以此（指鴉片）為富貴本色。諸姬敬客，謙言不能，誠實者遭美人堅請。情似難却。初亦留神，或隔日不食，謂可無事，不知已上癮矣。」

《蘭芷零香錄》（同治末年作）說：「初入桃源，荼䕷即請作烟雲戲。彼美橫陳，輕舒皓腕，阿芙蓉化為繞指柔，噓氣成雲，四照花正不厭霧中看耳。吸烟之槍華則翡翠玳瑁。素則方竹湘斑。」

是揚州及長沙，同治中坊曲裡遊客，吸食鴉片，久已司空見慣了。大概自十九世紀後，英國在華貿易，以販鴉片為最。以一八二七—二八年為例，（道光七八年間）英輸入廣東貨物總數二千萬元，而鴉片價值千一百萬元。至一八三五年後，（道光十五年）為數尤鉅，達三萬餘箱終至釀成「鴉片烟戰爭」。中國戰敗，為城下之盟，訂立所謂「南京條約」（二十二年）。是役，本為鴉片交涉而起，但條約中，關於鴉片一字不提。此後鴉片輸入，如江河之決。自咸豐八年清政府一方與外人協定洋藥（鴉片變名）稅則，一方定官員，兵工，太監，吸食治罪，民人概許買用之例。此後禁網全弛，烟館與茶肆等遍於天下。全國青樓中遊客妓女，吸食者更僕難數，又何足怪哩。

二、賭風之日熾

清自同光以來，一因北里姊妹互以賭博為消遣，一因遊客以賭博抽頭，為報效娼妓之資，故娼寮中賭博風氣非常發達。

《蘭芷零香錄》說：「辛未燈節（同治七年）某公招集名花，半作摴蒲戲。布席凡四，某立高，機搖玲瓏花骨頭，忽自結其長鬚，作小辮斜插鮮花。又取某姬繡花豐臂著之。」

周生《揚州夢》說：「同游聚會多喜鬥葉，余不解此，唯端然靜坐而已。」

《秦淮感舊集》說（清宣統間蘋梗著）：「年來葉子戲之風盛行，都人士泛舟秦淮，每藉此為消遣物。曲中妓女，尤為擅長。陸琴仙、陸蘅芳皆酷好之。每賭諸姬圍坐樗蒲，嬌聲雜遞香澤微聞，玉腕輕颺，秋波斜睞，較諸淺斟低唱。另有一種風情。」

這都是沿江各埠坊曲中風行賭博的例證。你看《感舊集》上所說狎妓賭博時樂趣，所謂「嬌聲雜遞，香澤微聞」，所謂「玉腕輕颺，秋波斜睞」，怎怪一嫖客抽頭捧觴，趨之若鶩，一擲千金，至死不悟呢？

三、妝飾之變遷

前期尤為吳式。

《海陬冶游錄》說：「以青樓之趨向為雅俗。滬城之妓，皆從吳門來，故大半取吳為式。其時下妓多呼縫人。授以新樣，備諸組織，窮極巧靡。若其淡裝素抹，神韻獨絕者當別具隻眼物色之。……」

芬利它行者《竹西花事小錄》（同治七年戊辰著）說：「曲中裝束，盡效蘇台。金泥裙帶，翠袖芙蓉，摹仿未必全工。而規模亦已粗具。……」

此皆前半期娼妓裝束效法蘇州的證據。至清末則大有變更。新裝女學生裝時時見於北里中。《秦淮感舊集》說：「三五年來，……每見秦淮名妓，最著者不施脂粉，淡掃蛾眉，或效女學生裝束，居然大家。是以湖海賓朋，烏衣子弟，靡不目眩神迷，逢迎恐後，情長氣短，沉溺日深。」這幾句話是很對的。至上海娼妓衣服之別裁，尤駭人耳目。清季每逢秋賽，遊客如雲，爭相誇美，皆鮮衣盛服，鬥豔於十里洋場中。而林黛玉尤能別出心裁（林黛玉，陸蘭芬，張書玉，金小寶，清光緒末海上四大金剛）首先開了風氣。某年秋賽，黛玉身著大紅緞織金衣一件，鑲以珠邊，光彩四射，於是各妓爭相仿效，競尚濃豔（詳《老上海三十年聞見錄》）足見裝飾對於妓女美觀，很有關係，而清季坊曲中裝束，亦日新月異了。

四、大吏之狎娼

道咸以來，清代官吏，狎妓遨游，成為風氣。封疆方面大僚有暮夜作曲中游的。

《蘭芷零香錄》說：「桂齡戊申己酉（道光二十八、九年）時魁楚。也陽羨方伯開蕃楚南，時海內平安，每於暮梆後乘便筍與山長某公作曲中游與姬尤暱。」

也有以妓館為談風月會衣冠之所的。

《白門衰柳記》說：「陸二秦淮名，妓豪華奢，靡傾動一。時江寧某方伯常過其家。談風月於此。會衣冠於此。」

甚至有特造淺水小輪船，攜妓優游秦淮河的。

《秦淮感舊集》說：「金陵克復後，曾太傅尤以規復秦淮為急務。近年某風尚書（指端方）固私淑曾太傅者，公餘之暇，偶與諸名流泛舟秦淮，不過偶效樊川略同白傅。某侍御竟謂某風尚書性好冶游，造淺水小輪，每攜妓游秦淮河，相聚為樂，列款嚴參。……某風尚書因遭譴責，抑秦淮之小劫也。」

至上海租界，有半殖民地性質，號稱世外桃源。達官貴人腰纏纍纍來此作寓公的，冠蓋往來，絡驛不絕，尤為銷金之窟，迷香之洞，更覺書不勝書。《履園叢話》說：「唐宋時俱有官妓，近時無官妓，而竟有太守監司俱宿娼者。」則清代官吏冶游，法令不是久已成具文了嗎？

五、海上書寓長三之分合

前時書寓身價自高出長三之上，長三妓叫校書，此則叫詞史，通叫做先生。酒座有校書，則先生離座。上海書寓，創自朱素蘭。以後為周端仙、嚴麗貞。前時以常熟為最，其音淒宛，令人神移魄動。曲中百計摹倣，絕不能肖。書寓最初但能侑酒主觴政，從不肯示以色身。近日曲中書寓，規模酬應一律，毫無區別。大約光緒初年，彈詞說書，都成〈廣陵散〉，一般妓女各挾琵琶登場，競唱皮黃、梆子腔，每人一二齣絕無所謂書詞，乃亦直呼為女先生。且稱其住處為書寓，就是現在所謂「書寓長三」。「書寓長三」兩個名詞，混而為一個名詞，真所謂名不副實了。

六、花榜之迭興

順治丙申（十三年）秋，雲間沈休文縱狹邪之游，薄松郡無名姝，游於蘇，來往平康無虛日，品其色技作花案，選虎邱梅花樓為花場，品定高下，以朱雲為狀元，錢瑞為榜眼，余華為探花，某某等二十八宿，擇日迎狀元，一郡如狂。直指李森先廉得之，乃斃休文杖下。（以上據《說夢》及《堅弧集》）是為清代「花榜」之始。主持花榜的竟斃之杖下。李森先總算殺風景了。延及同光間，斯風益甚。前兔癡道人摘紅雪詞題〈二十四女花品圖〉於海上，名花品評殆遍。畫眉樓主復偕同人為〈續花品〉以李佩蘭為群芳之冠。〈續花品〉之後，復有公子放所定丁丑（光緒三年）〈上海書仙花榜〉，凡列名姝二十有八人，而以一花比一姝，如麗品，王逸卿芍藥，獨擅風華，自成馨逸。……各區品目並列評詞。公子放書

〈仙花榜〉後，則有〈滬北詞史金釵冊〉，乃曼陀羅館詞客所定的。倣《紅樓夢》正冊，副冊又副冊之例，凡取三十有六人。此外復有吳興紉秋居士，用《紅樓夢》人名，以比近日名姝。各繫前人詩句，如李佩蘭為黛玉。自是君身有仙骨。……借美品花逢場做戲，亦盛傳於勾欄中。光緒丁酉己亥間（二十三－二十五年），上海《遊戲報》主筆李伯元復有豔榜三科之選定。一為花榜，一甲張四寶，金小寶，祝如椿三人，二甲蔡新寶等三十人，餘悉為三甲。二為武榜，一甲王秀蘭，金小卿，小如意，二甲王秀林等十八人，三甲王藹卿等十八人，俱以能歌著名的。己亥年復開葉榜，一甲阿三、妹妹、阿毛三人，二甲薛寶釵等三十六人，餘悉置三甲。皆海上長三書寓中做侍兒的，是為豔榜三科。究其實亦不過好事文人，賣弄風情，博美人一笑而已。

七、娼寮中小足好風尚之變遷

這時代前期，仍尚小足。試以《花國劇談》等書所記者如下：

福喜，雙翹纖削，銳如結錐。

翠翠，足下雙翹，僅三寸許，凌波微步，婀娜動人。

紫蓉，雙翹瘦不盈指，凌波欲渡。

蓮真，雙翹纖瘦，不盈一握。

金鳳，柳黛描螺，蓮鈎蹴鳳。

（以上《花國劇談》）

蘭笙，蹬踋纖妍，腰支輕亞。

巧福，風致婀娜，雙翹如細筍。

（以上《海陬冶游錄》）

這就是前期風尚小足的證據。一般文人亦崇拜小足。《竹西花事小錄》說：「步步生蓮，美人所必不可少者，石榴裙底羅韈一鉤，最是令人魂消。乃遍覺群姝，雖非白足摩登，大都有湘蘭之疾。高家喜鳳極為纖妍，雙趺貼地，正如出水紅菱，婀娜可愛，餘者間有可取。而彷彿偏難。衣香鬢影，色色撩人，畢竟葑菲莫采，可稱憾事。」周生〈揚州夢〉亦說：「笠翁、隨園皆力詆裹足之弊。余然其說，而不能脫俗雙翹也。芋兒母弓鞵稍大，便觸目不文。步月珊珊，凌風裊裊，原不係此。而窅娘亦復嬝嬝婷婷。人不可以一體概全體。而柳眉杏月，花顏雪肉，加以纖纖菱足。不愈美乎？瑤階白露，幽徑蒼苔。應是幾生修到？何況生人。」這種拜小腳狂思想言論，真令人失笑。自光緒戊戌左右，一般志士集合不纏足會，提倡放足。而坊曲中亦聞風興起。《秦淮感舊集》說：「自歐風東漸，秦淮名妓，得風氣之先。以不纏足為時髦，狎客評花，亦皆主纖腰，不主纖足。不可謂非審美思想之進步也。余作〈秦淮雜詩〉云：『曲中各妓最時髦，不重蓮翹重柳腰。昨日綸音禁纏足，還應旌獎到香巢。』」是歷代裹足之風，到清末已一變了。

外此又有「娼妓別派」。如──

一、蘇州之「船娘」

《吳門畫舫續錄》：「從前船娘纏頭有餘時，即構樓台於近水處，几案整潔，筆墨精良。春秋佳日，妝罷登舟，薄暮維船，登樓重讌，添酒廻燈，宛如閨閣，遇風雨不出門，至嚴冬酷暑，雖千呼不出，今不能矣。花柳逢場，亦轉眼有盛衰之感。」

二、揚州之「黃魚」

《竹西花事小錄》：「此間有名黃魚者，半為村墅女郎，飾貌修容，僑居城市，毛簾竹舍，作夜度娘，亦間有姝麗可悅時目。惟蓮船盈尺，湘裙徐啟，滿床蹣跚，不免令人索然乏味。聞此種率工房中縱送術。」

三、揚州瘦西湖「船娘」

《梵天廬叢錄》：「揚州小金山一帶，清流猗碧，花木扶疏，所謂瘦西湖者也。近來盛行瓜皮艇，游人愛其輕適，每當夕陽西下，一葦杭之，信為可樂。惟操舟者東施隊裡，掠鬌丫頭。而一般逐臭之夫，謔浪風生，漸多醜行。或於小金山草堂壁問題一詩，所以形容者甚至，中有句云：『三更偶抱黃泥腳，一枕同眠黑炭頭。』取材揚諺，屬對工切，惜忘記全首矣。」

四、江浙間之「女尼」

尼僧廣接賓朋，行同娼妓，唐宋已然，清代此風未衰。周生〈揚州夢〉說：「京江初無妓，尼半為妓。喜子初居京江時，不知七戒為何物。日中猶僧服，暮即脫黃布鞋，褪羅襪，飾三寸繡履，頭上裝假髻，罩網巾，有痕跡處加花額勒後，遂逃揚州蓄髮為妓。」《梵門綺語錄》（無名氏，清宣統年間作。）

敘述清季女尼事尤詳細。其敘洞庭山湘公庵阿巧云：「是處尼庵規則，與他處絕不同。他處為尼，或為鄉裡雛鶯，因貧而賴以育養或為人家別鵠，因寡而藉以清修，或為貞潔不字之閨娃，或為伉儷不睦之怨耦，以故不守清規，雖容或有，究未有公然賣笑，如洞庭東山之尼。既曰尼矣，何嘗祝髮。霧鬢雲鬟如故也。何嘗弛足蓮鈎羅襪，如故也。濃抹淡妝，各擅勝場，徵歌而侑酒也。纏頭擲到，珊珊其來，亦聽客之所為耳。比之平康里，殆有過無不及也。」其敘無錫真如庵理貞云：「南吳會，北毘陵介居其間者為無錫。惠泉山色馳譽東南，每歲蘇常間往來不計次。……無錫燈舫，尤為著名。而絃管喧呶多塵俗氣……昔聞無錫多尼庵，庵舍精雅，類依山麓而居，足為名山點綴。庵中多豔尼，講究裝飾，蛾眉蟬鬢，一似俗家裝束。清歌侑酒，送客留髡，勾欄不啻焉。」又敘無錫淨緣山莊勝荷曰：「無錫山明水秀，惠泉山風景絕佳。山麓多尼庵。門牆光澤，堊粉髹漆，煥然常新。或有門榜或無門榜，或門榜之上以山莊名。游人涉足其間者，疑為名流別墅，故雖惠山尼僧豔名傳遐爾，無人先容，鮮得其門而入。然若得其門而入，則無所謂佛門之規訓，禪參歡喜，一似青樓耳。」

看了上面，曉得清代江浙間女尼，就是娼妓。〈揚州夢〉說：「京江（今鎮江）初無妓，尼半為妓。」其實三四十年前江浙內地都是這樣，不獨京江為然。《梵門綺語錄》全書敘女尼四五十人事跡。其浪漫行為跡同娼妓的十八九女。尼風流事業，不但與清室相終始，其酣嬉淫穢事情，至今猶蔓延江浙內地哩。

五、又有外國賣淫婦

《海陬冶游錄》說：「其近虹口處，有西洋妓艘，歲一二至。華人之能效夷言者，可異妝而往。纏頭費亦不過二十餘金。彼美人兮，西方之人兮。當不惜金錢以領略此奇芬耳。」

是上海在道咸間已有了外國妓女，而北平則清末始有之。《都門識小錄》說：「東西娼女，雜居內城昉，自壬寅癸卯間（光緒二十八九年）東單牌樓二條胡同第一樓者，初係日本娼寮，今為西娼所居，樓名亦不存矣。日娼新巢，都人所最稱道者，為長春亭。銀瓶賣酒當爐之婦，皆娼也。」《燕京雜詠》云：「金粉飄零燕子泥，畫樑泥落舊烏衣。如何海外鶼鶼鳥，還傍華林雲樹飛。」即記此事。到了光宣間，凡著名大商埠，東西洋娼妓，靡不連袂而至，供給彼邦僑民發洩獸欲之用，更難勝數。以上所述，大概是冶游之外篇，風雅之變境哩。

總之，自清季「鴉片烟戰爭」後，我國因各國條約之要求，先後開商埠七十有六，自開者（直至宣統三年止）十五，共計九十有一。沿江海及內地工商業日益發達，而娼妓事業與之駢進。又自清季京師內外城警廳成立，娼寓徵於禁之說，抽收妓捐，各省相率仿效，官廳有保護娼寮之責。唐宋變相官妓制度復活。一般小家碧玉，咸願犧牲色相，以博纏頭。這些大概是清朝末年娼妓特別發達之故罷。

第三節　清代之男色

清承明代男色極盛之後，順治時即已猖狂。陳其年龔芝麓輩，都有所狎暱，題詠贈答之詩，次第不絕。

> 徐釚〈本事詩〉：「徐郎名紫雲，廣陵人，冒巢民家青童，儇巧善歌，與陳其年狎。其年嘗畫〈雲郎小像〉，遍索題句。王西樵司勳曰：『夢殘酒醒苦相思，祇問丹青想見之。後日當筵難一索，訪君狂減杜分司。』又龔芝麓亦嘗贈張郎詔九絕句詩云：『青霜天氣月明時，重見春風柳一枝。為報芙蕖妝鏡畔，畫圖人是遠山眉。豪竹哀絲夜未央，錦燈圍處晚花香。楚宮雲氣今誰試，羅

袖空餘淚兩行。』張，云間人，為宋轅文所暱。宋沒後，龔嘗於摩訶庵香樹下，為張郎作〈感舊詞〉。朱彝尊亦有〈贈若耶小史詩〉，為葉星期作。朱詩序曰：『星期越游愛伶人某郎幼美，其友致之。是夕已俶裝將還矣，執手不忍別，賦絕句贈之。……』」

而林鐵崖及某監察狎孌童趣事，尤令人失笑。

《漁磯漫鈔》：「林鐵崖口吃，有小史名絜鐵，嘗共患難，絕憐愛之，不使輕見一人。一日宋觀察在坐（即宋犖），呼之不至。觀察戲為〈西江月詞〉云：『閱盡古今俠女，肝腸誰得如他？郎家郎罷太心多，金屋何須重鎖？羞說餘桃往事，憐卿勇過龐娥。千呼萬喚出來麼，君曰期期不可。』」

《履園叢話》：「清初某監察戀一優，接枕者五六夕，賞以五金。其人不悅，聞者曰：『此王右丞詩已說其難。』問何詩，曰：『惡說南風五兩輕。』」

清初最昭著在人耳目者，莫如伶人王紫稼。

尤侗《艮齋雜》說：「余幼所見王紫稼妖豔絕世，舉國若狂。年已三十，游於長安，諸貴人猶惑之。吳梅村作〈王郎曲〉；而龔芝麓復題贈云云，其傾靡可知矣。後李琳桂御史按吳，錄其罪，立枷死。識者快之。然當時尚有惜其殺風景者。」

吳梅村〈王郎曲後自跋〉：「王郎名稼，字紫稼，於勿齋徐先生：株園中見之。髫而皙，明慧善歌，今秋遇於京師（今秋指順治十一年甲午），相去已十六七載，風流儇巧，猶承平時故習。酒酣一出其技，坐上為之傾靡。余此曲成，合肥龔公芝麓口占贈之曰：『薊苑霜高舞柘枝，當年楊柳尚如絲。酒闌卻唱梅村曲，腸斷王郎十五時。』」（王郎十五時，當在崇禎十、十一年，丁丑戊寅之間。）

據上二則，知道他生長於吳，為吳中士大夫所狎。三十而北游（當在清順治八年辛卯）。復以治習傾動京師，其風頭之健可想。錢牧齋《有學集》：「辛卯春盡（順治八年），歌者王郎告別，戲題十四絕句，以當折柳。」牧齋既以詩送王郎，龔芝麓即有和韻之作。《定山堂集》：「贈歌者王郎南歸，和牧齋宗伯韻。」（當在順治十一年甲午）順治十一年，李森先杖死紫稼，芝麓又有挽歌。清初詩文之盛，以江左三大家為眉目。三大家為錢牧齋，龔芝麓，吳梅村。王郎之名，適盛傳於三家筆墨中。蓋當時自命風雅者，往往借滄桑之感，黍麥之悲，為之點染其間。以自文其蕩靡之習。數人倡之，同時幾偏和之。狎優風氣，乃成為習慣了。延及康雍，慕好男色，仍而未輟，至乾隆朝而極盛。迄於光緒末葉，男色風靡一世，殆與清室興亡相終始。今以清代男娼盛況，異於前代之特點列舉於下：

一、士大夫所狎男色，半為優伶

（一）有身為最高官吏而狎男娼的：

魏長生于和坤有斷袖之寵，《燕蘭小譜》所詠：「『阿翁瞥見皆消魂』是也。長生全堂人，其徒陳銀官成都人，故當時蜀伶而外，秦、楚、滇、黔、晉、粵、燕、趙之色，萃于京師，化二人也。」（《全台殘淚記》）

白文敏公菊溪總制兩江時，西江中丞胡果泉設筵宴之，召伶人演劇。有荷官者，舊為京師菊都之冠，文敏昵焉。是日適登場，文敏見之色動，顧問：「此荷官，曷至是？齒亦長矣，無怪老夫之鬢已皤也。」荷官跪進至膝，捋其鬚曰：「太師不老。」蓋用院本貂蟬口白。文敏大喜，為之滿欽三爵。曰：「亦可謂『荷老尚餘擎雨蓋』，老夫可謂『菊殘猶有傲霜枝』矣。」（《清代聲色志》）

（二）有優伶稱為狀元夫人的：

京師梨園中有色藝者，士大夫往往與相狎。乾嘉時慶成班有方俊官者，頗韻靚，為莊本淳舍人所昵。本淳旋得大魁，寶珍班有李桂官者，亦波峭可喜，畢秋帆舍人狎之，亦得修撰。故方李皆有「狀元夫人」之目。本淳沒後，方為服期年喪而秋帆未第時，李時周其乏。以是二人有聲縉紳間，非徒以色藝稱也。（《清代聲色志》）

（三）有狎優而至於死的：

沈芷秋，蘇州人，朱韻秋弟子，所居曰麗華堂，舉止灑落，矯矯不群。工崑曲，每一轉喉。座客無復喧呶者。余見芷秋年已二十餘矣。其在春華堂稚齒時，有吳舍人悅之，欲購為侍兒，力不能致，竟吞生鴉片烟以死。亦可謂情癡矣。（蘿摩庵老人《懷芳記》光緒二年丙子作）

咸豐已未（九年），長沙某庶常父逝，祖存，家無次丁，弱冠登第，喜漁色，宿娼狎優，榜發不百日而亡。死時，汙血淋漓，脫陽于騾車中。懷中猶抱一優，優即攫其珊瑚朝珠而去。（《清稗類鈔》）

（四）有幕僚狎男娼，而大吏置若罔聞的：

畢秋帆為陝西巡撫，幕中賓客，大半有斷袖之癖。入其室者，美麗盈前，笙歌既叶，歡情亦diff。一日先生忽語云：「快傳中軍參將，要烏槍兵弓箭手各五百名進署伺候。」或問何為。曰將署中所有兔子，盡打出去。滿座有笑者，有不敢笑者。後先生移鎮河南，幕客之好如故。先生又作此語。余適在座中，正色謂先生曰：「不可打也。」問何故，曰：「此處本是梁孝王兔園。」先生復大笑。（《履園叢話》）

（五）有侍奉孌童湯藥，及其死而哀毀如父母的：

一士夫位已顯貴矣，不近女色，專幸狡童。有最寵者疾，親侍湯藥，衣不解帶。及僮疾不起，誓不再近男女。僮猶未之信，解所佩刀割其勢，為家人所持，不果。又一士大夫，有寵僮死，殯殮之厚，過於子弟，七七大作佛事，以資冥福。為文祭奠，哀毀過情。（清徐岳《見聞錄》）

當道咸年間，北京男娼極盛之時，即太平軍割據金陵之日。太平政府，亦受清室之薰陶，廣蓄男妾。《金壺遯墨》說：「賊擄幼童年十二三以上者，六千餘人，盡行割閹，而誤去外腎死者十六七。秀清選其姿色秀麗者，敷粉裹足，著繡花衣，號為男妾。如侯裕寬、李壽春、鐘啟芳、王俊良等，皆極妍美，有巧思，能以側媚得諸逆歡。久而出入簾幕，漸與偽妃媛通，狎褻幾不堪言。諸逆縱之以為樂。」則當時清代男色風流餘韻幾遍於全國了。

二、北京男娼下處，設備完密，與女閭一樣

《言鯖》（清康熙朝呂種玉著有石門吳震方題署，康熙壬辰。）說：「……東都盛時，少年賴此以圖衣食。政和中始立禁行捕告法，犯者杖一百，告者賞錢五十貫。明代律有『雞姦』之條，然而有『蓮子衚衕』之承應，今此風愈熾，至有『開鋪』者。京師謂之『小唱』，即『小娼』也。吳下謂之『小手』。徧天下皆然，非法之所能禁矣。」依呂氏說，男子設立娼寮（小唱）在康熙時業已風行，至乾隆後規制更外完備。楊掌生《夢華瑣簿》（道光二十三年壬寅作）說：「樂部各有總，寓俗稱『大下處』。春台寓百順胡同，三慶寓韓家潭，四喜寓陝西巷，和春寓李鐵拐斜街，嵩祝寓石頭胡同，諸伶聚處其中，曰『公中人』。生旦別立『下處』，自稱曰『堂名中人』間有裹頭居大下處者（俗呼旦曰『包頭』），大抵老夫耄矣。」

《金台殘淚記》（署名華胥大夫，道光八年戊子作）說：「王桂官居粉坊街，又居果子巷。陳銀官嘗居東草廠，魏婉卿嘗居西珠市。今則盡在櫻桃斜街，胭脂胡同，玉皇廟，韓家潭，石頭胡同，猪毛胡同，李鐵拐斜街，李紗帽胡同，陝西巷，北順胡同，王廣福斜街。每當華月照天，銀箏擁夜，家有愁春。巷無閒火門外青驄嗚咽，正城頭畫角將闌矣。嘗有倦客侵晨經過此地，但聞鶯千燕萬，學語東風不覺淚隨清歌併落。嗟乎！是亦銷魂之橋，迷香之洞耶？」照此看來，清朝末年，「相公堂子」通同聚集在韓家潭一帶（即今八大胡同），嘉道以來，久已如此了。

清代男娼下處中嫖規等等。也可以說個大概的。

入妓館閒游，曰「打茶圍」。赴諸伶家閒話，亦曰「打茶圍」（《夢華瑣簿》）。客飲於旗亭，召伶侑酒曰「叫條子」。伶之應召曰「趕條子」。光緒中葉例賞為京錢十千。就其中先付二千四百文，曰車資。八千則後付。伶至，向客點頭，就案，取酒壺徧向座客斟酒。斟畢，乃依「老斗」坐，（彼中互稱其

狎客曰「老斗」）唱一曲以侑酒。亦有不唱者，猜拳飲酒，亦為「老斗」代之。「老斗」飲於下處，曰「喝酒」。酒可恣飲，無熟肴，陳於案者皆碟，所盛為水果乾果裝食冷葷之類。飲畢，啜雙弓米以充饑。光緒中葉，酒資當十錢四十緡，賞資十八緡。其後銀價低，易以銀五兩。銀幣盛行，又易五金為七元，或八元。數已倍增，然猶有請益者。

「老斗」飯於「下處」，曰「擺飯」。則肆筵設席，珍錯雜陳。賢主嘉賓，既醉且飽，一席之費，輒數十金。更加庖人僕從犒賞，殊屬不貲。非富有者，或累為伶所嬲，不一應也。（以上據《清稗類鈔》）是男娼下處所謂「擺飯」、「喫酒」、「叫條子」，與女閭中「吃酒」、「叫局」，有甚麼異點嗎？

《清稗類鈔》又說：「同光間，京師曲部每蓄幼童十餘人，人習曲二三折，務求其精。其眉目美皮色潔白則別有術焉。蓋幼童皆買自他方，而蘇杭皖鄂為最。擇五官端正，令其學語，學步，學視。晨興以淡肉汁盥面，飲以蛋清，湯肴饌亦極醲粹，夜則敷藥遍體，唯留手足不塗，云洩火毒。三四月後，婉好如處女。回眸一顧，百媚橫生，惟貌之妍媸，聲之清濁，秉賦不同各就其相近者習之。」此與女閭中老鴇對雛妓教以歌曲妝餘，應酬侑酒行令，甚乃教以伴宿，又有甚麼異點嗎？殆恐有過之無不及罷。《燕台花事錄》（蜀西樵也，光緒二年丙子作）說：「京師舊傳五言律詩云：『萬古寒滲氣，都歸黑相公。打園宵寂寂，（即打茶園）下館（戲館也）晝匆匆。飛眼無「專斗」，翻身即輭篷。（京諺剃頭蓬子是）陡然條子至，開發不成空。』」

《金台殘淚記》說：「京師梨園旦色曰相公。群趨其豔者，曰紅相公，反是者曰黑相公。」坊曲中娼妓有紅牌黑牌分別，不料私坊中亦有同樣苦海哩。

又引《都門雜記》有云：「『捐班新到快嬉游，戲旦連宵鬧不休。博得黃金買歌舞，終歸潛夜渡蘆溝。』語雖粗率，而余目擊此等事，殆非一次。」不是私坊中遊客，與女閭中一樣也有做漂帳行為而逃之夭夭的罷。

三、北京為男娼中心，這是甚麼緣故呢？

約之蓋有二因：

1、從前北京女娼太陋劣：

《燕台花事錄自序》說：「人間真色，要不當於巾幗中求之。否則歷徧青樓，亦是贋物耳。京師女閭視臨淄，奚翹十倍，瞢騰過眼，尤覺無花。而選笑徵歌，必推菊部。其間不無粉飾，亦判妍媸，所謂天然美好者，歲要得一二人焉。豈西山多白櫻桃，秀氣所鍾，故生尤物耶？良由人間真色，因在此不在彼也。」蓋嘉道時，京師金魚池等地女娼冶客，皆販夫走卒，士大夫無涉足者。《夢華瑣簿》說：「金魚池在昔盛時，幾如唐代杏園曲江池今則已無酒肆，但有淫舍人皆掩而過之。」則當時女娼頑劣可知。

2、清律禁官吏狎女娼：

《金台殘淚記》說：「道光三年御史奏永禁京師樂部。余竊謂教坊樂舞，唐代已詳，院本流傳，元人最著。然宋有營妓，明有樂戶，故前朝達官侑酒，狎客看花。對泣青衫，總憐紅粉于優伶助諧謔而已。本朝修明禮義，杜絕苟且。狹妓宿娼，皆垂例禁。然京師仕商所集，貴賤不齊豪奢相尚。趙李狹斜，既恐逮獄，田何子弟，乃共嬉春。蓋大欲難防，流風易扇，制之於此則趨之於彼。……今欲毀竹焚絃，憑藉力，未常不行。然以數十里之區，聚數百萬之眾游閒無所事，耳目無所放終日飽食，誨盜圖姦。或又甚焉。」《燕台評春錄》亦說：「嘉道中，六街禁令嚴歌郎比戶，而平康錄事不敢僑居，士大夫亦恐罹不測。少昵妓者。」京師為輦轂地方，耳目眾多國律既禁嫖娼，官吏當然不敢犯令，以誤前程。選聲徵色，不得不出於「私坊子」，一途。「大欲難防，流風易扇制之于此則趨之於彼。」這幾句話是很對的。

茲再以道咸後男娼變遷事項，寫在下面：

一、優伶注重髫齡

《金台殘淚記》說：「《燕蘭小譜》所記諸伶，太半西北。有齒垂十，推為名色者。餘者弱冠上下，童子少矣。今皆蘇陽安慶產，八九歲其師資其父母，券其歲月，挾至京師。教以清曲，飾以豔服，奔塵侑酒，為營示利焉。此後弱冠，無過問者。又詩云：『瓜時覺減嬌憨，都是盈盈十四三。開到桃花春已盡，東風二月斷江南。』自注云：『今自南方來者，年十三四而已。然成童後，非殊色，門前車馬稀矣。』」《燕台花事錄》品花類記伶人二十三人：二十歲的二人，十九歲的一人，十八的二人。其餘皆十七以至十三歲。人皆慕少艾，足見遊客審美觀念的進步。

二、後起優伶大半北籍

《梨園佳話》說：「道光季年洪楊事起，蘇崑淪陷。蘇人至京者日少。京師向重蘇班，技師名伶，南人尤占多數。自南北隔絕，舊者老死，後至無人。北人度曲，究難合拍，崑曲式微，咸同時徽調代興。」《懷芳記》說：「自江南用兵，蘇揚稚幼，不復販鬻都中，故菊部率以北人為徒。雖亦有聰俊狡獪可喜者，而體態較南人終遜。唯李豔儂亭亭玉立，如王謝家兒。即追求于昔年南部諸郎，尚不易觀，不意得之於北產。」又云：「離亂二十年，都中南產幾盡。惟時琴香、鄭素香為吳人，張芷芳為皖人，尚應客。年皆近三十矣。」江南離亂，崑曲式微，都是北京伶人南籍日少的重要原因。

三、伶人之狎女娼

「像姑」鼎盛時代，伶終不敢謁妓，猝然相遇，必請安，稱姑姑。清末伶漸縱恣，與妓會晤請安稱謂之例，已不可見，甚者乃事冶游。如姚ＸＸ、ＸＸ兄弟于泉相班、喜鳳、松鳳班、雙喜日夕狎媟，醜聲四播，而南妓花翠玉非吳某不歡。這不是優娼界變遷重要掌故嗎？清代北京相公，由乾隆至光緒朝為極盛。當時士大夫群以狎女娼為恥。酒筵無歌郎即不歡。《清稗類鈔》說：「光緒中葉，士大夫好此尤甚。韓潭月上，比戶清歌。誠足點綴升平。」是光緒中年相公生涯，仍然不弱。迨庚子拳亂後，南妓群集都門，八大胡同地域幾全為女娼佔有，相公相形見絀，幾於一敗塗地。鼎革後官廳革除此制，像姑壽終正寢，成為歷史上名詞了。

第四節　民國以後之娼妓

民國後，北京仍為政治中心（民十六年為止），上海廣州仍為工商業中心。所以我們研究娼妓事業，仍以北平、廣州、上海為全國代表。民國後娼妓比前清反為發達而普徧。看了北平、上海、廣州情形，其他各大都會可以類推了。

《京華春夢錄》上說：「帝城春色，偏嗜餘桃，勝朝末葉，風靡寰宇。今之寒葭潭、陝西巷等處，皆昔之私坊豔窟。鼎革後，雲散風流都成往跡，于是娼家代興。香巢櫛比，南國佳人，慕首都風華，翩然涖止。越姬吳娃，長安道上，豔幟遍張矣。更考其由，則始於二十年前之賽金花。……斯時南妓根蒂未固，僻處李鐵拐斜街，胭脂胡同等處，曲徑小巷，地勢鮮宜。寒葭潭、百順胡同以東，似均北妓根據之地。鴻溝儼然凜不可犯。然潛勢既伏，來者益眾。……南之寓公，千里逢故，趨者麕集。而北人亦喜其苗條旖旎，與土妓之質樸穠麗，趣旨迥殊。……其後南勢東侵，北勢漸絀。遞嬗至今，則寒葭潭且無北妓立足之地，百順胡同、陝西巷亦南佔優勢。僅王廣福斜街短巷數扉，猶樹北幟。若石頭胡同本北妓淵藪，比亦臥榻之旁，容人酣睡，喧賓奪主，亦可異已。」

看了上面所引，北京在清朝男娼鼎盛，其後男娼衰微，而女妓代興。南妓北來，而北妓又絀的情勢，昭然若揭了。

北京娼妓狀況是怎樣呢？據民國十八年調查：

頭等妓院（即清吟小班），四十五家，最多的為韓家潭，其次是百順胡同。
二等妓院（即茶室），共六十家，最多的為石頭胡同，其次是朱茅胡同。
三等妓院（即下處），一百九十家，最多的為河里，其次為四聖廟。
四等妓院（即小下處），共三十四家，最多的為樂培元，其次為黃河沿。（共計三百三十二家。）

頭等妓女三百二十八人。
二等妓女五百二十八人。
三等妓女一千八百九十五人。
四等妓女三百〇一人。（共計三千七百五十二人）

至於私娼居住的地方，最顯明的是東城船板胡同，鎮江胡同，蘇州胡同，羊肉胡同，八寶胡同。因為這種私設妓館，多是為外國兵而設。因外人勢力，員警亦不能干涉。人數家數，均無從考究。還有齊化門外和三元庵一帶土娼，到底有多少家，亦無從稽考。

但北平最盛時代為民國六七年間。民國七年，妓院有四百〇六家，妓女有三千八百八十人。民國以來妓女以本年為最多。民國六年北京妓院有三百九十一家，妓女有三千五百人。又據西人甘都〈北京社會調查〉估計，在民國六年北平私娼不下七千人。照這樣看來，民國六七年間北平公私娼，當在萬人以上。因為那個時候，北京為政治中心，政客雲集，所以脂粉生涯這樣發達。到了十六年後首都南遷，北平百業凋零，娼妓事業，亦一落千丈。所以北平娼妓盛衰，與政治趨勢有絕大關係的。（以上據〈北平娼妓調查〉）

上海娼妓是怎樣呢？據工部局一九二〇年調查，總數為六〇一四一人。（華界及虹口廣東娼除外。）共分四個階級。

甲、長三：一二〇〇人

乙、么二：四九〇人

丙、野鷄：A、公共租界二四八五〇人，B、出入英法租界一二三一一人

丁、花烟間釘棚：英法界二一三一五人

此為十餘年前數目。現在上海娼妓，仍未有確實統計。我以為比十餘年前必大有增加。其理由蓋有四：

一、自民十七年以後，南京實行廢娼，安徽、江蘇、浙江三省各大都會，均先後步其後塵。這班失業的妓女，除遠走北方天津、營口、青島、瀋陽諸地外，大概以上海為逋逃藪。看上海馬路上野鷄，比前兩年更多，這就是硬憑實據。

二、自十六年首都南遷，上海物質方面供給，比南京完備。一般黨國要人，此間都有別墅。又因地勢

居江海要衝，為全國經濟樞紐一般偉人政客，協商大政，調劑金融，都到上海來接洽。冠蓋往來頻繁。上海到現在不但為工商業中心，儼然又是政治中心了。徵歌選色的朋友，當然比從前還要多。看到年來上海人口增添，（最近統計中外人口三百七十一萬七千四百二十三人。）房租地價，騰踴無已。這不是日趨繁盛的證據嗎？

三、據歐洲統計家談人口百萬以上都市，每百萬中有三千公娼，然私娼數目甚或十倍，或十倍於公娼。以此比例推測。上海的娼妓，十年前已有驚人之數目，現在更不必說了。

四、上海變相娼妓太多。如咖啡館女茶房，遊戲場女招待，按摩院女侍者，都以賣淫為副業。其他若女戲子，女唱書，女相士，電影明星，舞場舞女祇須金錢手段，到了程度未嘗不可消魂怎個。有老上海說上海公娼以及私娼變相娼，共計有十二萬人。這個統計雖不中亦不遠了。

廣州娼妓區域民國以後僅存陳塘、東堤兩處，東西並峙。

據《大晚報》記者調查報告上說：「廣州陳塘，猶香港之石塘，高等妓女，薈萃于此。俗呼之為大寨，此間酒樓連雲，火炕林立。計酒樓有六，曰群樂，曰燕春，曰京華，曰永春，曰流觴，曰淫天。火炕有十九，曰天德，曰歡得，曰萬和，曰得心，曰奇花，曰萬花，曰鳳花，曰載花，曰天花，曰天然，曰玩花，曰天一，曰逍遙，曰翠花，曰長樂，曰奇香，曰宜春，曰萬鴻，曰凌花。合計十九個大火炕中，內囚以哭為笑的人類，凡三百十六名。」

又說：「大寨科中亦分兩目，曰，琵琶仔，曰，老舉。琵琶仔祇是一曲清歌，奉觴上壽。老舉則兩情歡治，可以留髡。故大寨之營業，亦分兩種。曰酒局，祇陪酒的。曰大局，便是薦枕的了。……計酒局一檯，花捐元四，附加公路教育工藝等費共八角，軍費六角半，諸君勿笑他們妓女皮肉生涯，要知道交通囉，實業，教育，她們皮肉，也有微勞，……且說數項統計，連寨租一元，妓女一元，合共四元八角。半買笑者何吝區區，大都每局給以五元，于是一番賣笑。妓女所得僅一元一角半，為誰辛苦為誰忙，人與蜜蜂等耳。若夫人大局，則照數加倍。（下略）」

民國十五年廣州市社會局的調查，妓寨共有一三一間，內有妓艇六九隻，合妓女一三六二名計：

上乘寨：七〇間，妓女七六一名
中乘寨：四二間，妓女四八六名
下乘寨：一六間，妓女一一五名

以上是登記過的，此外尚有未登記的私娼，約二六〇〇名。

妓女賣淫價格，因寨的等級而不同。

一、大寨，有大小局分別，大局即留髡，小局即侑酒，小局每台二元九毛，大局倍之。
二、二四寨，有日夜局，夜局夜度資三元五毛，日局每台一元六毛。
三、砲寨，度日收六毛或八毛，夜間十一點鐘後為夜局，收夜度資二元二毛。

妓女收入以大部分供納捐——即花捐市政費，教育費，工藝費等——而餘則與寨主平分，故所得實數甚微。

北平上海廣州如此，全國可想而知。民國後娼妓事業，何以臻這樣盛況呢？蓋亦有數因：

一、革命偉人之放浪

法人蒲羅兒曾說過：「凡一個國家，當國勢顛危，民眾起來革命時候，社會上驕奢淫佚，比平時來得更外厲害。法國大革命恐怖時期，巴黎歌舞管弦之盛，更增于往日」云云。觀于我國民國初元的現象，蒲羅兒氏之說，真千真萬確哩。原來無論何國，經一度革命，社會上階級位置，必為之一變。從前貴族高官，降為皁隸。現在握政權的，都是首先發難的革命偉人。這般人大半起于氓庶，來自田間。錦衣玉食，嬌妻美妾風味，從來未嘗染指。一旦得到高官厚祿，本可衣錦還鄉。回想從前做革命時候，吃了許多辛苦，受了多少恐怖，家裏只有一個黃臉婆兒，不足以安慰精神，及辛苦革命代價，最簡便的莫如嫖娼了。一般革命偉人，從前罵舊的貴族高官窮奢極侈，富貴時，也幾幾乎和他們一樣。俗說：「穿衣吃飯，當須三世仕宦。」這般革命偉人，革命是拿手戲。嫖娼恐怕還是門外漢呢？當其高視闊步，揮霍豪侈。即所謂墜鞭公子，走馬王孫，亦覺望塵莫及。但這種現象，僅民元二年間，少數偉人如此。民三以後，此種風氣亦已衰熄了。

二、軍閥之貪財好色

清朝光緒乙未（二十一年）李文田侍郎奏疏上說：「吾國有千萬之富者，殆無一人，有之則李鴻章而已。百萬者每省當有三數人，數十萬者數十人。此就沿江沿海省分言之。若潮汐不及之地。上戶不過十萬。中富一二萬，號巨富矣。」清朝末年富力如上所述。但到了民國。富如李鴻章者指不勝屈了。自民二二次革命後，袁世凱氣吞江南，凡江海要區，都駐以北洋軍隊，如清代「駐防」一樣。做督軍的都是小站練兵時候的將士。師旅長以下更不必問了。其後各省督軍，擁有土地用兵賦稅大權。各省雖有省長，名為軍民分治。時則僅為督軍屬吏。結果釀成軍閥割據局面。加以連年內戰不息。小民困於征誅，武人大飽私囊。民國以來北洋派武人做過督軍的，家資以千萬為單位。二三千萬三五千萬的更不一而足。這班人本是不學無術之徒，甚或有目不識丁的，一朝得意，唯以發展獸慾為無上快樂，每一督軍起碼有姬妾十人以上。有所謂長腿將軍者，姬妾共有三十餘人。但是數量是這樣多，腳色仍然時時更換。此外私娼，女優，打鼓的，良家女子，幾無一不嫖。真可謂荒唐絕倫。長腿將軍北京住宅在西城石老娘胡同。將軍每次到北京時候，八大胡同妓女稍有姿色的，或曾經賞鑒的，聽說將軍節鉞已到北京。不等相呼，皆親自到張公館來移尊就教。將軍這時候如詩壇點將一般。一時鶯鶯燕燕，往來不絕。石老娘胡同變成小娘胡同了。你看他荒唐不荒唐？北洋派督軍師旅長而下，大半如此。現在舉一個長腿將軍做代表罷了。

三、代議士之浪游

數千年帝制舊邦，經辛亥武漢起義，一躍而為民國了。民二參眾兩院成立，開會於北京。民選代議士，此為破天荒的事。國家一切內政外交，須經國會議員議決。特任官之任免，須經國會之同意。其職權之大，地位之高，蓋可想見。這班議員先生們，有官僚，有學者，有學究，有革命偉人，有曾經塵海的，也有來自田間的。形形色色，濟濟一堂。一旦身入都門，聲價十倍。加以政團林立，大小政客之依草附木者如麻。當時如關於國務員之同意事件，政團間之相互事件。幾乎不以八大胡同為接洽交驩之地。北京治例，茶園費每次一元，名曰「開盤子」。有的議員每日須到他的情人班子裏數次，每次一元，太不經濟，有每月給以三十元。名曰「包盤子」的，也有每一盤子給十元五元的。北京治例，在妓家吃酒，上席須花費銀二十五兩。當時議員們因事情太忙。逢到代妓捧場時，往往託朋友代表讌客。或照例算一檯酒。而本人朋友均未到位。名曰「掛席」。打牌則六桌八桌為尋常事。樸克則用抽頭之法。一擲千金，了不為奇。當時八百羅漢幾大半沉迷在酒綠燈紅燕語鶯聲的溫柔鄉，為他們適性怡情討論政事之安樂窩，所以民元二年間八大胡同車龍馬水，絡繹不絕。為北京有「女娼」以來未有之盛況，至民七以後則營業一落千丈。都因政潮起伏，議員先生們南北奔馳，席不暇暖的緣故，至於民七新國會議員，民十二賄選議員，都是相習成風，一丘之貉，更不必說了，下至省議員、縣議員以及市鄉自治員，選舉之時託人投票，選舉後之運動接洽，亦幾無不以酒食徵逐狎妓遨游為應酬無上良品，所以民國後娼妓之盛，與議員先生們確有關係的。

四、官吏之冶游

從前清朝官吏，是最重資格的。登庸人才，以翰林出身的為最貴。但是翰林除大考翰詹特別提升外。非二十年不得開坊。由進士出身以主事分部曹的，非二十餘年不能補缺，所以通常有「主白頭」的話。清朝由翰林出身要做到侍郎尚書再升到大學士或軍機大臣，非得鬚髮蒼蒼，龍鍾衰老，不能如願。黑頭宰相，是很少很少的。這是官吏升遷之困難。又清朝官吏，俸祿甚薄，京文官一品每年俸銀一百八十兩，俸米一百八十斛。清初銀價每兩僅換制錢七百至九百文。咸豐以後每兩不過值制錢兩千文以外。所以做京官的，唯盼外省官吏送他的「冰敬」、「炭敬」以維持生計。清末捐例大開，京官又恃「印結費」為大宗收入。部曹連薪俸合計，每年可得四五百金，再不夠則借「京債」。你想他們生活苦不苦。這是官吏俸祿的微薄。民國以後則與從前大不相同了。民元後南北議和，政府北遷。革命偉人手造民國。功勞卓著的，一躍而為總次長。即攀龍附鳳之小偉人，亦得為僉事主事，彈冠相慶。這一輩人無論其在前清時有沒有資格。然窮年累月，始得補缺的苦況，終未嘗受過罷。至於它們的俸祿，則比從前官吏高上十倍也不止。譬如薦任官各部院僉事月俸二百元，兼科長的二百五十元至三百元。委任的主事最高級的亦有一百八十元。加以清朝官吏，狎娼法律也取消了。一點限制也沒有了。語云：「飽暖思淫慾」，他們不從事徵歌選色，又做甚麼事情呢。

五、天災人禍督促婦女們墮落

民國二十年來，戰爭連年不息。尤其是「內戰」，大家非常起勁。有價值的如民二年二次革命戰爭。民四護國戰爭。民六定國戰爭。民六以後護法戰爭。其餘互爭權奪利，毫無意識的，如直奉之戰，直皖之戰，江浙齊盧之戰。四川一省，武人做成割據形勢。民國以來戰爭，蓋未嘗一日休息。每一戰爭起，只老百姓的生命財產，無辜遭損失者已不可勝數。損失是損失了。老百姓總是在告訴無門，吞聲飲泣狀態中。你看淒慘不淒慘。加以水旱饑饉，天災流行。如前年陝甘旱荒。去年江北各縣的水災。小民流離失所，家敗人亡，典妻鬻女，輾轉墮落平康中者，難以悉數。女子本來只有兩條生路。第一「賣勞動」，第二為「賣性」。賣勞動已絕望。那末只得走入「賣性」的一途了。你看淒慘不淒慘。

總之，娼妓產生的根本，是經濟的原因。此外人口繁多，都市中性的不平衡，男子貧困不能及時結婚。女子未受教育無生活知識技能，鄉間女子羨都市繁華，因奢侈放佚而墮落。都是製造娼妓的原素，所以社會經濟制度，一日不改，而言廢娼禁娼，是緣木求魚而已。

第五節　廢娼問題

十年以來，廢娼呼聲，甚囂塵上，到了現在，三尺之童，莫不異口同聲曰「廢娼廢娼」。廢娼已經成為天經地義了。但是現在情勢之下，仍有主張「保留娼妓」的。綜其論調，約分二派：

一、甲派

這派是吾國幾千年來傳統思想及言論。並不是現在人創造的。

錢泳《履園叢話》說：「雍正間李敏達公衛蒞杭，不禁妓女，不擒摴蒱，不廢茶坊酒肆。曰，此盜線也。絕之則盜難踪跡矣。」

又說：「治國之道，第一要安頓窮人。昔陳文恭宏謀撫吳，禁婦女入寺院燒香。三春游客寥寥，與夫舟子肩挑之輩，無以謀生。物議譁然，由是弛禁。胡文伯為蘇藩，禁開戲館，怨聲載道。金閶（蘇州）商賈雲集，宴會無時。戲館酒飯，凡數十處。每日演劇，養活小民不下數萬人。此原非犯法事。昔蘇東坡治杭以工代賑。今則以風俗所甚便，而阻之不得行。其害有不可勝言者。由是推之，蘇郡五方雜處，如戲館，游船，青樓，蟋蟀，鵪鶉，等局。皆窮人之大養濟院。一旦令改其業。則必至流為游棍，為乞丐，為盜賊，害無底止，不如聽之。……」

這一段話，是可以代表甲派的。錢氏的話，是在清朝嘉道年間說的。現在還有一大部分人，以為娼妓不能驟廢，驟廢則社會上立刻發生恐慌現象。都是以錢氏話為口頭禪的。並且奉錢氏的話為金科玉律。以為確有至理的。但是我的意思，現在社會上一般人之墮落原因甚多，大半由於「狎娼」。娼妓實造成社會罪惡之因。我們的見解，與錢氏適得其反。

趙林少〈廢娼與靈肉〉上說：「一輩子有希望的青年。因為遍地都是賣淫窟緣故，所以常常很容易去做墮落買淫的事件。為了買淫的男子常常發現傾家蕩產的罪惡。像英國倫敦，法國巴黎所捉到的許多強盜。在法庭上裁判時候。有一部分常常供出因為過度買淫，而使經濟缺乏的緣故。乃挺而走險。這樣看起來，娼妓的存在，足夠使社會不寧。同時又因為娼妓制度存在。足夠可使不良的烟賭滋長而滋生。」

趙氏這幾句話，是很對的。就拿上海說，歷來被租借巡捕房捉住的綁匪刼盜等。大都是一般無業流氓。綁到巨富，得到贖款。或刼到大商號，得到了大宗贓物。大家朋分後，便狂嫖浪賭，甚或誘姦良民。結識姘頭。一旦牀頭金盡，就仍然作他的舊生涯了。當他得意時候，任意發展性慾，力量不支，就吸食鴉片。或經濟窘迫時，即往各賭場，或往花會聽筒。想僥倖得一筆金錢。再來供他的揮霍。所以烟賭與嫖，是有連帶關係的。萬一他的局運不佳。事機洩漏，被捕房捉去了法庭判罪，不久便身首異處，家敗人亡。你看是何等慘痛的事情。這不是娼妓的罪惡嗎？錢氏說：「絕娼則盜線絕，盜難蹤跡。」我恐怕娼妓多則盜線愈複雜，盜之踪跡愈離奇，而捉盜的更外困難，社會上受盜害賊的，將永無消滅之時了。錢氏又謂：「廢娼則小民失業」，我恐怕娼妓愈多，則小民因此而失業的愈多，且社會釀成慘痛事情且層見疊出了。至於因娼妓事業發達，工商方面，因此獲利的，一般游民，賴以養活的，也確是事實。但這種現象，比方吃了壯陽藥品與女子交媾。春興正濃時，覺得非常痛快，但不多時而身體萎靡，在不多時而戕殺性命了。我們應當領導老百姓以正當技能智識來解決生活。要是拿娼妓來維持大眾生活，完全是自殺，是萬萬靠不住的。所以甲派主張娼妓不能廢止，是完全不成理由的。

二、乙派

這派又是一般保障娼妓者誤解西儒學說而發生的，英人羅素在他著的《婚姻與道德》上說：

「吾儕嘗聞羅吉（Looky）氏名言，謂娼妓乃家庭聖潔及妻女貞潔之保障。……夫娼妓需要，實因不能成家男子，或去家遠游，偶厭獨居者。又逼處風俗淳厚之社會，品格高尚之婦人，弗得親近。如是社會，乃鳩集若干女子闢為樂籍。以饜彼等男子。……且娼妓利益，甚為顯著。臨時結合，無須媒介，一也。因有娼妓便利，可使社會減少強迫引誘他人之妻女成姦之舉。使良家婦女得保其尊嚴，二也。彼窮苦女郎，雖效力人群，委其身體以保若妻若女之貞操。而世人不察，反鄙夷之，擯斥之，視彼輩為異類。……」

一般主張保留娼妓的，大家都以羅素氏學說為護身符。以為社會現象，懶惰階級，官能快樂的要求的極端發達。倘一旦廢娼，社會上性慾的惡風潮，恐怕要波及無辜良家婦女。必定要與娼妓同流合污。結果弄得良莠不分。倒不如留住娼妓，以為消息尾閭之地。保全社會上大部分女子之貞操。這都是誤解羅素學說。才有這一派論調發生。殊不知羅素議論，乃為世界一般不以平等眼光對待娼妓而發。對於過去歷史上娼妓所以能長在存久理由而發。并未說到娼妓絕對不可以廢止呢。

再看日本某氏著《婦女之過去與將來》上說：

「女子商業化最露骨的，就是賣淫制度。賣淫制度是與對於女子貞操強迫要求同起源同盛衰的，都是男子支配的必然結果。女子失了自己支配，自己心身——即經濟獨立時，叫她只有兩條路可有，就是賣性，或是賣勞動的問題。然而在女子勞力還沒有現在這樣的重大的意義，沒有現在這樣多的需要的時代。多數女子只取了賣性的方法，也是無可如何的。結果所以多數女子或是永久的，或是一時的，不問那一種，都是只以賣性才保全了生活安全。」

又說：「對於女子強迫要求貞操的結果。就使男女間自由交際以及自由戀愛不能求之於良家婦女。因之為滿足男子想在妻子或肉親婦女以外，與異性的交接的要求必要上。也非促起賣淫制度隆盛不可。……」

某氏的話，亦能持之有故，言之成理，但仍是說的由母統時代變為父統時代後現象，在這個長期父統時代娼妓所以發生及隆盛的理由。但是自〈人權宣言〉發表後，而女界情勢一變。產業革命後，而女界情勢又一變。從前女子屈服家庭中專以理家政為職務，現在，則離開家庭到工場勞動，社會服務了。從前婦女係保守三從四德，非父母之命，不能成婚。否則目為下賤。視為私淫。現在則完全自由戀愛，基於愛情性質學術身分而結合。父母僅處於客觀地位了。

羅素在他的《婚姻與道德》上說：

「據余觀察，婦女之見解感情，能逃舊禁者，其婚姻完滿程度，實超過維多利亞時代。是以舊道德破壞之區。娼妓制度，隨之式微。昔日狎妓，今日則尋求同調女郎，自由往還，生理心理，皆能兼顧。雙方蓬蓬，愛情勃勃。揆之道德真諦，誰謂非一大進步。道德家頗諱言之。吾儕殊不諱言於道德家之前也。」

照這麼看起來，專門職業賣淫婦，已無存在今日之可能了。再進一步言之。我們承認娼妓確有維護社會上大部分良民婦女貞操之功能。更應當廢止。何則，基於人類「自由平等」的原則。何以常常叫一部分無辜女子毀滅身體，墮落人格，去保全其他婦女的貞操。有的人說：娼妓為一夫一妻祭壇上所供的人類犧牲。我們常叫一部分女青年，做我們犧牲品，在良心上有點說不過去罷。所以我們應當急起直追，早日廢止，俾這班長久在地獄中過生活的女同胞，同登壽域。才是道理。所以「乙派」主張娼妓不能廢止理由。也是不能成立的。

但是還有一種人，以為非「改造現在社會」，娼妓是絕對不能廢止的。

李三无〈廢娼運動管見〉說：「……換句話說，就是娼妓乃現在土地私有制和資本主義的經濟社會所造成。那麼要想剷除娼妓的階級。非從現在土地私有制和資本主義的經濟社會著手實行改造不可。」

又說：「世界文明，並不足為娼妓發生原因。乃是和世界文明一道兒來的經濟組織。從中作祟。為娼妓發生的主要原因。所以在共產組織的民族社會，或血族團體的裏面，絕對沒有可惡嫌賣淫營業發生的餘地。唯獨經濟社會的條件，像那土地私有，資本的跋扈等等，才能夠教賣淫的營業逐漸發生，所以非從這根本改造不可。……」

最可與李三无之說相印證的，就是西人斯科納吉《蘇俄賣淫問題》上說：

「……實際在聯邦成立的初年，即當軍事時代，賣淫範圍是大為縮小。甚至還可認為完全消滅。剛在十月以後，數年間全國受著戰爭和勞動緊張的影響。居然把直到一九一七年十月還存在的賣淫制度。一掃而空。婦女的解放，共同的勞動的義務，失業的消滅。遂使賣淫婦混雜在一般住民之中。妓院，咖啡館，飯館，即酒店等等，完全絕跡。為要賣淫或者賣女的肉體，而在街頭徘徊的事情，甚至成為不可能。……然而新經濟政策，使得賣淫問題復成深急問題。小資產階級與資本主義之復活，與賣淫者以重來條件，在這些要求女人肉體的人中間，最先有到都會來的富農，新式蘇維埃官吏，技術的專門家，然後有都市的無產階級者和學生等。……於是有新賣淫婦出現，和舊的娼妓合成一氣，以幹這個勾當。當一九二二年時候，在列寧格勒有三萬二千賣淫婦。經濟根據，以及社會的要因，（酒館，酒排間，等出現。）都是助長賣淫的發展。」（據李誼譯文。）

照這樣看來，土地私有和資本主義發生，與娼妓發展是有多少連帶關係的。我們再來談談土地資本問題。土地國有，為農民最懷疑之一大問題。俄國初革命時，決欲實行。後以事實上行不通。讓步為長期租種。農民方面，始終未能滿意。中山先生〈平均地權辦法〉就是照「地價收稅」和照「地價收買」。照地價收稅，是明明的不廢除「土地私有制度」。照價收買，也不是「完全收歸國有」，乃預防地主避稅以多報少之一種辦法。是從〈國民黨政綱〉中看來，絲毫不含有「土地國有」的意義的。至蘇俄一九二二年行新經濟政策，而情勢又一變。怎樣叫新經濟政策呢？其大要如下：

1. 廢除歷來國家獨佔穀物制度。
2. 農民除納稅外，其剩餘物品，可以自由在市場買賣。
3. 資本家可與國家合辦企業。
4. 借外資開發天然利源。
5. 設國家銀行。
6. 其他。

像這樣新經濟政策簡直是恢復革命前資本主義了。照此看來，蘇俄對於土地公有及資本主義，亦未能徹底解決。俟河之清。人壽幾何，倘要等到打倒資本主義及土地公有。是要等到海枯石爛，不是娼妓永久沒有廢止時候了嗎？

再看〈蘇俄賣淫問題〉上說：「蘇俄現在方為根本撲滅賣淫計畫，組織如以下制度。……據斯洛調查，因賣淫婦而開始性的學生，最初占百分之五五・六，至一九一四年莫斯科調查，為百分之四二。一九二二年調查，為百分之二八・四。一九二七年調查，為百分之一三・八。」

由賣淫所傳播性病之減少，（在革命期間由百分之一二・七，減到百分之一・五。）與旅館特別室傳染性之減少。都是顯著的事實。

以上這些事實，表示在蘇俄賣淫制度，正在次第趨於絕滅。經濟狀態改良，變足使賣淫制度根本消滅。

看了以上所引，可知娼妓已由蘇俄用種種根本掃除方法。已逐漸減少，絕非沒有廢止可能性的。是李三旡話固然不對。即哈期爾博士（Dr. F. S. Hugel）所說：娼妓制度，要世界末日，才能同地球同時消滅的話，亦豈能成立嗎？

蓋娼妓在今，從社會方面看，從娼妓本身方面看，都無存在之理由。其影響最大的有二端：

一、危險及於社會之健康

最叫人驚心動魄的就是花柳病，一九二七年巴黎警廳衛生檢驗局主任醫生斐沙爾Dr. Leon Bizard向法國道德政治科學研究院〈報告書〉上說：

「全巴黎向警廳領牌營業的妓女總計約五千人。二十年來這個總數沒有多大的變更。她們生活自然是萬分悲慘，她們是惡劣社會犧牲者，在操業五年之後，她們百分之七五（即四分之三）染上了楊梅病毒，四分之一染上了白濁淋症，百分之五染上了肺癆，百分之六十染上了酒精積毒，或中了嗎啡或古卡因等麻醉劑，有百分之四十在四十歲以前便短命死了。」

現代娼妓制度，對現社會之造孽，只要具體從花柳病傳播方面尋覓證據，已經叫人不寒而慄了，他處發現的慘狀，恐怕比巴黎還要厲害罷。在看麥倩曾〈北平娼妓調查〉上說（民十九年發表）：「就註冊二千七百二十五名妓女中，竟有百分之二十是患病的，特別是花柳病，梅毒由六月至十一月半年中（指民十八年）共有九百二十二家，而受檢查有病的妓女一萬二千四百九十五名，故占各種疾病全數百分之七又二，下疳六個月內共二百九十四家，在此六個月內各種患病妓女共一萬二千四百九十五名，故妓女患下疳的占全體疾病妓女人數百分之二又三，淋病是妓女最普遍的，在全體妓女六個月中患病的共一萬二千四百九十五人，但患淋病的竟有九千八百五十五人，占全體患病妓女人數百分之八十二又八，六個月內受檢驗妓女共二萬九千〇五十名，而有淋病的共有九千八百五十五名，竟占全妓女人數百分之三十三又九。」

看了以上所引，吾國北平舊都娼妓花柳病現象，真堪與巴黎在伯仲之間呢。吾國各大都會娼妓花柳病盛況，比北平強的尚不知凡幾。有的人說：只須國家設局，按時派人認真檢驗，此病總可免除，但從實際上考察，檢驗果十分有把握嗎？

醫學專家余鳳賓〈五十年中國之衛生〉說：「……至按期檢驗，表面上似較不檢驗為妥，而實際反可增加傳染之機會。何以言之，查驗花柳病，非短期之視察，即可判定，蓋血清反應之試驗，非數小時不能竟，用顯微鏡試驗，查得病菌或螺旋蟲，固可斷定其有病，若未得之，尚難確定其有無，況檢驗員之肯用上列二法者，吾人未之聞焉，僅用外表檢察法，僅可欺騙童稚及愚魯者，何足以弭害，……檢查員非上等有道德之醫士所願任，蓋於最短期內判某妓有花柳病，無論其學識如何豐富，必不能驟下斷語，假使某妓在檢查員眼光中認為無病，而許其賣淫，苟該妓領執照後於五日內可染毒病，則後之冶游者，往往因有執照之可恃，而大受其毒害。……」

看了以上所引，檢查醫生檢查娼妓疾病。不一定是絕對靠得住，即使國家有這種檢驗制度，亦不過官樣文章，虛有其表，則花柳病蔓延猖狂，更當一日千里，結果不過叫社會上人類驟添許多癱瘓盲聾痴狂殘廢死亡數量而已。

〈五十年中國之衛生〉上又說：「世界上擾亂治安，及社會中犯法作惡者，大半皆低能之人，而此低能之人，往往由花柳病之家產出，固花柳病之害群，不僅生理與病理上之惡果而已，其關係於國家社會也頗鉅，況吾人平日任事，所感痛苦，類皆低能分子不能自治者所釀成，倘將低能者之家世，一一審查，我知其家乘中患花柳病之經過。……」

照這麼看起來，毀滅人類之肢體，擾亂社會之治安，危害國家，滅絕種族，都是花柳病的貢獻，把它比為洪水猛獸實不為過罷。

二、妓女生活黑暗人格墮落

從前我國婦女，本來就是寄生蟲，本來在社會上就沒有地位，婦女中做娼妓的，那更不必說，歡喜妓女的拿她當玩物，厭惡妓女的目她為賤人，直無人格之可言，自清朝初年廢除教坊妓女制，變成私人經營娼妓時代，娼寮裡面妓女，大概分為兩種：甲種是自由身體，與寮主特約做生意的，收入是按比例與寮主均分的，乙種是以身體賣入娼寮，或典押在娼寮中的，身體完全聽鴇母支配，淫業收入，盡為鴇母所有，甲種妓女是很少數，一般的妓女，都是乙種的，屬於乙種的這一種妓女，到了娼寮後，變成偶人一般，悉聽鴇母指揮，俗說：「鴇母愛鈔，姐兒愛俏」，這兩句話僅能適用於甲種的妓女，乙種妓女則精神意志，完全喪失，雖欲愛俏而不能，只有隨著鴇母的意思，同做愛鈔的勾當而已，一方面為游客洩慾機，一方面為鴇母搖錢樹，日度她的非人生活，其淒慘黑暗，有非筆墨所能宣者。

〈北平娼妓調查〉說：「若是妓女是班主或領家買來的人，則以肉體由人蹂躪所換來的錢，一文也不能到自己享用，按妓院的常例，妓女營業所得，是班主與妓女平分。但有領家或班主的，則每五日算帳時，所有入息多少，妓女所應得之分，都由領家或班主直接拿走，曾有一妓女為妓十年，絕不知道自己每月所入多少，可想見她們剝削妓女的厲害，這種妓女，極不自由，到甚麼地方都有她們親信人或領家自己跟著，晚上有客留宿的時候，也有人在暗中監督。」

又說：「妓女操此賣笑生涯，並不是盡人都是自願的，其中因被壓迫而做妓女的，所受的刑罰，非常人所能想到，在妓院妓女受班主和領家不堪入耳的咒罵，因為還不至到肉體受痛苦，司空見慣，已不算一會事了，打則更是花樣不同，在平日當晚客人走後，妓女如有招待客人不周到的地方，或待客人太好，或那天賣買不好，就難免不受責打，打時用棍用鐵條都不定，最殘忍的如用火燒紅的通條來打，用貓放在妓女褲當中，然後打，可說是慘無人道，其餘如不許吃飯，罰跪，關在黑房，捆起手腳來審問等，都是他們常受的刑罰。」

又說：「妓女身體受人蹂躪，更是可憐，但其中有殘酷的地方，真非人所能想到，許多妓女特別是三四等的，每天留一個客住宿，是必定的，其餘在白天來三四個客，以同樣的目的來蹂躪她們，在三四等是極平常的事，在身體健康的妓女，也許可以暫時保持性命，但有的妓女在經期中也要留客，弄到得血崩的病，有時懷孕了五六個月，還要她留客，結果孩子流產了，而為母的病的不能起牀，還有生了孩子不滿三十天，又強她留客，又有年不滿十三的小女子，也迫令她留客，諸如此類的殘酷行為，是什麼的現象。」

看了以上所引，真令吾人神經興奮、目眥欲裂，這種非人道的黑暗生活，我國大都會如廣州、漢口、上海等地，娼妓界的苦況，比了北平恐怕有過之無不及罷，光天化日之下，竟有這樣淒涼慘酷野蠻黑暗的社會，真是女界之羞，人類之恥，我們還不起來，與這妖魔的「娼妓制度」宣戰嗎？

至於破壞家庭之組織，低劣社會之道德等等，接受此「娼妓制度」之影響。也舉不勝舉，累牘難書了，現在我們除極力提倡廢娼。實無第二法門了。

據日內瓦國際聯盟婦孺青年保障參議會調查各國娼妓制度的報告，（一九二九二月發表）內有四十八個國家，分為兩種辦法：

一、完全以法律「廢止的」：有德國、波里維亞、古巴、美國、芬蘭、英國、挪威、荷蘭、波蘭、多明尼加共和國、瑞士、捷克等……二十八個國家。

二、以法律取締，用「節制娼妓制度」的：有法國、義大利、比利時、奧大利、西班牙、希臘、羅馬尼亞、南斯拉夫、日本、巴拿馬、沙爾維多及南美諸國。……共十九國家。

以上所引，世界各國娼妓制度，顯然分為兩派。我國解決娼妓問題，究竟如何實行「廢止」，亦取「節制」主義呢？以各國各都會娼妓現象看起來。婦女墮落苦海者，巧歷難數。青年染花柳病的，踵趾相接。國家抽收花捐特許賣淫，人口互為賣買典押。視是常事。於人道主義，固屬不合。於民治潮流，尤為背馳。現在急起廢止已成牛後。倘再蹉跎遲疑，則滄海橫流，遺害更大。世界先進各國，「廢止」娼妓的已居多數。河渠不若漢。深盼朝野上下努力向廢止一方面做去。是毫無疑義的。

但是民國十七年以後。江蘇、浙江、安徽等地的娼寮，已次第廢除。尤其是南京十七年何民魂做南京市長時，即決意用繳械辦法立即驅逐南京城內外三千餘妓女。未即實行去職。劉紀文繼任南京市長。十七年九月決訂辦法：一、停止收花捐。二、各妓女從速自行改業。三、驅逐出境。四、善後為擴大救濟院及平民工廠。毅然實行。從此秦淮風月，板橋烟雨。成為歷史上名詞。為後代文人憑弔謳吟詩料。而南京娼妓，似已壽終正寢了。但實際成績究竟怎樣呢?南京現為首都，冠蓋絡繹，「禁娼」後現象，是眾目昭彰，大家都知道的。有老南京的朋友對我說：南京自禁娼後，二年以來，私娼非常活躍。旅館裏面依然可以叫茶房招來伴宿。大的菜館裏，仍然可叫來侑酒。但為遮掩耳目計，是不能歌唱的。旅館裏叫女子來伴宿，茶房是要大大抽回扣。叫來女子大概每夜總須十六元至二十元。若憑她的顏色，與上海馬路的貨色差不多，要是在上海這種腳色夜度資，三元至五元足夠了。還有最高級旅館，更奇怪了。甚麼東北方面高級官吏，甚麼某某軍長全權代表，到南京來接洽某項要件，或辦理甚麼公事。住在某某最高等旅館。儘管叫局打牌，吃酒吃鴉片，喝雉呼盧，左擁右抱。房間裏游客女子，無論日間夜裏抱得不斷。依然與未禁娼時一樣。最奇怪的公安局警察來查旅館的，彷彿早已受了高級官命令或暗示。只敢沿門經過，不敢聲張。恐怕得罪他，亦怕驚破好夢，不得而知了。最苦的是一班無勢力的商民，偶然為解決性欲，與一個女子幽會一下。命薄的當災。不幸被警察老爺捉住了，花錢還不算，還要請他嘗鐵窗風味呢。所以南京禁娼，結果就是叫嫖客增加負擔，開公安局警察等敲竹槓之門而已。我聽了朋友這番話，才知道南京所謂廢娼就是這麼一回事。哈哈!須知「廢娼」不是一件容易事。事先須研究娼妓來源。以及廢娼後娼妓的出路。預備十分周密。當然可以夙奏膚功。欲速則不達。劉紀文這樣廢娼，我們是根本不敢贊同的。近代娼妓的發達，實由經濟制度不良。做娼妓的除一二淫娃外，十有八九是被「經濟壓迫」成功的。娼妓也是人類，特因環境不良而墮落。我們應看她當鰥寡孤獨一流。不應當強盜綁匪一樣看待。草薙禽獮就算了事。清朝潘浴皋〈游虎邱冶芳浜〉詩云：「人言蕩子銷金窟，我道貧民覓食鄉。」這真是仁者之言。清袁枚詩云：「若使桑麻真蔽野，肯行多露夜深來。」這兩句詩真能說出娼妓墮落的根源。中山先生有兩句話：我們是愛人而革命，並非恨人而革命。現在把中山先生的話換一個形式。我們非恨娼而廢娼，乃因救娼而廢娼。救娼廢娼的政策是怎樣呢？

現在分為「治標」「治本」的辦法如下：

一、政府定某時期，以廢娼命令公布全國。自首都及各大都會。均分三期或四期用抽籤法逐漸廢止。渙汗大號，期在必行。不要在鹵莽滅裂，蹈南京市政府廢娼的覆轍。

二、政府尤須注意帝國主義下的租借，並要求租借當局協助。一九二〇年上海道德促進會提議廢娼案。依當時議案。決定每年抽籤一次，至一九二四年止。即可完全消滅。但是以後不但不能廢止，而是逐漸增加，加之公共租借抽籤廢娼，法租界則任意吸收開放，這就是前車之鑒。所以政府事前必定與租借主管者交涉，一致進行，否則為淵驅魚，中國禁娼，妓女定紛紛往租借賣淫了。

三、廢止妓女違法約據。如從前以妓女為買賣典押品的契據都是。自廢娼公布之日起，凡娼寮中妓女被賣者聽其自由回家。從良者鴇母不得干涉。聽說最近廣州市社會局以實行此項政策。

四、多設婦女職業傳習所及簡易工藝傳習所，教她們生活上智識技能，指導她們謀生路徑。

五、在抽籤期內，尚有一部分妓女仍然營業，須實行檢驗，免致貽害狎客。

六、再有以人口，為買賣或典押品的，處以死刑，娼妓或變相娼妓，庶不致死灰復燃。

以上都是簡單的「治標」方略，至於徹底解決，現代社會經濟組織，須根本變更，必定全國人人消費，人人操作，人人有受教育的機會，及娛樂的場所，當時男女都勞動而有飯喫，性生活極其自由，真所謂

「家給人足，比戶可封」；真所謂「內無怨女，外無曠夫」，這個時候要一個妓女看看，恐怕也沒有了。

最後我還要講幾句話，聽說南京市政府又要解禁娼妓了。自母系父系變更，及私有財產制發展。而娼妓一度繁榮。自工商發達，資本主義抬頭，而娼妓又一度繁榮，以女子做犧牲品的人肉市場，以遍於全國的都會。其非人生活悲慘，真非筆墨所能形容。所以國內一般做馬爾泰斯運動——即婦女運動——的，對於娼妓都贊成廢絕，而一般資本家則以它為必須玩好品，又主張保存以為可做繁榮都市媒介物。（聽說這次南京市政府解禁禁娼，就是採用南京市工商團體建議。）這種矛盾社會制度中資本家與無產階級的角鬥悲劇，真令吾人不寒而慄。這就是社會趨於衰弱崩潰的危機。娼妓是社會經濟組織不良的產物，吾國現在社會經濟制度已到潰爛腐敗時期，而娼妓繁榮，就是社會的反映，倘當局再從事開放，則如上火加油，社會及婦女地位，均陷於萬劫不復的境界。所以南京市政府解禁娼妓舉動，是吾人所極端反對的。

史地傳記類　PC0426　讀歷史57

中國娼妓史

作　　者 / 王書奴
主　　編 / 蔡登山
責任編輯 / 陳思佑
圖文排版 / 高玉菁
封面設計 / 王嵩賀

發 行 人 / 宋政坤
法律顧問 / 毛國樑　律師
出版發行 / 秀威資訊科技股份有限公司
114台北市內湖區瑞光路76巷65號1樓
電話：+886-2-2796-3638　傳真：+886-2-2796-1377
http://www.showwe.com.tw
劃撥帳號 / 19563868　戶名：秀威資訊科技股份有限公司
讀者服務信箱：service@showwe.com.tw
展售門市 / 國家書店（松江門市）
104台北市中山區松江路209號1樓
電話：+886-2-2518-0207　傳真：+886-2-2518-0778
網路訂購 / 秀威網路書店：http://www.bodbooks.com.tw
國家網路書店：http://www.govbooks.com.tw

2014年11月　BOD一版
定價：340元

國家圖書館出版品預行編目

中國娼妓史 / 王書奴原著. -- 一版. -- 臺北市 : 秀威資訊
科技, 2014.11
面 ; 公分. -- (史地傳記類 ; PC0426) (讀歷史 ; 57)
BOD版
ISBN 978-986-326-291-6 (平裝)

1. 娼妓 2. 中國史

544.7692 103018516

讀者回函卡

感謝您購買本書，為提升服務品質，請填妥以下資料，將讀者回函卡直接寄回或傳真本公司，收到您的寶貴意見後，我們會收藏記錄及檢討，謝謝！

如您需要了解本公司最新出版書目、購書優惠或企劃活動，歡迎您上網查詢或下載相關資料：http:// www.showwe.com.tw

您購買的書名：________________________________

出生日期：________年________月________日

學歷：□高中（含）以下　□大專　□研究所（含）以上

職業：□製造業　□金融業　□資訊業　□軍警　□傳播業　□自由業

□服務業　□公務員　□教職　□學生　□家管　□其它_____

購書地點：□網路書店　□實體書店　□書展　□郵購　□贈閱　□其他

您從何得知本書的消息？

□網路書店　□實體書店　□網路搜尋　□電子報　□書訊　□雜誌

□傳播媒體　□親友推薦　□網站推薦　□部落格　□其他__________

您對本書的評價：（請填代號　1.非常滿意　2.滿意　3.尚可　4.再改進）

封面設計____　版面編排____　內容____　文／譯筆____　價格____

讀完書後您覺得：

□很有收穫　□有收穫　□收穫不多　□沒收穫

對我們的建議：________________________________

____

____

____

請貼
郵票

11466
台北市內湖區瑞光路 76 巷 65 號 1 樓
秀威資訊科技股份有限公司 收
BOD 數位出版事業部

（請沿線對折寄回，謝謝！）

姓　名：____________ 年齡：______ 性別：□女 □男

郵遞區號：□□□□□

地　址：____________________

聯絡電話：(日) ____________ (夜) ____________

E-mail：____________________